法图谱

国际商事交易行为

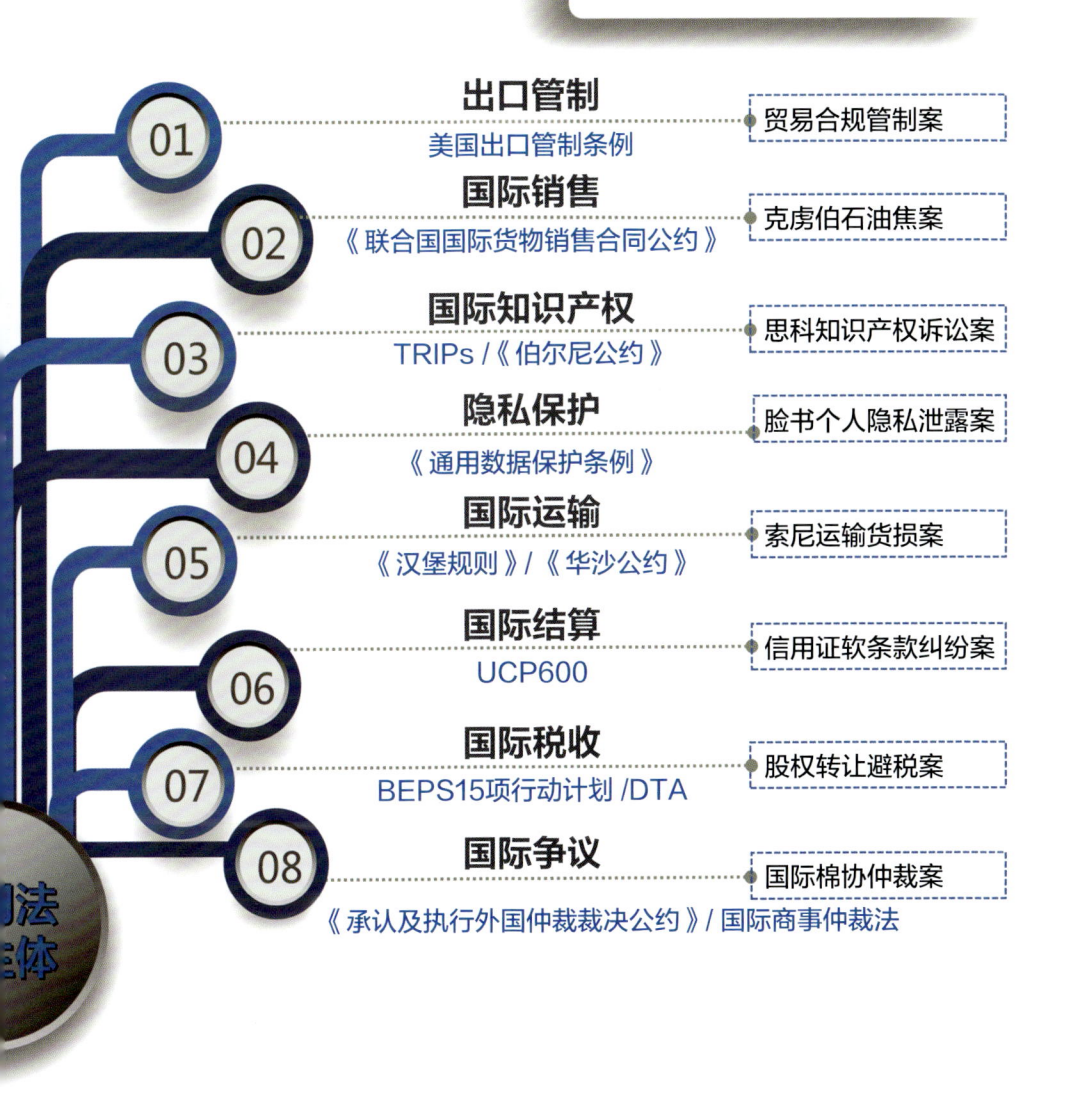

01 出口管制
美国出口管制条例 …… 贸易合规管制案

02 国际销售
《联合国国际货物销售合同公约》 …… 克虏伯石油焦案

03 国际知识产权
TRIPs /《伯尔尼公约》 …… 思科知识产权诉讼案

04 隐私保护
《通用数据保护条例》 …… 脸书个人隐私泄露案

05 国际运输
《汉堡规则》/《华沙公约》 …… 索尼运输货损案

06 国际结算
UCP600 …… 信用证软条款纠纷案

07 国际税收
BEPS15项行动计划/DTA …… 股权转让避税案

08 国际争议
《承认及执行外国仲裁裁决公约》/ 国际商事仲裁法 …… 国际棉协仲裁案

国际商法

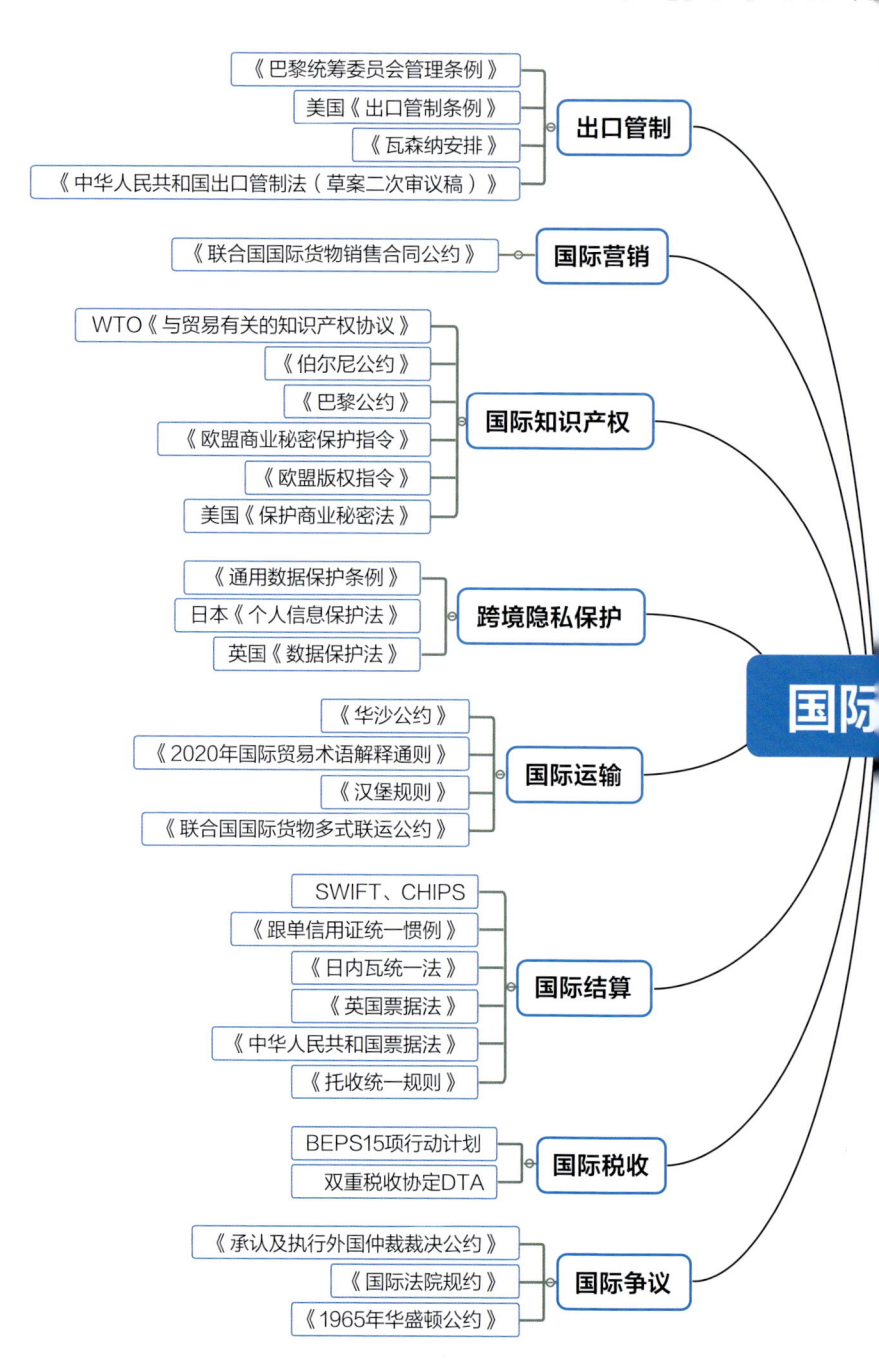

- 出口管制
  - 《巴黎统筹委员会管理条例》
  - 美国《出口管制条例》
  - 《瓦森纳安排》
  - 《中华人民共和国出口管制法（草案二次审议稿）》

- 国际营销
  - 《联合国国际货物销售合同公约》

- 国际知识产权
  - WTO《与贸易有关的知识产权协议》
  - 《伯尔尼公约》
  - 《巴黎公约》
  - 《欧盟商业秘密保护指令》
  - 《欧盟版权指令》
  - 美国《保护商业秘密法》

- 跨境隐私保护
  - 《通用数据保护条例》
  - 日本《个人信息保护法》
  - 英国《数据保护法》

- 国际运输
  - 《华沙公约》
  - 《2020年国际贸易术语解释通则》
  - 《汉堡规则》
  - 《联合国国际货物多式联运公约》

- 国际结算
  - SWIFT、CHIPS
  - 《跟单信用证统一惯例》
  - 《日内瓦统一法》
  - 《英国票据法》
  - 《中华人民共和国票据法》
  - 《托收统一规则》

- 国际税收
  - BEPS15项行动计划
  - 双重税收协定DTA

- 国际争议
  - 《承认及执行外国仲裁裁决公约》
  - 《国际法院规约》
  - 《1965年华盛顿公约》

络架构图

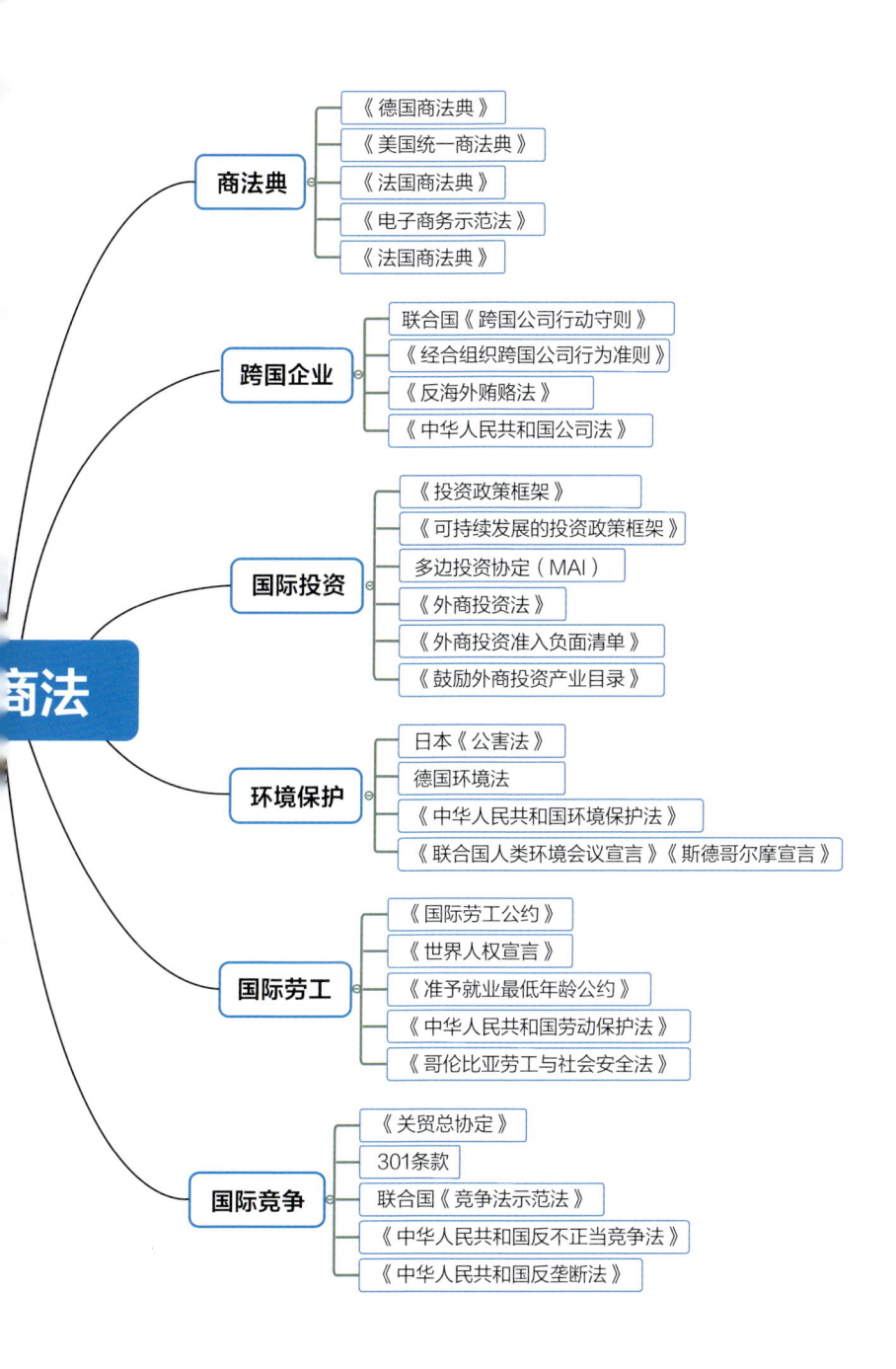

- **商法典**
  - 《德国商法典》
  - 《美国统一商法典》
  - 《法国商法典》
  - 《电子商务示范法》
  - 《法国商法典》

- **跨国企业**
  - 联合国《跨国公司行动守则》
  - 《经合组织跨国公司行为准则》
  - 《反海外贿赂法》
  - 《中华人民共和国公司法》

- **国际投资**
  - 《投资政策框架》
  - 《可持续发展的投资政策框架》
  - 多边投资协定（MAI）
  - 《外商投资法》
  - 《外商投资准入负面清单》
  - 《鼓励外商投资产业目录》

- **环境保护**
  - 日本《公害法》
  - 德国环境法
  - 《中华人民共和国环境保护法》
  - 《联合国人类环境会议宣言》《斯德哥尔摩宣言》

- **国际劳工**
  - 《国际劳工公约》
  - 《世界人权宣言》
  - 《准予就业最低年龄公约》
  - 《中华人民共和国劳动保护法》
  - 《哥伦比亚劳工与社会安全法》

- **国际竞争**
  - 《关贸总协定》
  - 301条款
  - 联合国《竞争法示范法》
  - 《中华人民共和国反不正当竞争法》
  - 《中华人民共和国反垄断法》

（商法）

国际商

国际商事组织环境

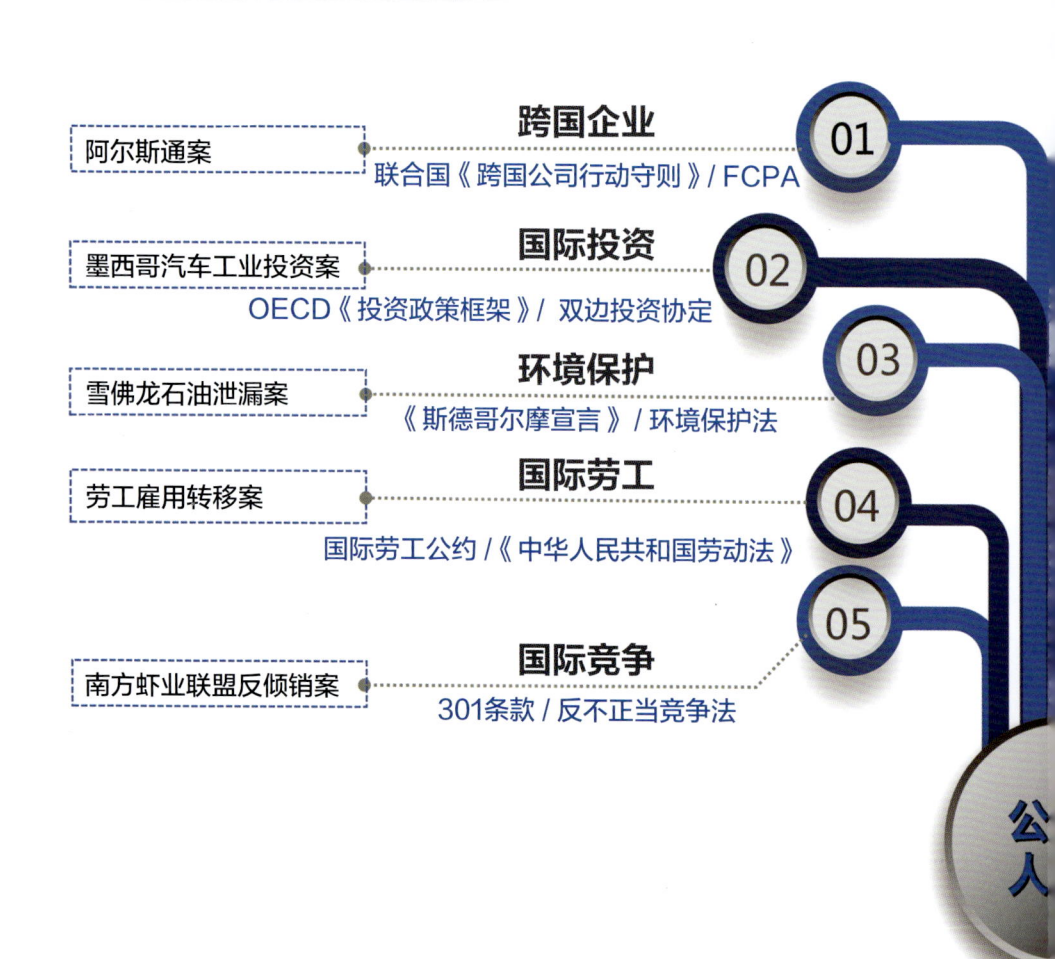

阿尔斯通案 — **跨国企业** 01
联合国《跨国公司行动守则》/ FCPA

墨西哥汽车工业投资案 — **国际投资** 02
OECD《投资政策框架》/ 双边投资协定

雪佛龙石油泄漏案 — **环境保护** 03
《斯德哥尔摩宣言》/ 环境保护法

劳工雇用转移案 — **国际劳工** 04
国际劳工公约 /《中华人民共和国劳动法》

南方虾业联盟反倾销案 — **国际竞争** 05
301条款 / 反不正当竞争法

公
人

国际商法
理论与实践

弋勇 李响 著

图书在版编目（CIP）数据

国际商法理论与实践 / 弋勇，李响著 . -- 北京：
中信出版社，2022.6
ISBN 978-7-5217-4037-0

Ⅰ.①国… Ⅱ.①弋…②李… Ⅲ.①国际商法
Ⅳ.① D996.1

中国版本图书馆 CIP 数据核字（2022）第 035781 号

国际商法理论与实践
著者：弋勇 李响
出版发行：中信出版集团股份有限公司
（北京市朝阳区惠新东街甲 4 号富盛大厦 2 座 邮编 100029）
承印者：宝蕾元仁浩（天津）印刷有限公司

开本：787mm×1092mm 1/16　　印张：19.75　　字数：360 千字
版次：2022 年 6 月第 1 版　　印次：2022 年 6 月第 1 次印刷
书号：ISBN 978-7-5217-4037-0
定价：75.00 元

版权所有·侵权必究
如有印刷、装订问题，本公司负责调换。
服务热线：400-600-8099
投稿邮箱：author@citicpub.com

目 录

推荐序一　吴汉东 _XI
推荐序二　宋柳平 _XIII
前　言 _XV

上篇　国际商法理论与实践

第一编　法与商 _003

第 1 章　法律 _003
1.1　"法律"的源起 _003
1.2　世界法律的演进 _006
1.3　两大法系的差异 _029

第 2 章　商事 _031
2.1　商事的概述 _031
2.2　商事主体 _034
2.3　商事行为 _037

第二编　国际商法概况 _049

第 3 章　国际商法的发展历程 _049
3.1　中世纪商人法时期（11—17 世纪）_050

3.2　商人法被纳入国内法时期（18—19世纪）_050

3.3　新商人法时期（二战以后）_051

第4章　国际商法的主要渊源 _052

4.1　国际法 _052

4.2　国内法 _057

4.3　国际法与国内法的适用 _060

第5章　国际组织 _062

5.1　联合国 _062

5.2　经济合作与发展组织 _063

5.3　世界贸易组织 _065

5.4　欧洲联盟 _066

5.5　国际商会 _067

第三编　国际商法实践 _069

第6章　跨国公司 _069

6.1　联合国《跨国公司行动守则》_069

6.2　《经合组织跨国公司行为准则》_070

6.3　《反海外贿赂法》_071

6.4　《反海外贿赂法》关键条款解读 _073

6.5　案例：阿尔斯通案 _076

第7章　国际投资 _076

7.1　双边投资协定和《多边投资协定》_077

7.2　《可持续发展的投资政策框架》_078

7.3　《投资政策框架》_079

7.4　《投资政策框架》关键条款解读 _080

7.5　案例：墨西哥汽车工业投资案 _084

目　录

第 8 章　环境保护 _085

8.1　德国环境法 _085

8.2　中国环境法 _087

8.3　《斯德哥尔摩宣言》 _087

8.4　《斯德哥尔摩宣言》关键条款解读 _089

8.5　案例：雪佛龙石油泄漏案 _093

第 9 章　国际劳工 _094

9.1　国际劳工公约 _094

9.2　《世界人权宣言》 _096

9.3　《准予就业最低年龄公约》 _098

9.4　《准予就业最低年龄公约》关键条款 _100

9.5　案例：M 国服务项目劳工雇用案 _102

第 10 章　国际竞争 _104

10.1　联合国《竞争法示范法》 _104

10.2　联合国《竞争法示范法》关键条款解读 _105

10.3　案例：巴西涉华袜业案 _108

第 11 章　出口管制 _109

11.1　巴黎统筹委员会 _109

11.2　《瓦森纳协定》 _110

11.3　《出口管理条例》 _111

11.4　《瓦森纳协定》2019 年新增条款解读 _112

11.5　案例：BIS（美国商务部工业与安全局）贸易合规案例集 _115

第 12 章　国际销售 _116

12.1　国际货物销售合同简介 _116

12.2　《联合国国际货物销售合同公约》 _117

12.3　《联合国国际货物销售合同公约》关键条款解读 _124

12.4　案例：卡斯托尼合同纠纷案 _135

III

第 13 章　知识产权 _137

13.1　《巴黎公约》_137

13.2　《伯尔尼公约》_140

13.3　商业秘密 _141

13.4　《与贸易有关的知识产权协议》_142

13.5　《与贸易有关的知识产权协议》关键条款解读 _144

13.6　案例：保时捷商标争议案 _149

第 14 章　隐私保护 _150

14.1　英国《数据保护法》_150

14.2　欧盟《通用数据保护条例》_152

14.3　GDPR 关键条款解读 _155

14.4　案例：脸书侵权案 _159

第 15 章　国际运输 _160

15.1　《华沙公约》_161

15.2　《2020 年国际贸易术语解释通则》_162

15.3　《汉堡规则》_173

15.4　《汉堡规则》关键条款解读 _176

15.5　案例：SONY 运输货损案 _181

第 16 章　国际结算 _182

16.1　汇票 _182

16.2　信用证 _184

16.3　《跟单信用证统一惯例》_187

16.4　国际货币清算 _189

16.5　UCP600 关键条款解读 _195

16.6　案例：星展银行信用证案 _198

第 17 章　国际税收 _200

17.1　BEPS 15 项行动计划 _201

17.2 《BEPS 多边公约》_203

17.3 《BEPS 多边公约》关键条款解读 _205

17.4 案例：跨境税收执法案 _213

第 18 章　国际争议 _214

18.1 《国际法院规约》_214

18.2 《1965 年华盛顿公约》_216

18.3 《承认及执行外国仲裁裁决公约》_217

18.4 《承认及执行外国仲裁裁决公约》关键条款解读 _219

18.5 案例：国际棉协仲裁案 _222

下篇　英文合同读写

第四编　合同专业知识 _227

第 19 章　什么是合同（contract）_227

19.1 我国合同法的由来 _227

19.2 英美合同法的由来 _227

第 20 章　违约救济 _228

20.1 违约救济适用范围 _228

20.2 补救措施 _229

20.3 赔偿损失 _230

20.4 间接损失 _232

20.5 责任上限条款的设计 _233

第 21 章　合同中的"分居"和"离婚" _235

21.1 中止或暂停（suspension）_235

V

21.2 终止（termination）_237

第22章 不可抗力 _241

22.1 force majeure 的由来 _241
22.2 中国法律的规定 _241
22.3 不可抗力条款的设计 _242

第23章 合同争议解决（协商、民事诉讼、仲裁）_245

23.1 协商 _245
23.2 民事诉讼 _245
23.3 仲裁 _246
23.4 合同争议解决条款设计样例 _246

第24章 所有权及风险转移 _247

24.1 所有权转移 _247
24.2 风险转移 _248
24.3 条款设计建议 _249

第25章 合同的权利和义务的转让 _250

25.1 合同权利和义务的转让 _250
25.2 FIDIC 合同中权益转让条款 _251

第26章 合同的分包与指定分包商 _251

26.1 分包与分包商 _251
26.2 分包商条款设计（FIDIC）_252
26.3 指定分包商条款设计 _253

第27章 排他 _253

27.1 排他期限及排他地域设计 _254
27.2 排他定金条款的设计 _254
27.3 排他赔偿条款的设计 _254

第28章 合同中的完整、分割 _255

28.1 完整条款（entire agreement/integration） _255

28.2 可分割性（severability） _256

第29章 优先 _256

第五编 合同阅读技巧 _259

第30章 here、there、where 前缀词的理解 _259

30.1 herein/hereof/hereunder _259

30.2 therein/thereof _260

30.3 whereas（鉴于此） _260

第31章 shall、should、must、will 的区别 _261

31.1 shall 与 should _261

31.2 must _262

第32章 subject to，notwithstanding，without prejudice to _262

32.1 subject to _263

32.2 notwithstanding _263

32.3 without prejudice to _264

32.4 subject to / notwithstanding / without prejudice to 三者的区别 _264

第33章 合同英语的组句方式——Coode 模式 _264

33.1 Coode 模式 _265

33.2 一张一弛，紧密有致 _265

第34章 严密的状语结构 _267

34.1 时间状语 _267

34.2　条件状语 _267

34.3　目的状语 _269

第 35 章　except/save/unless otherwise 表除外 _270

35.1　save/except _270

35.2　unless otherwise _271

第 36 章　合同英语中的大量被动语态 _271

第 37 章　小 as 大作用 _272

第 38 章　挑战多层嵌套长句 _273

38.1　挑战 50 个词的长句 _274

38.2　挑战 100 个词的长句 _274

第 39 章　定语从句
　　　　（as、that、when、where、which、who、whom）_276

39.1　as _276

39.2　which/that _277

39.3　where/when _277

39.4　who/whom _278

第 40 章　英文合同中有趣且疯狂的插入语 _279

40.1　简单插入语 _279

40.2　多重插入语 _280

第 41 章　"啰唆"的合同同义词 _281

第 42 章　合同中该如何表达假设 _283

42.1　if 引导的条件状语从句 _283

42.2　in case that/in the event that（接从句）与 in case of/in the event of
　　　（接名词）_284

42.3　should 引导条件状语从句 _286

42.4　unless 意为除非、若不 _286

42.5　provided that 表示一种假设 _286

第43章　英文合同中如何表达"因为，由于" _287

43.1　attributable to（因为，由于）_287

43.2　due to（由于，根据）_288

43.3　by virtue of（由于）_288

43.4　on account of（考虑到）_288

43.5　in consideration of（根据，考虑到）_289

第44章　英文合同如何表达编、章、节、条、款、项、目 _289

44.1　CISG（《联合国国际货物销售合同公约》）中的编排 _289

44.2　article 译为"条" _290

44.3　paragraph 译为"款"，而 subparagraph 译为"项" _290

44.4　clause 泛指条款 _291

后　记 _293

重要参考文献 _295

推荐序一

近年来，中国制造对中国经济增长的贡献率已经超过了40%，未来30年，中国制造将是中国经济发展的立国之本、兴国之器、强国之基。全国工业企业已经超过了1520万家，其中不少是高新科技制造企业。中国的企业肯定要"走出去"，但是更要"走上去"。"走出去"是从中国市场走向世界市场，"走上去"意味着中国企业不能满足于中低端，要走向制造业的高端。我们要学会使用发达国家和它们跨国公司所采用的"尖端武器"，那就是专利战、品牌战、商业秘密保护战和版权贸易战，更要学会用国际的商务语言做国际的生意。

中国已经成为知识产权大国，下一步的任务要成为知识产权强国。在建设知识产权强国的过程中，要明确国家、地方、企业包括科研单位等各自的主体责任，其中最主要的就是企业。产业兴则国家兴，企业强则国家强。知识产权是兴业之道，也是强企之策。随着经济全球化的不断发展，国际商法作为调节国际商事关系的法律规范的总和，也在不断丰富和发展。我国自改革开放以来，对外贸易经历了长期高速增长，然而随着西方政治、社会、金融危机的不断爆发，以及席卷全球的新冠疫情影响，全球经济陷入了低迷状态。我国企业也要思考一个问题，如何将外贸从"量"的发展转入"质"的提高？在外贸领域，有很多先行者，他们大胆出海，勇于探索，理论与实践相结合，优化了国际商法架构，并在业余时间钻研探索，与大家交流、探讨。

本书的作者之一，是我的学生。两位作者一方面长期从事企业方面的实务与实践，另一方面还能够结合实践进行理论的提炼与思考，确实难能可贵。这本书不一定在理论方面有多么高深，但重在从实践视角开展了思考与总结。我也翻阅过一些介绍国际商法的书，但大多是对国际商法理论的介绍及引入，而从实践出发，进行理论与实践结合论述的著述比较少。这本书很有意思,以企业实践经验为根基,理论知识为原材料,搭建了国际商法的新架构,很好地填补了这个空白。

随着全球市场的转型,出现了众多新的贸易主体,产品、服务、贸易方式的创新让全球贸易规则面临新的挑战。在新的贸易规则探索和形成过程中,传统的贸易惯例也在不断演进变化。从2018年开始,国际商会就陆续组织相关专家研讨,并于2020年推出《国际贸易术语解释通则2020》。企业贸易实践的创新、国际政府监管的干预以及国际组织贸易规则之间的相互适应和调整反映了当代国际贸易实务发展的基本特征。随着中国外贸业务实践不断创新,外贸新模式、新业态层出不穷,以技术驱动的贸易已经把中国外贸实践带到了新的发展阶段。

有调查显示,新形势下,我国外贸领域严重缺乏通晓实务的优秀企业和人才。为了适应当前复杂多变的国际环境,迎接新的挑战,我们必须要不断更新自己对国际商法的认知和理解。在中国作为贸易大国崛起的同时,有一大批企业"走出去",但如何有效"走上去"值得思考。立足中国、放眼全球,作者及其伙伴一直是国际贸易的探索者和思考者,积累了多年的外贸实战经验。本书的作者在编写和修订过程中力求从实际业务出发,结合国际商法理论知识,创建了独特且通俗易懂的体系架构,以解决读者对大多数国际商法书"看不懂、学不会、没时间"等几大难题。

我们期望并相信,经过作者、出版者的共同努力,可以将这本理论与实践相结合的国际商法书推广普及到我国从事外贸事业的企业及工作者,为各位读者在外贸实践中提供些许帮助。

吴汉东

2022年1月25日

中国知识产权法学研究会名誉会长

国家知识产权专家咨询委员会委员

中南财经政法大学资深教授、博士生导师

推荐序二

国际市场是开放的，要真正在全球市场上占有一席之地，使产品和系统能够进入国际市场就要按照国际规则行事。当我们需要使用他人知识产权时，就需要谈判支付合理的许可费用，才能够使得市场对我们也是开放的，也只有这样，才能扩展我们的市场空间，扩展我们的生存空间。按照国际通行的规则，真正从内心尊重他人的知识产权，通过交叉许可获得国际范围内知识产权的合法使用，是中国企业走向世界的关键。也只有平等与开放，才能获得全面参与国际竞争的资格，换取广阔的发展空间，并赢得世界的尊重。

我也认识作者很长时间了，他们长期从事国际合同商务实践工作，在工作之余也喜爱钻研略显枯燥的合同商务理论与知识。他们始于爱好、热衷专业，利用周末与平时的业余时间，数易其稿，几经删减，打磨出此本有关国际商法理论与实践探索的书。

全球各国商务环境不同，法律适用迥异，国际惯例及国际公约纷繁复杂。在海外项目拓展过程中，国际贸易规则、合同商务面临巨大的专业挑战，相信以后开展全球业务的企业也会越来越多，我们应该鼓励中国企业积极实践、探索，不断优化国际商务与风险管控机制。我也欣赏这几个热爱钻研的小伙伴，利用业余时间积极探索。也许他们的理论水平未必多么精深，也许他们的专业思考还有不足，但这些探索和思考都值得被尊重，也应该被鼓励。

诚实信用、守法意识、契约精神、公平竞争是市场竞争的基本原则。作者结合个人多年在国际贸易、国际商法等方面的实践与思考，写了这样一本专业探索的书，既是他们日常个人实践经验的积累总结，也是对他们自己长期思考的一个回顾。我支持并鼓励这样一种探索，也希望此书能够作为一个参考和借鉴，可以供更多这方面的爱好者在此基础上继续探索前行，为行业发展提供参考。

宋柳平

2022 年 1 月 25 日

华为首席法务官

前 言

国际商法诞生于古罗马时期，文艺复兴赋予她灵魂，工业革命给予她血肉。巴黎的乌云是她的忧愁，瓦森纳的雷鸣是她的叹息，华沙的晴空是她的微笑，汉堡的艳阳是她的歌唱。

从马六甲到好望角，从阿姆斯特丹到瓜达尔港，到处都能看到她的身影；从跨洋巨轮上沉睡的集装箱，到海底光缆中跳动的比特流，无论有形的货物还是无形的资产，无一不需要她的加持。她有无数个分身和化身，遍布在世界的每一个角落。

她无时不在又无处可寻，古往今来，无数英雄豪杰倾倒在她的脚下。众多政界名流、商界巨贾、法学大家都在苦苦追逐，妄图一窥她的容颜。"来如春梦几多时，去似朝云无觅处"，她总是看似触手可及实则不可企及。也许，只有经历"昨夜西风凋碧树，独上高楼，望尽天涯路"的孤独探索，经过"衣带渐宽终不悔，为伊消得人憔悴"的不懈追求，才能"众里寻他千百度，蓦然回首，那人却在灯火阑珊处"，方可惊鸿一瞥，隐约看到她的容颜。

下面就请大家跟随笔者的脚步，一同踏上探索之旅，试图揭开她神秘的面纱，一探究竟。

本书内容分为上下两篇。上篇：国际商法理论与实践，共有三编。第一编，法与商，重点铺垫法与商的概念；第二编，国际商法概况，从国际商法发展历程、表现形式及相关国际组织三方面对国际商法进行阐述；第三编，国际商法实践，从实践出发，就跨国公司、国际投资、环境保护、国际劳工、国际竞争、出口管制、国际销售、知识产权、隐私保护、国际运输、国际结算、国际税收和国际争议13个业务场景，结合相关国际公约、条约、惯例和有关国内法进行深度剖析。下篇：英文合同读写，侧重国际商法的实操，分两编。第一编，合同专业知识，讲解英文合同阅读中所遇到的商法问题；第二编，合同阅读技巧，提供了英文合同读写的实用技巧。

  本书是在各种权威著作和诸多知名学者的理论基础上，参考 20 余年海外市场拓展的经验教训，在作者有限的智慧和能力下完成的国际商法理论和实践相结合的著作。本书独创性地从国际商事组织环境、国际商事交易行为两个维度对国际商法进行了解构，并理论结合实践地对国际商法进行了全新架构。本书从实践中来，也希望能回到实践中去，希望作者的努力能对他人有一定参考价值和借鉴意义。

  本书理论高度有限，恳请业界专家学者不吝赐教。虽数易其稿，但疏漏与错误难免，欢迎同行批评指正。

上篇

国际商法理论与实践

第一编　法与商

第1章　法律

1.1 "法律"的源起

据史书记载,我国古代并无"法律"一词,与之相关的、出现最多的是"刑"字和"法"字。"刑"在《说文解字》中释义:"刑者,到也",就是砍头的意思,泛指处罚。

(一)"法"

"法"字最早出现在西周金文中,早期写作"灋",与其他汉字一样,是一个绝妙且意象丰富的象形文字。"灋"由"水"(氵)、"廌"、"去"三部分组成。"水"代表执法公平如水;"廌"又名獬豸,是古代传说中一种能明辨善恶是非的神兽,又被称为"法兽";"去",《说文解字》作者许慎认为是去除坏人的意思。

图1-1　獬豸

(二)"律"

"律"源于乐器的六吕六律。根据我国古代审定乐音高低的标准,乐音分为六律和六吕,六律是指黄钟、太簇、姑洗、蕤宾、夷则、无射,六吕指大吕、夹钟、仲吕、林钟、南吕、应钟。六律和六吕合称"十二律",以黄钟为首,按半音关系从低向高排列,后演变为度量衡的准则,假借其为"正刑定罪"的标准,是对一切触犯封建统治阶级权益及其社会秩序的犯罪行为惩处的量刑依据。"律"字由"彳"和"聿"组成,在《说文解字》中,"彳"是行动的意思,"聿"意为书写的工具,现引申为记录。因此,"律"字可释为记录下来的行为准则。

(三)"法律"

公元前536年,春秋战国时期,郑国由子产执政,"铸刑书于鼎,以为国之常法",并将其公布于世,这是我国第一部官方公布的成文法。当时,郑国还有一位法学家邓析,他主张"不法先王,不是礼义""事断于法"。在子产执政时期的"刑鼎之法"颁行三十年之后,邓析根据当时郑国国内外的形势,政治、经济、文化的发展,撰写了一部刑法,刻在竹简上,予以传播,史称《竹刑》。巧合的是,邓析最后死于自己制定的严酷刑法,《春秋左传注》记载:"郑驷歂杀邓析,而用其竹刑。鲁昭六年子产曾铸刑书,'竹书'后出,或较子产所铸为强,故驷歂用之。"(郑驷歂是继子产和子大叔之后郑国的执政大夫。)此后,刑、法、律各有分称,至秦国商鞅改法为律,尔后历代王朝,基本上都以律的形式颁行法典,如《汉律》《北魏律》《唐律》《大明律》《大清律例》等,一直没有将"法律"二字作为专有名词。直至我国引进西方的法学理论,研究其法律制度,正式将 law 翻译成"法律",这个名词才固定下来,有了它的现代意义。

"Law"在摩西英语词源法中是这样解释的:"law: Etymologically, a *law* is that which has been 'laid' down. English borrowed the word from Old Norse *lagu* (replacing the native Old English 'law'), which was the plural of *lag* 'laying, good order'. This came ultimately from the prehistoric Germanic base *lag-* 'put', from which English gets *lay*. It has no etymological connection with the semantically similar *legal*."翻译过来就是:从词源学上讲,法律就是已经被"制定"的。英语借用了古挪威语"lagu"(代替了古英语"law")这个词,它是 lag "laying, good order"的复数。"law"来源于史前

日耳曼语的词根 lag- "put"，原义是"规定下来的事情"（something laid down）。

（四）法律的现代意义

人类在改造客观世界、创造辉煌物质文明的同时，也在不断探索人类的主观世界，逐渐形成了一系列维系道德人心、维护一定社会秩序的哲学思想、伦理道德、宗教信仰、风俗习惯等精神规范，创造了博大精深的法律体系。法律制度作为人类的精神成果，反映了人类在认识自身、调整社会、谋求发展等各种重要过程中的思想演变过程。因此，通过一个国家、一个民族、一个时代的法律制度，我们可以清楚地了解当时人们对人、对社会、对人与人、对社会组织、对哲学、对宗教等诸多方面的思想和看法。法律作为一种具有国家强制力和约束力的社会规范，以明确的方式规范和要求当时社会成员的言论或行动，从而清晰地反映出人类在历史发展的各个阶段对不同的人所做出的具体要求和限制。因此，从法律制度的发展变迁中，我们也可以看到人类自身不断发展、不断完善的历史轨迹。人类社会几千年的民族文明发展史无可争辩地证明，法律制度是维系社会、调整各种社会关系、维护社会稳定的重要工具。由于发展道路和文化背景的不同，东方社会和西方世界虽然对法律的含义与细节的理解和解释存在着很大的差异，但在各自的发展过程中，都更加注重法律的制定和完善。

从《法经》到《唐律疏议》《大清律例》等数十部优秀成文法典，充分显示了成文法在中国古代社会的突出地位。20世纪初，随着东西方文化的交流，中国社会开始从传统社会向现代文明过渡。近代以来的数百年间，在西方、东方各主要国家里，伴随着社会变革的潮起潮落，法律改革运动也一直持续进行。建立健全符合现代理性精神的法治文明体系成为现代社会的共识。

法律是由国家制定或认可并以国家强制力保证实施的，反映由特定物质生活条件所决定的统治阶级意志的规范体系。法律是统治阶级意志的体现，是国家的统治工具。法律是由享有立法权的立法机关行使国家立法权，依照法定程序制定、修改并颁布，由国家强制力保证实施的基本法律和普通法律的总称。法律是法典和律法的统称，分别规定公民在社会生活中可进行的事务和不可进行的事务。更有通俗的解释：法律详细地规定了人们可以做什么，应当做什么或者禁止做什么。人们只有严格依据法律的规定办事，才能受到法律的保护，否则一旦违反它、触犯它，将给自己带来不利后果。

1.2 世界法律的演进

法律制度（legal system，法律制度有时被称为法的体系），通常是指将一个国家现有的所有法律规范分类和组合成不同的法律部门所形成的有机联系的统一整体。与其他社会现象一样，法律制度也有其自身的规律。在历史上，通过继承关系或某种联系形成了许多相同和不同的法律传统，即"法律制度"，如古埃及法律制度、楔形文字法、罗马-日耳曼法系、英国法律制度、德国法律制度、中国法律制度等。

古埃及法

作为世界上最古老的法律制度之一，古埃及法律是指适用于埃及奴隶制国家整个历史时期（公元前3000年至公元前6世纪）的法律规范的总称。

（一）古埃及法的形成与演变

埃及位于非洲东北部，是人类文明的发祥地之一。流经北方和南方的尼罗河每年都有洪水泛滥。尼罗河滋养着两岸的土地，养育着它的居民。古埃及人在这里创造了高度的文明：大约在公元前5000年，古埃及人进入了定居的农业生活；在公元前4000年后期，随着农业、手工业、畜牧业和渔业的不断发展，埃及原始社会开始瓦解；大约公元前3500年，古埃及逐渐出现了数十个奴隶制国家，这些国家为建立上埃及和下埃及王国而斗争了很长一段时间。公元前3100年左右，随着上埃及国王梅尼斯统一全国，统一的埃及进入了奴隶制文明时代，直到公元前332年，共有31个朝代。

古埃及法最古老的渊源是奴隶制国家成立初期不成文的习惯法。随着古埃及统一国家的形成，习惯法逐渐演变为成文法，但成文法的出现并不意味着习惯法完全消失。习惯法在不断成为一种文化的同时，仍在广泛的领域发挥重要作用。

（二）古埃及法的基本制度

古埃及是典型的东方专制国家。作为集权体制下的专制君主，法老不仅被视为上帝或上帝的儿子，而且是权威、智慧和真理的化身。

古埃及法的基本内涵是法老是神。将法老神化更有助于树立统治者的权威，巩固统治秩序。法老拥有立法、司法、行政、财政、军事和宗教的一切权力。雄伟的金字塔体现了臣民对专制君主的崇拜。法老的手下有各种各样的官员，最高的行政官员是宰相，他是整个官僚机构的首脑。他每天协助法老处理全国政府事务，负责皇家农场、司法、国家档案和税务。在宰相的领导下，有一批部长负责财政、水利建设和国家事务。上至宰相，下至抄写、督察，每人都有专职，共同维护法老的统治。当时，祭司在国家制度体系中起着重要作用，他们是法老的宗教事务代理人，主持祭祀活动。

随着古埃及奴隶制经济的繁荣，出现了多种形式的契约，这些契约广泛应用于土地买卖、借贷、合伙、租赁等方面。在很长一段历史中，债务契约必须在牧师和官员面前以庄严宣誓的形式签署，直到博克贺利斯国王统治时期才得以免除。土地买卖合同必须依次遵循三个严格的程序：欠款付清协议，出卖人保证没有第三方对土地主张任何权利，买受人开始占有土地。当时最流行的是贷款合同，合同的标的物主要是粮食和贷款。债务人可以用其亲属的尸体甚至木乃伊作为抵押和担保偿还债务。

楔形文字法

楔形文字法是人类历史上最早的法律制度之一，是西南亚法律的先驱，在世界法史上具有重要地位。楔形文字法最集中、最典型的代表是《汉谟拉比法典》。

(一)《汉谟拉比法典》的形成与演变

在公元前 19 世纪,由阿摩利人建立的古代巴比伦王国崛起,统一了两河流域。公元前 18 世纪,汉谟拉比时期,第六任国王(公元前 1792 年至公元前 1750 年)通过多年的斗争和外交手段,不仅完全统一了两河流域,建立了强大的集权奴隶制帝国,而且还积极建设水利,挖掘运河,建设灌溉网络,大力发展农业、手工业和商业。因此,巴比伦的社会、政治和经济发展是前所未有的。为了适应国家经济发展和政治统治的需要,继承两河流域原有楔形文字法的精髓,汉谟拉比国王制定了著名的《汉谟拉比法典》。

(二)《汉谟拉比法典》的基本内容和制度

《汉谟拉比法典》分为序言、正文和结语三部分。序言以上帝的名义,阐明了《汉谟拉比法典》的立法思想和宗旨,即"弘扬世界正义,肃清不法恶势力,使强者不欺负弱者",使"正义传遍全国,造福人民"等等。它还用大量的文字赞扬了汉谟拉比国王的成就,主张他按照上帝的意志管理国家和人民,秉持"君主的权力是上帝赐予的"思想。正文共有 282 条。第 1 条至第 5 条保障法院公正审判,包括惩治诬告陷害、做伪证和法官擅自变更判决;第 6 条至第 126 条是保护各类财产所有权,维护地主、高利贷者利益的规定;第 127 条至第 193 条是关于婚姻、家庭和继承的规定;第 194 条至第 214 条是关于人身伤害和处罚的规定。结语主要是告诫后人要严格遵守守则,不要歪曲、改变或废除守则,诅咒那些不遵守守则的人将受到上帝的惩罚。

和其他东方君主一样,汉谟拉比国王也有神权主义思想。他不仅在政治上积极倡导"君权神授"理论,而且在立法上大力倡导神权法治理念。因此,《汉谟拉比法典》具有鲜明的君主专制特征。国王是这个国家的最高统治者。国王依靠以他为核心的官僚体制,自上而下实行中央集权统治。军队是官僚主义的重要组成部分,是专制政权的主要支柱。

作为东方早期成文法典,《汉谟拉比法典》是为适应奴隶制下不发达的经济情况而制定的，其内容也体现了阶级对立和不平等的权利和社会地位。根据该法典，巴比伦人被分为自由人和奴隶两类。我们最熟悉的"以眼还眼，以牙还牙"，这个看似公平的复仇概念在这里就有体现。《汉谟拉比法典》第 196 条和第 200 条规定："如果一个自由人使另一个自由人的左眼失明，他也应失明。如果一个自由人敲了另一个自由人的牙齿，他的牙齿也应该被敲掉。"在法律上，公平复仇的概念仅限于自由人，跨阶级的伤害并不属于"以眼还眼，以牙还牙"的概念。根据《汉谟拉比法典》，如果一个自由人将一个奴隶的眼睛弄瞎或弄坏，他只需要支付 450 克白银。

罗马法

罗马法是罗马奴隶制社会逐步形成时期的法律总称，包括公元 7 世纪以前东罗马帝国过渡为封建国家之前的法律和公元 476 年前西罗马帝国的法律，尤其是指《十二表法》和后来逐步成熟的《查士丁尼法典》。

（一）罗马法的形成与演变

古罗马国家诞生于意大利半岛。公元前 8 世纪以前，罗马处于氏族公社时期。公元前 7 世纪以后，随着生产力的发展、私有制的出现，再加上战争掠夺和债务奴役，罗马社会产生了两个基本的对立阶级——奴隶主和奴隶，氏族制度趋于瓦解。公元前 6 世纪，在阶级矛盾尖锐的情况下，随着罗马第六位国王塞尔维乌斯·图利乌斯（Servius Tullius，公元前 578—公元前 534 年）对原氏族部落和居民阶级的改革，罗马奴隶制度终于形成并正式进入皇室时期，罗马法也随之产生。

公元前 510 年，罗马王政时代结束，进入共和国前期。罗马法也经历了由习惯法向成文法发展的过程。元老院于公元前 451 年制定了法律十表，并在罗马广场公布；次年，又制定法律两表，作为对前者的补充，《十二表法》由此产生。

公元前 1 世纪，罗马共和国因大规模的奴隶起义和平民斗争而陷入危机。为了加强统治，保护阶级利益，统治者逐渐放弃共和政体，建立军事独裁，罗马进入帝国时期。在这一时期，公民法占主导地位。公民法（iuscivile），又称民法，仅适用于罗马公民，其依据是《十二表法》，主要内容是对国家行政管理、诉讼程序、婚姻家庭关系和继承的规定。

公元3世纪以后，罗马帝国开始衰落，陷入奴隶制危机，并建立了开放的君主专制制度。罗马法进入了一个综合整理、系统编纂的时期。为了重建和振兴罗马帝国，查士丁尼在登基第二年成立了一个编纂委员会。从公元528年到公元534年，先后完成了《查士丁尼法典》《查士丁尼法学总论》《查士丁尼学说汇纂》三部法律的编汇。在上述三部法律编纂完成之后，查士丁尼先后颁布敕令168条。法学家在他死后将这些敕令汇编成册，称为《查士丁尼新律》，内容主要涉及公法和教会法，有的是对现行法律的解释，有的是对婚姻、家庭和继承的规范。以上四部法律统称为《国法大全》，又译为《民法大全》。它的颁布标志着罗马法进入鼎盛时期。

（二）罗马法的基本内容与特征

人法

人法也可称为人权法，是作为权利和义务主体的法律规定，包括自然人和法人的权利能力和行为能力，以及婚姻和家庭关系等。

罗马法中的自然人有两层含义：一是生物学意义上的人，包括奴隶，称霍谟（Ho-mo）；二是法律学意义上的人，指享有权利、承担义务的主体，称波尔梭那（Persona）。奴隶虽然是生物概念的人，但由于其不具有法律人格，不能成为权利义务主体，因此被视为权利客体。罗马法中的人格由自由权、市民权和家族权三种身份权构成。自由权是自由实现自己意志的权利，是享有市民权和家族权的前提和基础。没有自由的人，也就是奴隶，是没有其他权利可言的。自由的获得来自两个方面：一是生来自由，父母自由，子女自由；另一种是解放自由人，奴隶因其解放而得以成为权利主体。市民权是罗马公民享有的特权，包括公权和私权。公权利是指选举权、参政议政权、担任国家公职权等。私权是指婚姻权、财产权、遗嘱权、诉讼权等。家族权是指家族群体成员在家庭关系中所享有的权利。罗马法规定，只有具备上述三种身份权的人，才能享有完全的法律行为能力，属于完全人格人。上述三种身份权全部或部分丧失，人格即发生变化，罗马法称之为"人格减等"。

古罗马法中没有完整的法人制度。最初，民法只承认自然人为权利主体。虽然社会上出现了某些群体，但他们在法律上并不享有独立的人格。共和国时期，随着商品经济的发展，社会团体大量涌现，相应的法律规范也随之产生。到了帝国时期，罗马法开始承认如商业团体、宗教团体、慈善团体等为法律主体，他们在法律上享有独立人格，承担责任。法人的设立必须符合三个条件：（1）必须以帮助国家或社会公共利益为目的；（2）必须有物质基础，为了达到最低法定人数（三人以上），财团必须拥有一定数量的财产，数额没有严格规定；（3）必须经政府批准或者经皇帝许可。

物法

物法在私法体系中占有极其重要的地位，是罗马私法的主体和核心，对大陆法系后世民法的影响最大，由物权、继承权和债权三部分组成。

物权是指权利人可以对财产直接行使的权利。物权的范围和类型由法律规定，不能由当事人自由设定，只有法律规定的物权受法律保护。所有权是物权的核心，是权利人对财产直接行使的最完整的权利。它包括占有权、使用权、收益权和处分权，以及禁止他人对其财产行使任何行为的一切权利。

罗马法中的继承概念与现代不同。其继承是指死者人格的延续，财产继承是附属的。这是由罗马长期实行家长制家庭制度决定的。父亲死后，其权利必须延续下去，他的人格由其继承人继承，这不仅包括他的人身权利和义务，还包括财产权利和义务，即所谓"概括继承"。

罗马法将债的事由分为两类：一类是合法事由，即由双方当事人订立契约而引起的债；一类是违法原因，即由侵权引起的债，罗马法称之为私犯。契约是发生债的主要原因，必须具备如下三个条件：当事人必须具备订立契约的能力，必须意思一致，必须具备法定的订立方式和法律认可的原因。罗马早期，由于商品交换不发达，只有买卖借贷等几种契约，订立契约应符合形式主义要求。后期出现了各式各样的契约：要物契约、口头契约、文书契约和合意契约。

英国法

作为英美法系的发源地，英国的法律制度有着独特的历史传统和发展道路。英国法系作为英美法系的代表，是指在英格兰、威尔士和北爱尔兰实施的法律制度。纵观历史，不难看出，英国法的形成与两次外来入侵和军事征服密切相关，一是5世纪中叶盎格鲁-撒克逊人在英国确立了日耳曼习惯法的主导地位，二是1066年的诺曼征服和后来诺曼·金的法律改革推进了英国法律体系的逐步完善。

公元5世纪中叶
日耳曼习惯法
神明审判

1066年
普通法、巡回审判和普通法院

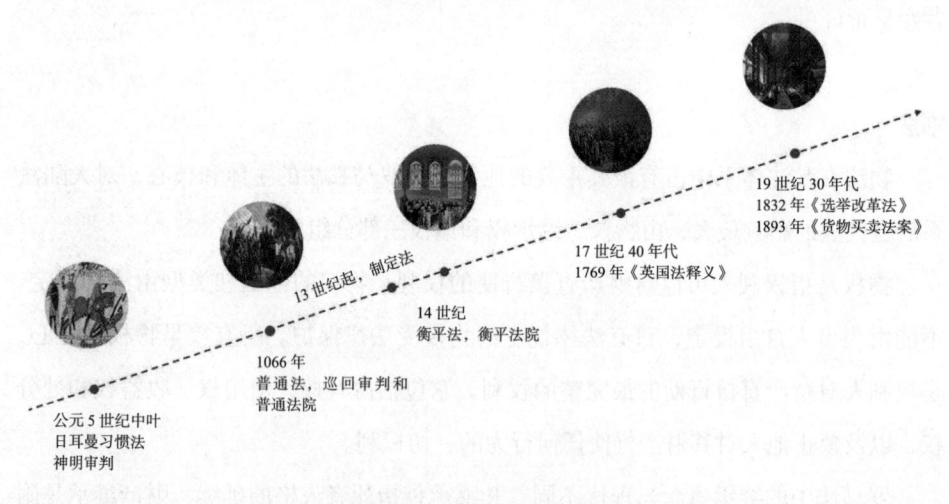

13世纪起，制定法

14世纪
衡平法、衡平法院

17世纪40年代
1769年《英国法释义》

19世纪30年代
1832年《选举改革法》
1893年《货物买卖法案》

图1-2 英国法的演变历程

（一）英国法的形成与演变

日耳曼习惯法

英国法的起源可追溯到盎格鲁-撒克逊时代。自公元5世纪中叶以来，盎格鲁-撒克逊和其他日耳曼部落逐渐从欧洲大陆入侵英国，建立了一系列盎格鲁-撒克逊王国，各部落的原始习惯也相应地演变为习惯法。

在盎格鲁-撒克逊时期，英国尚无统一的皇家司法机构，各类诉讼皆由古老的郡法院和百户法院以及后来出现的领主法院和教会法院管辖。法律争端均由日耳曼习惯法审理。当时采用的审判形式被称为"证明模式"。当时不列颠基本上处于割据状态，缺乏统一的司法机构，没有通行全国的"普通法"，因此地方习惯法一直占据统治地位。直到1066年诺曼人征服不列颠后，英国建立了强大的王权并完善了皇家司法机构，逐渐形成了普通法、衡平法和制定法三大法律渊源。

普通法的形成

普通法（common law）是指普通法院在12世纪前后创立和发展起来的普遍适用的法律，它的形成可以说是中央集权和司法统一的直接结果。

诺曼人征服不列颠后，威廉一世（1066年至1087年在位）为了不引起被征服者的反感，试图以英国王位合法继承人的身份出现，并宣布盎格鲁-撒克逊地方习惯法继续有效。同时，他还把诺曼人统治时期行之有效的行政管理方式带到了英国。

威廉在宣布保留原有机构并尊重其管辖权的同时，要求按照国王的令状，以国王的名义对其进行审判，从而巧妙地将其纳入国王的司法机构，有效地防止其扩大权力。同时，威廉引入诺曼时代的管理机制，建立了由僧侣、庸俗贵族和高级官员组成的"御前会议"，以后又从御前会议中分离出民事诉讼高等法院和王座法院。前者专门处理有关契约、侵权行为等涉及私人利益的案件，后者专门审理刑事案件和涉及国王利益的民事案件。为了扩大皇家法院的管辖权，建立和维护统一的法律秩序，法官们开始到各地巡回审判，最终发展出了一种新的审理方式——陪审团审判。这些巡回法官在审理案件时会将判决成文并与王座法院中的其他法官分享交流，在审理类似案件时法官可援引其他法官的判决来论证自己的观点，于是便出现了一种共同的法律——普通法。

衡平法的形成

衡平法（equity law）是从14世纪的司法审判实践中发展而来的一整套法律规则，因其号称以"公平""正义"为基础，故而得名。衡平法的产生可以说是适时调整经济关系的需要，是对普通法缺陷的一种弥补。

12世纪至13世纪，英国封建经济发展到了一个更高的水平，尤其是羊毛业和商业贸易日趋繁荣。随着商品经济的发展，新的财产关系和人身非财产关系不断涌现。

法律所需要调整的关系也随之改变，普通法本身的缺陷阻碍了法律的灵活应对，因此衡平法应运而生。在当时，国王是"公平""正义"的源泉，行使着最高司法权。因此，不受普通法保护的当事人，按照古代形成的习惯，直接向国王申请统治。事实上，国王不可能事事都自己掌握，所以他把责任移交给了大法官。大法官根据"公平""正义"原则，及时对案件做出适时判决。到了15世纪，大法官及其助手正式组成大法官法庭。越来越多的衡平法救济和规则由大法官法院制定，并发展成为一个独立于普通法的公平制度。

制定法的辅助

制定法（statute law），是国家机关或者具有立法权的个人制定和实施的法律规范。作为英国封建法律体系的有机组成部分，制定法也可称为成文法。它是随着议会立法权的加强而逐渐产生和发展起来的。

在长达几个世纪的封建时代，只有国王享有立法权。13世纪以后，议会作为一个等级代表机构，分享了部分立法权。随着农民统治地位的巩固，摆脱帝制的要求日益强烈。1215年，诸侯赢得了反对国王的斗争，最终国王被迫签署了《自由大宪章》。《自由大宪章》在一定程度上限制了国王的权力，确认了封建贵族和僧侣的特权，并规定国王必须举行由大贵族参加的"大会议"，以获得贵族的同意。此外，它还规定，没有法律程序，自由人不得被逮捕、监禁、流放或没收财产。这些规定限制了皇权，保障了臣民的自由和权利。随着议会立法权的加强，制定的法律数量和地位逐渐增加。然而，在资产阶级革命前，议会并没有获得独立的立法权，在很大程度上仍然服从国王，是对普通法和衡平法的补充。

资产阶级革命带来的变化

17世纪40年代，英国爆发了资产阶级大革命。在这场革命中，阶级权力和政治制度发生了前所未有的变化，封建法制也受到了冲击。第一，议会立法权得到强化，制定法的地位提高。第二，内阁成为最高行政机关。第三，普通法和衡平法被赋予资产阶级的含义，内容上得到充实。

工业革命带来的变化

19世纪上半叶，工业革命后英国经济迅速发展，但由于议会上下院仍然被保守势力控制，选举制度无法适应当时的社会。普通法院和衡平法院在管辖权方面的交叉和复杂的程序规则给政党带来了极大的不便，这与社会要求迅速解决争端的要求形成了激烈的矛盾。

在这种背景下，从19世纪30年代起，英国进行了范围较广的法律改革。制定法的地位明显提高，成文法典数量大增。其中包括1855年《有限责任法》、1882年《汇票法》、1890年《合伙法》、1893年《货物买卖法案》等。此外，英国对司法体系进行了改革。1875年生效的《司法法》对英国的法院组织和程序法进行了划时代的改革，结束了英国普通法院和衡平法院数百年分立对抗的局面。

（二）英国法的主要内容与特征

财产法

财产法是英国最古老和最复杂的法律之一。它是调整关于财产的占有、使用、转让、继承、信托等各种关系的法律规范的总称。它大致相当于大陆法系的物权法。不同的是，大陆法系的物权法对动产和不动产兼重，而英国（也包括其他英美法系国家）财产法则侧重不动产。

  地产制作为英国财产法的独特制度之一，相比大陆法系的物权法更为复杂。1925年，英国颁布了《土地授予法》《信托法》《财产法》《土地登记法》《土地特殊权益法》和《遗产管理法》六项财产立法，最终完成了对封建土地法的资本主义改造。

  信托制与财产法的其他制度不同，不是在普通法院发展起来，而是由衡平法院审判活动发展起来的，其内容相对独立。信托制度是指财产所有人为了受益人的利益将财产交给受托人的制度。该制度中积极的利益体系能够使房地产所有者自由处置土地，这非常符合商品货币关系快速发展的需要。资产阶级革命以后，它发展成了现代意义上的信任制度。

契约法

  契约法是英国法的一个重要组成部分。作为民法中债的两个重要组成部分之一而存在。英国契约法的规范主要来自古老的判例法（包括普通法和衡平法），但近现代在契约法的领域也有大量制定法被颁布，其最重要的代表为1893年《货物买卖法案》（后来被1979年《货物买卖法》所取代）。

  英国关于契约的定义很多。尽管各种定义的表述和措辞不同，但契约必须包括下列要素：第一，当事人必须具有缔结契约的能力，未成年人、精神病人、严重醉酒者以及某些特定的外国侨民（如战时敌国侨民）不具备缔约能力；第二，必须由双方自愿达成协议，因失误、欺诈、不当影响以及胁迫而缔结的契约可以撤销；第三，对价必须有效，不具备有效对价的契约不能强制执行，除非该契约具备书面盖印形式；第四，标的和格式必须合法，当一项协议的构成或履行被认为是犯罪或侵权行为或与公共利益相违时，该协议无效，如果某些契约要求特定的形式，不具备该特定形式的契约无效或不可强制执行。

美国法

自独立战争以来的 200 多年，美国法律在受到英国普通法影响的同时，根据美国国情，建立了独特的法律体系。美国法律在批判和继承英国法律的过程中，形成了实用主义传统，没有采用明显体现封建因素的制度。美国早期的法律体现了强烈的种族歧视色彩，在南北战争后的宪法修改过程中，种族歧视的色彩逐渐淡化。

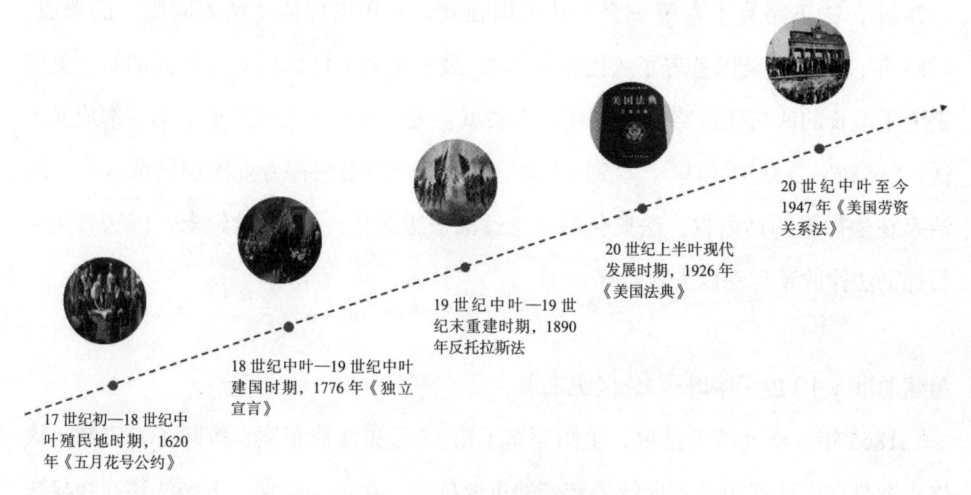

图 1-3　美国法的演变历程

（一）美国法的发展与演变

殖民地时期（17 世纪初—18 世纪中叶）

1607 年，英国在北美的詹姆斯敦建立了第一个殖民地，名为维珍地（弗吉尼亚州）。1620 年，为了避免宗教迫害，一群英国清教徒乘"五月花"号抵达北美。他们起草的《五月花号公约》（Mayflower Compact）表达了对英国独裁统治的不满和建立新政治制度的愿望，他们在"五月花"号登陆的地方建立了殖民地。18 世纪上半叶，英国在东起大西洋海岸、西至阿巴拉契亚山脉的狭长地带共建立了 13 个殖民地。这是美国建国后的 13 个州。然而，在整个 17 世纪，英国普通法未能取得对北美殖民地的支配地位，殖民地法律仍处于相对原始的状态。

建国时期（18世纪中叶—19世纪中叶）

　　北美13个英属殖民地通过八年的独立斗争，建立了美利坚合众国。1776年，北美13个英属殖民地通过签署《独立宣言》明确表达出对于宗主国的分离倾向。1778年，法王路易十六第一个承认美国独立，并积极促成"法美同盟"的形成。1783年，美国和英国签署了《巴黎条约》，最终实现了民族独立。在此期间，美国走上了漫长的法典化道路。1787年，在费城，美国制定了人类历史上第一部成文宪法：《美利坚合众国宪法》。直到19世纪中叶，伴随着法律专业阶层逐渐取代了政治家在法律界的话语权，法典化的理念逐渐被边缘化。到19世纪末，以法典化为目标的法律改革运动以失败告终。

重建时期（19世纪中叶—19世纪末）

　　1865年，南北战争结束，美国颁布了第13号宪法修正案，废除了奴隶制。该修正案是美国法律由分权向统一转变的重要标志。在这一时期，美国法律在物权法方面迅速建立了土地自由转让的制度。同时在司法实践中形成了普通法的判例理论，形成了以法院为中心，以判决法为基础的具有美国特色的判例法"先例原则"，缩小了各州之间的法律差异。

现代发展时期（20世纪上半叶）

　　进入20世纪之后，美国法在形式上回归"法典化"。从1926年开始，美国整理并颁布了内容更为全面的《美国法典》（The Code of Laws of the United States of America，简称U.S.C.）。《美国法典》依据联邦制定法的不同主题，将生效的联邦制定法分门类地编入54篇中，每6年修订一次，每年都做一次补编，收录当年国会通过的法律。1929年至1933年，富兰克林·罗斯福总统向国会提出了70多个法案，并敦促国会通过了一系列旨在整顿工业、银行、农业和劳工的法律，对国民经济进行全面宏观调控。当然，在这一时期，除经济立法，社会立法也大量出现。

现代时期（20世纪中叶至今）

由于跨州商事交易日益频繁，法律体系化和统一化的需求突出地反映在商法领域。统一州立法委员会先后起草了一系列单行法案，如1906年的《统一买卖法》、1909年的《统一提单法》、1933年的《统一信托收据法》等。但是，由于这些草案在各州的适用效果不佳，并未被各州采用，经过后续多次修改之后，也并未得到根本性的改善。1942年，美国法学会和统一州立法委员会将起草《统一商法典》正式纳入工作计划。1952年，委员会公布《统一商法典》的正式文本，后于1957年、1958年和1962年相继发表修正版。从《统一商法典》的推行效果来看，除路易斯安那州没有全部接受，其他各州均采用了该法典。1952年，美国法律研究院进行了合同法第一次重述修改，并于1979年完成《美国合同法》（第二次重述），共385条、16章。合同法重述是一种介于法典法和判例法之间的法律文件，受到制定法和判例法的影响，是研究美国合同法的重要素材。

（二）美国《统一商法典》的主要内容与特征

美国《统一商法典》，共10编406条。其内容包括总则，买卖，商业票据，银行存款和收款，信用证，大宗转让，仓单、提单和其他所有权凭证，投资证券，担保交易、账债和动产契据的买卖，生效日期和废除效力。该法典实现了各州在处理商法冲突方面的协同作用，是成文法改造普通法的一次成功尝试。把普通法的规则加以系统化，不仅起到整理普通法的作用，还吸纳了许多传统的商业惯例并将其固定下来，为商事交易提供了明确的规则。法典创造性地使用了商事术语，促进了现代商法的发展，既反映了英美法民商合一的传统，也反映出当代民法的商法化趋向。

德国法

　　德国法是大陆法系的一个重要分支，是近代西方最完备、最发达的法律制度之一。中世纪的德国处于政治分裂状态，每个封建王国都有自己的法律或法规。以罗马法为核心的"普通法"，其适用范围非常有限，只涉及一些次要的商事和民事法律关系，但各封建王国分散的地方习惯法仍然适用。18世纪末，各诸侯国开始试图编纂民法。1874年，联邦参议院成立编纂委员会，13年内完成了"民法典"的初稿。经过一系列的审查和修订，形成了较为成熟的《德国民法典》。同时，该法典对日本和中国的法律现代化也产生了深远的影响。

（一）德国法的形成与演变

德意志第一帝国时期

　　德国位于中欧地区，根据《凡尔登条约》，该地于843年成为东法兰克王国。962年，德意志民族神圣罗马帝国成立，这是第一个德意志帝国。

　　奥托一世于962年被教皇加冕为皇帝。这一时期德国法的主要渊源是法兰克王朝曾经制定和认可的《日耳曼法典》，以及德意志五大公爵领地的日耳曼习惯法。至13世纪，德国出现了以德语为主要载体的习惯法汇编，其中比较著名的法律书是1220年编成并通行于北德意志地区的《萨克森明镜》，被视为德国法律史的开端。

　　公元17世纪初，德国各封建王国掀起了法典化的激烈运动，他们从罗马法和教会法中寻找法律的普遍性，试图通过系统的立法活动达到政治主导的目的。例如，德国南部的巴伐利亚在1751年、1753年和1756年先后颁布了《刑法典》、《诉讼法典》和《民法典》。《巴伐利亚民法典》也是欧洲最早的民法典。德国各封建王国制定法典的活动在客观上推动了德国法向近代法的发展。

德意志第二帝国时期和魏玛共和国时期

　　1870年，普鲁士赢得普法战争的胜利。1871年1月，普鲁士国王威廉一世宣告德意志帝国成立,同年4月颁布《德意志帝国宪法》,此时的德意志帝国史称德意志第二帝国。德意志第二帝国成立之后,立即展开大规模的立法活动:第一,在宪法方面,1871年的《德意志帝国宪法》建立了君主立宪的近代德国宪政制度;第二,在刑法方面,1871年的《德意志帝国刑法典》确立起一系列资产阶级的刑法原则和制度;第三,在民商法方面,颁布于1897年的《德国商法典》以及颁布于1896年的《德国民法典》(1900年1月1日施行)成为最重要的民商事法律渊源;第四,在诉讼法方面,《民事诉讼法》和《刑事诉讼法》颁布于1877年。

第一次世界大战于20世纪初爆发,摧毁了德意志第二帝国。1919年6月,国民议会在小镇魏玛通过了共和国宪法。在历史上,它被称为《魏玛宪法》。魏玛共和国时期,德意志第二帝国颁布的民法典、商法典、刑法、民事诉讼法、刑事诉讼法和法院组织法继续沿用。《魏玛宪法》在经济领域有特殊规定,如有条件国有化、公私合营等,在宏观上划定了政府与企业的界限。

德意志第三帝国时期

从1929年到1933年,资本主义世界出现了严重的经济危机。希特勒领导的德意志民族社会主义工人党(简称纳粹党)抓住机会登上政治舞台,这一时期历史上称为德意志第三帝国时期。

希特勒在上台之后迅速架空《魏玛宪法》,彻底推翻了宪政体制。1933年2月底,纳粹德国取消《魏玛宪法》关于保障公民人身自由的条款,并授予联邦政府必要时接管德意志各邦的全部权力。3月,纳粹德国通过《消除人民和国家痛苦法》将全部国家权力集中到希特勒手中,授予"元首"起草和公布法律的权力,且这些法律可以与宪法相抵触。1934年1月,纳粹德国又颁布《德国改造法》,废除联邦制,实行单一制,各级政府成为直属中央政府的行政机关官吏,由联邦中央统一调配,实行法西斯中央集权制。

第二次世界大战后

第二次世界大战结束后，德国进入了两国分离的历史时期，两国在不同意识形态的指导下走上了完全不同的发展道路。联邦德国成立之后提出了"社会法治国家"的目标，废除德意志第三帝国的一切立法。1949年，联邦德国通过了《基本法》。在民事立法方面，两德均沿用1900年施行的《德国民法典》，各自从本国政治体制出发对其进行了改造。联邦德国支持原有《德国民法典》中的契约自由、保护所有权、遗嘱自由等基本原则，同时强调对契约自由的限制，用大量单行民事法规来补充《德国民法典》的不足。民主德国则删除了《德国民法典》中与其社会主义宪法相抵触的条款。1975年，民主德国放弃了旧的《德国民法典》，制定了全新的《德国民法典》。

1990年10月3日，德国正式宣布实现统一。根据《统一条约》的规定，重新统一的德国沿用《基本法》以及联邦德国的各项法律制度。统一的德国延续了联邦德国的法律体系，但也为适应统一后的形势做了部分修改。

（二）德国民商法的基本内容与特征

民法

中世纪的德国在政治上高度分裂，每个诸侯国都有自己的法律或法典。分散的地方习惯法仍是民法最重要的渊源。1815年，随着德国民族团结运动的兴起，制定统一的民法典的呼声越来越高。1874年，联邦委员会成立了一个由11名成员组成的法典编纂委员会，其编纂的《德国民法典》于1900年1月1日生效。

《德国民法典》是19世纪末自由资本主义向垄断资本主义过渡时期制定的法典，共分5编、2385条，另附施行法31条。第一编为总则，包括人、物、法律行为、期间、时效、权利的行使和提供担保等7章。第二编为债的关系，包括债的通则以及引起债务关系发生的买卖、赠予、租赁、借贷、雇用、承揽和保证等依据。第三编为物权法，包括动产与不动产所有权、所有权的取得与丧失、共有、地上权、役权、抵押和质权。第四编为亲属法，包括结婚、离婚、夫妻财产、亲属关系、收养、监护、保佐等内容。第五编为继承法，包括继承，继承人范围和顺序，遗嘱，继承权的丧失、放弃和继承等内容。

商法

《德国流通票据法》(1848年)和《德国通商法典》(1861年)为大多数诸侯国所采用，在一定程度上消除了商法不统一带来的不便。1897年，《德国商法典》最终获得通过，于1900年1月1日与《德国民法典》同时实施。《德国商法典》是根据《德国民法典》总则制定的一部专门法律。它采用了法国拿破仑时期确立的"民商事分离"的私法结构。德国商法与民法的关系，体现在以下几个方面：第一，商法规范的适用范围比民法窄，许多法律规范都是以民法典确立的一般原则为基础的；第二，商法的调整超出了传统民法的范围，商人也具有权利主体的属性；第三，在商法领域，应遵循特别法优于一般法的原则，以商法适用为优先，只有在现行商法没有相应规定的情况下才能适用民法的规定。

第二次世界大战后，德国的商法发生了许多的变化，主要表现在以下几个方面：第一，商法典中有关商业组织的规定被逐渐分离出来，形成了独立的企业法；第二，企业法以企业为主体，不同于商法仅限于商人；第三，企业法包含职工参与管理和拥有共同决策权的规定，使公司法和劳动法紧密结合起来。独立的企业法的形成，反映了德国社会的巨大变化，以及对经济组织功能的重新认识。

中国法

中国古代法律众多，如初唐的《贞观律》、宋代的《宋刑统》、元朝的《大元通制》等。法律与政治是密切相关的，中国法律思想史也与中国政治思想史密切相关。中国法律"刑始于兵"，"礼源于祭祀"。"刑始于兵"是指古代刑法和以刑法为基础内容的法律，起源于军事活动。"礼源于祭祀"是指古代的社会规范，发端于古老祭祀活动中形成的礼仪规则。中国法的显著特点有：第一，宗族血缘关系强，法律表现出民族主义的特征；第二，具有民族融合的特点；第三，民商法落后，刑法发达。

中国现代民事法律制度建设一直秉持"民商合一"的传统，许多商事法律规范被纳入民法之中，因此中国并没有商法典。民法典的发布，进一步完善中国民商领域的基本法律制度和行为规则，为各类民商事活动提供参照，有利于充分调动民事主体的积极性、创造性，维护交易安全，维护市场秩序，也有利于营造各种所有制主体依法平等使用资源要素，公开、公平、公正参与竞争，同等享受法律保护的市场环境。2020年5月28日，第十三届全国人民代表大会三次会议表决通过《中华人民共和国民法典》，该法典于2021年1月1日起生效。

（一）民法典的形成与演变

中国制定民法典的过程可谓跌宕起伏。1954年启动《中华人民共和国民法典》的起草工作，经历了四次较大修改，直到1986年4月12日的第六届全国人大四次会议才通过《中华人民共和国民法通则（草案）》，这标志着中国第一部具有民法总则性质的民法基本法的正式设立。之后相关法律均以单行法的方式制定并实施，实际上仍处于对民法的探索阶段。直到2017年通过了《中华人民共和国民法总则（草案）》，2018年开始编纂的民法典分编陆续完成，这意味着《中华人民共和国民法典》将正式出台。

第一次起草

第一次民法典起草小组设在全国人大常委会办公厅的研究室，负责研究民法典的起草工作。在研究起草民法典的过程中，全国人大常委会办公厅做了大量的准备工作。1956年12月，新中国第一部"民法典征求意见稿"成形，初稿共有400多条，分总则、所有权、债、继承四篇。

第二次起草

1962年，全国人大常委会组建了"民法研究小组"，并开始第二次民法典的起草工作。这个草案共三编（总则、财产的所有、财产的流转），共 24 章 262 条。

第三次起草

全国人大常委会法制委员会于 1979 年 11 月成立了民法典起草小组，1980 年 8 月草拟出了一个民法草案"试拟稿"，并开始向部分经济单位和政法部门征求意见。这个草案包括总则、财产所有权、合同、劳动报酬和奖励、损害责任、财产继承共 6 编 501 条。自 1985 年起，先后通过并施行了《中华人民共和国继承法》《中华人民共和国民法通则》《中华人民共和国担保法》。

第四次起草

1998 年 1 月 13 日，第八届全国人民代表大会常务委员会副委员长邀请五位民法教授座谈民法典起草，并委托九位学者专家组成民法起草工作小组，统筹负责民法典草案起草工作。1998 年 3 月，民法起草工作小组第一次会议决定分步走：先确定《中华人民共和国合同法》，奠定社会主义市场经济的秩序与统一；再用 4~5 年的时间制定物权法，实现财产归属关系基本规则的完成。第九届全国人大常委会组织起草了《中华人民共和国民法（草案）》，自第十届全国人民代表大会以来，先后制定了《中华人民共和国物权法》《中华人民共和国侵权责任法》《中华人民共和国涉外民事关系法律适用法》等。

第五次起草

2015 年 3 月，全国人大常委会法制工作委员会牵头成立了由最高人民法院、最高人民检察院、国务院法制办公室、中国社会科学院、中国法学会 5 家单位参加的民法典编纂工作协调小组，并组织了工作专班开展民法典编纂工作。

2016 年 3 月，按照全国人大及其常委会的计划，针对民法典的起草编纂工作采用先编纂民法典总则编，再编纂民法典各分编，最后整合成《中华人民共和国民法典》。2017 年 3 月 15 日，民法典总则草案经由十二届全国人大五次会议闭幕式决议通过形成法律。2017年10月1日，民法典总则编《中华人民共和国民法总则》开始施行。由民法典总则编及各分编整合而成的《中华人民共和国民法典（草案）》，由全国人大常委会予以审议，并于2020年的全国人大会议中表决通过，《中华人民共和国民法典》于2021年1月1日正式生效。

（二）中国法系的基本内容与特征

中国特色社会主义法律体系，是以宪法为统帅，以法律为主干，以行政法规、地方性法规为重要组成部分，由宪法相关法、民商法、行政法、经济法、社会法、刑法、诉讼与非诉讼程序法等多个法律部门组成的有机统一整体。

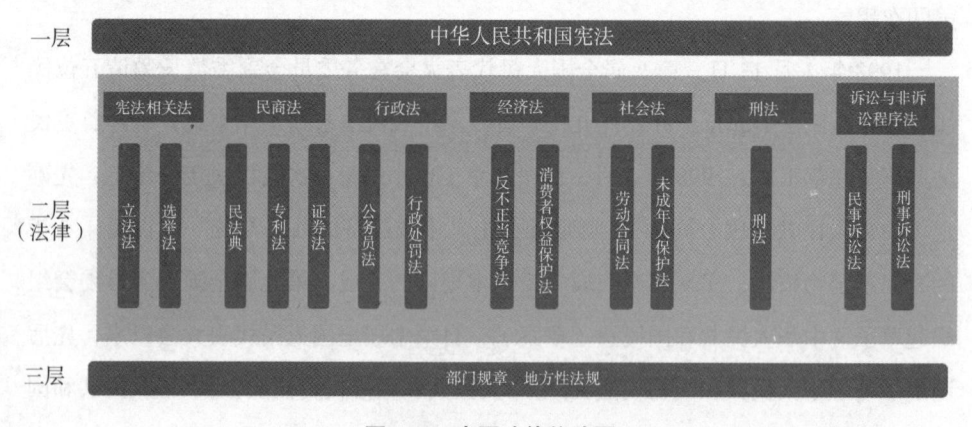

一层	中华人民共和国宪法
二层（法律）	宪法相关法（立法法、选举法）；民商法（民法典、专利法、证券法）；行政法（公务员法、行政处罚法）；经济法（反不正当竞争法、消费者权益保护法）；社会法（劳动合同法、未成年人保护法）；刑法；诉讼与非诉讼程序法（民事诉讼法、刑事诉讼法）
三层	部门规章、地方性法规

图1-4 中国法律位阶图

民商法

在民法典出台前，我国民法的成文法规范包括：《民法总则》《婚姻法》《继承法》《收养法》《物权法》《合同法》《担保法》《侵权责任法》等。商法的成文法规范包括：《公司法》《合伙企业法》《个人独资企业法》《企业破产法》《保险法》《票据法》《证券法》等。民法是调整平等主体的公民之间、法人之间、公民和法人之间的财产关系和人身关系的法律规范，遵循民事主体地位平等、意思自治、公平、诚实守信等基本原则。商法调整商事主体之间的商事关系，遵循民法的基本原则，同时秉承保障商事交易自由、等价有偿、便捷安全等原则。由于长期以来民商合一理论占据主导地位，民法的商化是一种普遍现象。此外，民法典合同编中借鉴了统一私法协会的《国际商事合同通则》和《联合国国际货物销售合同公约》的许多规则。

（三）《中华人民共和国民法典》主要内容

《中华人民共和国民法典》（以下简称《民法典》）虽受到五编制《德国民法典》和三编制《法国民法典》的立法体制影响，但史无前例地采用了七编制模式，包含：总则、物权、合同、人格权、婚姻家庭、继承、侵权责任。其中，侵权责任直接将个人隐私权利（人格权）以及侵权责任独立成民法两个编制，并根据中国独特的土地承包以及土地权益制度对物权编进行了重大修正。商事相关法律条文主要集中在第一编"总则"、第三编"合同"、第七编"侵权责任"等。

第一编"总则"共10章204条，基本保持了民法总则的结构和内容。法人制度设计更符合中国实际，也更现代化。

第一，调整法人类型。总则编根据法人设立目的的不同，将企业、机关、事业单位和社会团体等四类法人修改为营利法人、非营利法人和特别法人。同时新设立"非法人组织"一章。对合伙企业、个人独资企业等不具有完全独立财产的经营体或者非营利团体，规定为作为除自然人和法人组织的第三类独立的民事主体。将"人身关系"前置于"财产关系"，是对人身权地位与保护水平的提升。

第二，注重保护个人信息权利和数据、网络虚拟财产。总则编新增规定："自然人的个人信息受法律保护。任何组织或者个人需要获取他人个人信息的，应当依法取得并确保信息安全，不得非法收集、使用、加工、传输他人个人信息，不得非法买卖、提供或者公开他人个人信息。"但是并没有确定一种个人信息权，这是顺应信息化时代的一个重要举措，隐含了对于制定个人信息保护特别法的授权。第一百二十七条还规定："法律对数据、网络虚拟财产的保护有规定的，依照其规定。"

第三编"合同"共 29 章 526 条，占《民法典》条文总数的 40% 以上，在《民法典》中具有十分重要的地位。合同编在现行《合同法》规定的买卖合同等 15 种典型合同的基础上，增加了保证合同、保理合同、物业服务合同、合伙合同四种新的典型合同。

第一，我国《民法典》的分则体系保持了《合同法》总则体系的完整。合同编新增了 70 个法条，重要内容有：一是在合同的履行中规定了债的分类，补充了多数人之债（按份之债和连带之债）、选择之债、金钱之债等规则；二是合同编中严格区分了债权债务与合同的权利、义务的概念；三是借鉴法国法和英美法的经验，规定了准合同。

第二，合同编确立了"约定优先"原则，同时，完善了格式条款制度，强化了对格式条款相对方的保护，明确对特定格式条款未履行提示和说明义务的法律后果。

第三，对于电子合同的特殊性，合同编专门做了相关规定。这些规定包括：电子合同的订立，当事人一方通过互联网等信息网络发布的商品或者服务信息符合要约条件的，对方提交订单成功时合同成立；电子合同的履行，电子合同的标的根据交付商品方式的分类进行了约定。

第七编"侵权责任"共 10 章，是对《侵权责任法》的修改完善，例如生态破坏责任制度的确立、网络侵权制度的完善等。

第一，《民法典》总则编将侵权责任回归债法，在"民事权利"一章，规定"债权是因合同、侵权行为、无因管理、不当得利以及法律的其他规定，权利人请求特定义务人为或者不为一定行为的权利"和"民事权益受到侵害的，被侵权人有权请求侵权人承担侵权责任"，确认侵权行为是产生债的原因，确认民事责任之债的性质，而在"民事责任"一章，只规定民事责任的一般规则，不再规定侵权的民事责任。

第二，侵权责任的损害赔偿属性。虽然侵权责任编与合同编单独成编，但是在总则编的指导下：一是将"造成损害"增加规定为侵权责任构成要件，在第 1165

条和第 1166 条规定，无论是适用过错责任还是无过错责任，都须具备损害要件，确定侵权责任的主要功能是侵权损害赔偿；二是将第二章的章名直接规定为"损害赔偿"，全面规定侵权损害赔偿的规则，突出了侵权责任主要是损害赔偿之债的属性。

1.3 两大法系的差异

法系是西方法学中一个常见的概念。一般认为，凡是在内容上和形式上具有某些共同特征，形成一种传统或派系的法律，就属于同一个法系。所以，西方法学所谓的法系，主要是按照法律的特点和历史传统对各国法律进行分类的一种方法。西方法学家在法系的划分上也很不一致，但不少法学著作在论述法系问题时，多对英美法系、大陆法系两大法系进行介绍和论述。

大陆法系和英美法系都属于资本主义性质的法，在经济基础、阶级本质、总的指导思想等方面是一致的，但由于形成的历史条件和文化传统不同，二者在法律形式和法律运行方式上存在着很大的差别。从宏观方面来看，两大法系之间的差别主要体现在四个方面。

（一）法律渊源的差别

法律渊源有多种含义，如历史渊源、思想渊源、文学渊源和效力渊源，但一般是指法律的效力来源。大陆法系国家法院的判例法不会作为法律渊源，不具有正式的法律效力。其正式的法律渊源是制定法，即立法机关按照法定程序制定的法律。然而，在英美法系国家，制定法和判例法都是法律的正式渊源，法官既可以通过新的案件创造法律，也可以通过选择适用原有案件发展法律。

（二）法律结构的差别

大陆法的基本结构可划分为公法和私法。公私法划分的理论基础是国家和市民社会的二元分立，而其把法律分成公法、私法是分别将国家、个人作为基础的划分。私法关系的主体包括自然人和法人，二者的地位是平等的，民法和商法是典型的私法。公法关系是国家机关之间、国家机关与个人之间的关系，是一种权力服从的关系，不是一种平等的关系。公法主要包括宪法、行政法、刑法、诉讼法。

英美法的基本结构是基于普通法和衡平法的分类。历史上，普通法是代表立法机关（社团）的法，衡平法是主要代表司法机关（法官）的法（判例法），衡平法是对普通法的补充。

（三）立法技术的差别

在立法技术方面，大陆法系国家沿用罗马法的传统，重视法典的编纂。其中大多数以法典的形式对某一法律部门所载的规范做出了系统的规定。如民法典、刑法、程序法等。虽然英美法系国家也有成文立法，但一般不喜欢制定系统而有力的成文法，而是制定单行立法，由法官从先前的案件中总结出可适用于案件的法律规则。在这个过程中，法官往往在一定程度上制定法律。

（四）诉讼程序的差别

大陆法系国家比较重视有关法的实质方面的规定，即实体法，如刑法和民法等；而英美法系国家特别重视有关审判、诉讼程序、证据、判决执行等程序法的规定。在大陆法系国家，除轻微案件可由一人独任审理外，一般都采取合议制，即由法官组成合议庭审理；而在英美法系国家，除高级上诉法院采取合议制外，一般是采取独任制。在大陆法系国家，一般不实行陪审制度而是实行参议制，即陪审员与法官共同组成审判庭审理案件；而英美法系国家则采用陪审制度。大陆法系国家一般采用审讯式诉讼，诉讼程序以法官为主，法官主动对被告人和证人进行讯问，突出法官的职能，法官以积极的审判者的姿态出现；而英美法系国家则采用辩论式诉讼，让原告、被告在法庭上抗衡、进行辩论，扮演积极的角色，而法官不主动进行调查，甚至也不参与提问，充当一个消极的仲裁人的角色。

除上述主要差异外，大陆法系和英美法系在司法制度、法律概念和术语、法律教育、法律职业等方面也存在许多差异。自20世纪初以来，特别是二战结束以来，两种法律制度之间存在着关系越来越密切的趋势，二者的差异正在逐渐缩小。

第2章 商事

2.1 商事的概述

（一）西方商事的起源

从经济方面来说，西方商事的起源主要受两个因素的影响：第一，农业在生产领域的革命性进步为流通领域内商业的蓬勃发展奠定了坚实的物质基础；第二，商业革命的力量为商业的发展提供了动力。西罗马帝国灭亡后，欧洲大陆的商业曾经处于长期中断的状态，"以货易货"的简单商品交换形式成为商业来往的主要方式。中世纪早期（5—10世纪），欧洲商业开始复苏，并且逐渐繁荣起来，十字军东征和殖民运动大大促进了远距离海上贸易和陆上贸易的发展。11世纪，地中海向西方航运开放，促进了欧洲贸易的发展。11—15世纪的400年间，贸易中心从拜占庭到意大利，再到尼德兰，经历了几度迁移，形成了几大商贸通道。这些海陆通道上形成了数量众多的"集市"和"市场"，各国商人再次聚集，从事各种各样、不同规模的商品交易活动。繁盛于13—15世纪的法国"香槟"集市至今依旧举世闻名。

从社会方面来看，西方商事的起源主要受两个因素的影响。第一是商人阶层的形成。在农业文明和贸易革命的洗礼下，商人阶层开始形成，并作为一支独立的经济和政治力量登上历史舞台。从农业过剩人口中分流的劳动力成为商人，他们从生产领域转向交换领域，专门从事商品交易活动并以此作为自己的终身职业。第二是城市的崛起。在任何一种文明形态中，城市生活的发展都必须依靠工商业。自11世纪起，欧洲城市如雨后春笋般涌现，不仅数量和规模迅速增加和扩大，而且性质也与以前的城市有了根本的差异。城市作为工商业中心，必须考虑食品和原材料供应的便利性以及制成品销售渠道的畅通，故城市的兴起加剧了商业的发展。

宗教对西方商事的起源也有很大的影响。11世纪以前，罗马天主教思想表面上是"苦行僧"，主张"禁欲主义"和"来世救赎"，教会禁止投机和利息借贷（高利贷），对简单交易尽量保持"公平价格"；事实上，天主教神学在11世纪末和12世纪开始放弃占主导地位的"禁欲主义"教义，在事实上承认商人的经济活动，就像其他世俗活动一样，经济活动不再被视为必然的"拯救威胁"。天主教会不再谴责金钱或财富本身，大多摒弃了长期以来反对交易获利的顽固政策，强调财富积累在救赎中的意义和作用，坚信基于高尚信仰的合法贸易不同于基于贪婪的非法贸易，合法收益不同于通过高利贷牟取暴利。宗教政策对商人阶层的宽容是11世纪以后商业高度发达的思想基础，商业活动在不违背教会规定的原则和精神的前提下获得了更大的发展空间。

（二）中国商事的起源

在古代汉语中，商是一个时间单位，一刻被称为一商。后续"商"一词被引入经济生活，与贸易活动联系在一起。在中国原始社会后期，出现了以物易物的交换方式。到了夏代，便出现了一部分专门从事交换的人。五帝时期，黄河下游有一个古老的部落，他们的祖先被称为契。由于契在大禹治水时有功劳，被封为商，这便是古代的商族。契的六世孙王亥足智多谋、善于经商，经常带领许多奴隶，驾着牛车到黄河北岸去做生意。一天，王亥在贩运货物的路上，遭到狄族易氏的袭击而去世。王亥的儿子上甲微听到父亲被害的消息后，便组织军队攻打易，灭了易氏，从此商的势力扩展到易水流域。到了商汤（商族后裔）时期，商族的手工业特别是纺织业得到了长足的发展，花色品种优于其他各族。为了削弱夏的国力，商汤

图 2-1　以物易物

便组织妇女织布纺纱，换取夏的粮食和财富，把贸易作为政治斗争的武器。最后，他摧毁了夏朝的统治，建立了商朝。

商是中国奴隶社会的一个朝代，后来被周武王推翻，周武王建立了周王朝。周朝建立之初，商朝的遗民成为周王朝的奴隶，他们既没有政治权利，也没有耕地，生活非常艰难。因此，为了过上更好的生活，他们开始到处经商。久而久之，"经营企业的人都是商族人"这样的观念在周族人的头脑中形成了。后来，"族"字逐渐被删除，就简称为商人了，这个称呼一直沿用至今。在商人的带领下，商事也逐渐兴起。后来，春秋战国时期，政府对商业的控制局面被打破，各地出现许多商品市场和大商人。到了战国时期，各国铸造流通的铜币种类增多，形状各异，商事发达。在秦汉时期，秦始皇统一中国后决定统一货币，把原来秦国流通的圆形方孔钱作为国家本位币，这些措施促进了商事的发展。而隋唐时期，除黄河流域的长安、洛阳，隋唐大运河沿岸的宋州、扬州都成为当时的大都市，商事十分发达。再到两宋时期，商事达到了前所未有的繁荣状态，北宋画家张择端的《清明上河图》生动地反映了开封城内商事繁荣的景象。

（三）商事的概念

随着人类社会经济文化的发展，人们对"商"的认识也随之拓展。在现代社会，人们常常在不同层次上使用"商事"一词，"商事"已逐渐发展成经济学、法学、社会学等多学科、多层次的概念。以下分别从经济学和法学的角度来介绍商事的概念。

从经济学的角度来讲，商事是指沟通生产与消费的中间环节，是产品从生产者流转到消费者的渠道和中介，是产品进入市场的流通行为。这种行为以经营谋利，通过对商品的低价买入、高价卖出，赚取差价，从而实现商人自我的不断发展。英文中对于商事的解释也反映了社会观念对于商品直接交易活动的一般认识。按照《韦氏新国际词典》的解释：商事指商品交易活动或买卖行为。

从法学的角度来讲，商事泛指一切以营利为目的的经营活动的总称。国际上各国对商事的规定有所不同。例如,《德国商法典》规定:"凡以商业之方法与范围为营业,办理商业登记者,即视为商业;对于农林业兼营副业,如对农林产品加工制造,经申请商业登记的,也视为商业。"《瑞士债务法》规定:"凡经营商业、工厂或其他依商人之方法作为营业而进行登记的,都视其为商业。"由此可见,商事范围在法学意义上来说十分广泛。因此,法律意义上的商事应该是一个不断发展的、开放的概念,商事的具体范围应根据各国民商法的具体规定来确定。

2.2 商事主体

(一)商事主体的概念与特征

商事主体作为商法理论的两大要素之一,其内容非常重要,因先有商事主体,后有商事行为。商事主体又称商事法律关系的主体,是指持续地从事某种特定的商事行为并将其作为经常性营业的个人或组织。世界各国由于立法理念的不同,对商事主体概念的界定也不同,目前尚未形成统一的标准。商事主体可经法定程序而认定成为"商人"。例如:《法国商法典》规定,"以实施商事行为作为其经常职业的人是商人";《德国商法典》也认为,"法所称之商人是指以实施商事行为为业者"。

按照现代各国商法的一般理解,构成商事主体的实质性标准在于商人必须从事营利性的商事行为,即作为商事主体必须具备四个条件:第一,从事的必须是具有特定性的商事行为;第二,商事主体必须作为其所从事的商事行为的主体,是商事行为权利义务的实际承受者;第三,必须持续地从事同一性质的营利性行为;第四,须以特定的营利性活动为其职业或经常性营业。

(二)商事主体的分类

在各国商法中,商事主体表现为多种形式,不同国家的商事立法和不同的商法理论常根据不同的标准对商事主体予以分类,按照商事主体的组织形式特征可分为:商个人、商法人与商合伙。这是大陆传统商法有关商事主体最常见的分类,也适用于我国。

商个人，是指按照法定程序取得了特定的商事权利能力和商事行为能力，独立从事营业性商事行为，依法享有法定权利和承担义务的个体或自然人。商个人是法律拟制主体，可表现为一个自然人、一个户，或自然人投资设立的独资企业。在我国，商个人主要表现为个体工商户、农村承包经营户、个人独资企业。

个体工商户是指公民在法律允许的范围内，依法经核准登记从事工商业经营的主体。个体工商户的债务承担责任：如为个人经营，债务由个人承担；如为家庭经营，则债务由家庭共同承担。农村承包经营户，是农村集体经济组织的成员在法律允许的范围内，按照承包合同的规定从事商品经营，以户的形式独立为民事法律行为的一种特殊民事主体，享有特殊的民事权利能力和民事行为能力。它不属于个体经济的范畴，是农村集体经济组织的一种生产经营方式的法律表现。个人独资企业是一个不具有法人资格的经营实体，但属于独立的法律主体，其性质属于非法人组织，享有相应的权利能力和行为能力，能够以自己的名义进行法律行为。

表2-1 个体工商户、农村承包经营户、个人独资企业三者的对比

商个人的分类	经营者	承担责任人	组织形态	成立条件	经营范围
个体工商户	个人或家庭	个人或家庭	非企业	依法进行核准登记	工商业
农村承包经营户	以户为单位	户（个人或家庭）	非企业	基于承包合同成立	农业
个人独资企业	个人（1人）	个人	企业	依法进行核准登记	不限

商法人在大陆法系各国民商法实践中又称"营利性法人"，在我国民商法中被称为"企业法人"，是指基于营利性营业目的而设立的，具有特定的商事能力和法人资格，参与商事法律关系，依法独立享有权利、承担义务，并以其经营资产独立承担责任的社团组织。各国民商法中普遍存在的有限责任公司、股份有限公司及其

他从事营利性经营的有限责任企业或组织,均属于商法人之列。在我国,公司是商法人的重要表现形式,以下重点介绍我国的公司类型。

公司是指全部资本由股东出资构成,以营利为目的依法设立的一种企业组织形式;公司是具有民事权利能力和行为能力,股东以其出资额或所持股份为限对公司承担责任,公司以其全部资产对公司的债务承担责任,依照《公司法》成立的企业法人。我国《公司法》第2条规定:"本法所称公司是指依照本法在中国境内设立的有限责任公司和股份有限公司。"有限责任公司,是指公司全体股东对公司债务仅以各自的出资额为限承担责任的公司。在有限责任公司中,法人代表是企业行使民事权利承担责任的代表,并不承担债权债务。如出现违法行为,法人代表代表企业(而非个人)出面行使权利,承担责任。股份有限公司,是指公司资本划分为等额股份,全体股东仅以各自持有的股份额为限对公司债务承担责任的公司。其法定代表人不承担公司债务。

表2-2 有限责任公司与股份有限公司的对比

公司类型	股份是否等额	财务状况是否必须公开	股东人数	是否可向社会公开募集股份、公开发行股票
有限责任公司	否	否	2~50人	否
股份有限公司	是	是	最低2人,无最高限制	是

商合伙又称为"商业合伙",是指数个合伙人为实现营利性营业目的而共同出资、共同经营,共享利润、共担责任所形成的集合体。在我国,商合伙的表现是合伙企业。合伙企业是由两个或两个以上的自然人通过订立合伙协议,共同出资经营、共负盈亏、共担风险的企业组织形式。我国合伙组织形式仅限于私营企业。合伙企业一般无法人资格,不缴纳企业所得税。

2.3 商事行为

(一) 销售

销售在日常生活中非常普遍，每个人脑海中都有销售的清晰画面。销售就是介绍商品提供的利益，以满足客户特定需求的过程；是指以出售、租赁或其他任何方式向第三方提供商品或服务的行为。销售模式种类丰富，从销售渠道、环节和销售的组织形式来看，销售模式有直销、代销、经销、经纪销售、联营销售等。

表 2-3 各种销售类型的差异对比

销售/代理类型	是否拥有商品的所有权	是否承担成本投入的压力	是否承担库存积压风险	出售名义（自身/委托方）	与供应商关系	赚取资金的方式
直销	是	是	是	自身名义	从属关系	减少销售环节，降低销售价格
代销	否	否	否	自身名义	委托关系	收取佣金
经销	是	是	是	自身名义	买卖关系	赚取差价
经纪销售	否	否	否	—	连接关系	通过为供销双方牵线收取佣金
联营销售	是	是	是	自身名义	联合销售关系	投资的利润分成

联营销售是由两个或两个以上不同经营单位按自愿互利的原则，通过一定的协议或合同，共同投资建立联营机构，联合经营某种销售业务，按投资比例或协议规定的比例分配销售效益。联销各方共同拥有商品的所有权。在中国，女装品牌联营模式居多，即要求服装生产商和销售商共担风险、共享利润，"诗曼芬"品牌就是联营销售品牌的一员。

(二) 代理

代理的一般概念是，代理人按照一方的授权，代表一方与第三方订立合同或从事其他法律行为，而由一方直接负责由此所产生的权利与义务。

商事代理是指代理商依据被代理人的委托，以自己的名义或以委托人的名义，为委托人卖或买或提供服务，并从中获取佣金的经营性活动。国际贸易中的代理是以委托人为一方，接受委托的代理人为另一方达成协议，规定代理人在约定的时间和地区内，以委托人的名义与资金从事业务活动，并由委托人直接负责由此而产生的后果（包括法律后果）。《德国商法典》第 84 条第 1 款规定："代理商是指一种独立的商事经营者，它接受委托，固定地为其他企业主促成交易，或者以其他企业主的名义缔结交易。"我国至今没有关于商事代理的立法。

代理的类型

按照行业性质的不同，代理可分为：

（1）销售代理。它是代理方式中常见的一种，指的是代表出口商或制造商为其商品在国际市场上的销售提供服务的代理人。

（2）购货代理。购货代理又称采购代理，即代理人受进口人的委托，为其在国际市场上采购商品提供服务。

（3）货运代理。一般是以货主的受托人身份为货主办理有关货物的报关、交接、仓储、调拨、检验、包装、转运、订舱等业务。

（4）船方代理。船方代理是指承运人的代理人，包括外轮代理，为承运人承揽货载提供服务。

此外，还有广告代理、诉讼代理、仲裁代理、商标代理、专利代理等。

按委托人授权范围的不同，代理可分为：

（1）总代理。总代理是委托人在指定地区的全权代表，有权代表委托人从事一般商务活动和某些非商务性的事务。

（2）一般代理。一般代理又称佣金代理，指不享有独家经营权的代理。因此，在同一地区和期限内委托人可同时委派几个代理人代表委托人行为。

（3）独家代理。独家代理是在指定地区和期限内单独代表委托人行为，从事代理协议中规定的有关业务的代理人。委托人在该地区内，不得再委托其他代理人。

（三）运输

商事运输是指承运商人利用必要的运输设施将旅客或者货物从起运地点运输到约定地点，旅客、托运人或者收货人支付票款或者运输费用的行为。商事运输是商法中传统且典型的商事行为。从不同角度解读，商事运输有不同分类，部分分类如下：

按运输设备分类，商事运输有公路运输、铁路运输、水路运输、航空运输、管道运输五种。

（1）公路运输是指以公路为运输线，利用汽车等陆路运输工具，开展跨地区或跨国的移动，以完成货物位移的运输方式。它是对外贸易运输和国内货物流程的主要方式之一。

（2）铁路运输是利用铁路设施、设备运送旅客和货物的一种运输方式，在国际货运中的地位仅次于海洋运输。

（3）水路运输是利用船舶、排筏和其他浮运工具，在江、河、湖泊、人工水道以及海洋上运送旅客和货物的一种运输方式。它是我国综合运输体系中的重要组成部分。

（4）航空运输是指利用飞机运送货物的现代化运输方式。近年来，航空货运量越来越大，采用航空运输的方式日趋普遍。

（5）管道运输是一种以管道输送流体货物的方式，而货物通常是液体和气体。它是统一运输网中干线运输的特殊组成部分。

按运输的协作程度分类，商事运输有一般运输、联合运输两类。

（1）一般运输主要是指在运输的全部过程中，单一地采用同种运输工具，或是孤立地采用不同种运输工具，在运输过程中没有形成有机协作整体的运输形式。如公路运输、铁路运输等为一般运输。

（2）联合运输简称联运，是指使用两种或两种以上的运输方式，完成一项进出口货物运输任务的综合运输方式。2020年初新型冠状病毒肺炎疫情期间的接力运输就是联运的一种。例如，将防疫物资通过航空运输或水路运输从A国运至B国，再使用公路运输或其他运输方式将其运至B国的物资所需地点。

（四）结算

结算亦称货币结算，是在商品经济条件下，各经济单位间由于商品交易、劳务供应和资金调拨等经济活动而引起的货币收付行为，分现金结算和转账结算两种。现金结算，即直接以现金进行支付。转账结算，即通过银行将款项从付款单位账户划转入收款单位账户。转账结算是货币结算的主要形式。在现金结算中，买卖双方同时在场，交货与付款是在同一时间、同一处所进行的，交易可以当面两清，手续也较简便。转账结算则与此不同，交货与付款在时间上不一致，买卖双方并不同时在场，而且交易情况多种多样，对结算的条件有不同的要求，因此转账结算要制定多种结算方式，对付款的时间、地点、条件和交易双方的责任做出不同的规定。在我国，银行的一般结算方式包括银行汇票、商业汇票、银行本票、支票、汇兑、委托收款、异地托收承付七种。在国际上，国际结算的基本方式有汇付结算、托收结算和信用证结算，以下重点介绍国际结算的三种基本方式。

汇付

汇付（remittance）又称汇款，是付款人通过银行或其他途径（各种支付工具），将款项汇交给收款人的一种结算方式。

汇款的当事人包括：①付款方称为汇款人，即进口商；②收款方称为收款人或受益人，即出口商；③受汇款人委托，汇出款项的银行叫汇出行，即进口地银行；④受汇出行委托，解付汇款的银行叫汇入行，即出口地银行。汇款的一般流程为：①汇款人递交汇款申请书给汇款行；②汇出行按照某种方式（如：SWIFT）将汇款信息传递给汇入行；③汇入行按照汇出行的指示付款给收款人。

汇付方式可分为信汇（mail transfer，简称 M/T）、电汇（telegraphic transfer，

简称 T/T）和票汇（remittance by banker's demand draft，简称 D/D）三种。不论采用以上哪一种方式，在贸易项下，汇款都可以分为预付货款和货到付款两种。在进出口贸易中，如果采用货到付款方式，则对卖方而言风险大，货物发运后卖方能否收到货款完全取决于买方的商业信用，如买方不守信用，卖方可能会面临钱货两空的状况；如采用预付货款方式，则对买方而言风险大，汇款后能否准时收到货物取决于卖方操作。

托收

　　托收（collection）是出口商为向国外进口商收取销售货款或劳务价款，开具汇票并委托出口地银行通过其在进口地银行的联行或代理行向进口商收款的结算方式。国际商会制定的《托收统一规则》（URC522）对托收做了如下定义："托收是指由接到托收指示的银行根据所收到的指示处理金融单据和／或商业单据，以便取得付款／承兑，或凭付款／承兑交出商业单据，或凭其他条款或条件交出单据。"

　　托收的当事人主要有五类。①委托人，即委托银行向国外付款人代收货款的人，通常为出口人。②托收行，即接受出口商的委托代为收款的出口地银行。托收行与委托人之间是委托代理关系。③代收行，即接受托收行的委托向付款人收取票款的进口地银行，通常是托收银行的国外分行或代理行。④提示行，即向付款人提示汇票和单据的银行。⑤付款人，即根据托收指示向其提示单据的人，如使用汇票，即为汇票的受票人，也就是付款人，通常为进口人。

　　托收按是否附带货运单据分为光票托收和跟单托收两种：前者是指出口商仅开具汇票而不附带货运单据的托收，后者是指在出口商所开具汇票以外，附有货运单据的托收。跟单托收又可进一步分为承兑交单（D/A）和付款交单（D/P）。由于托收方式是先发货后收款，对出口商而言，可能面临进口商由于各种原因而拒付赎单或承兑后拒绝付款的风险。无论是光票托收还是跟单托收，出口商都可能遇到进口商拒付或延付的风险。

信用证

　　信用证（letter of credit，L/C）是一种银行有条件的付款承诺，是进口地银行根据进口商的要求和指令向出口商开立的一定金额，在一定期限内凭规定的单据付款的书面承诺。

　　信用证涉及的当事人与关系人通常包括：①开证申请人，是向银行提交申请书申请开立信用证的人，一般为进出口贸易业务中的进口商；②开证行，是应申请人（进口商）的要求向受益人（出口商）开立信用证的银行，一般是进口地的银行；③通知行，是受开证行的委托，将信用证通知给受益人的银行，一般为开证行在出口地的代理行或分行；④受益人，是开证行在信用证中授权使用和执行信用证并享受信用证所赋予的权益的人，一般为出口商；⑤议付行，是根据开证行在议付信用证中的授权，买进受益人提交的汇票和单据的银行；⑥保兑行，是应开证行或信用证受益人的请求，在开证行的付款保证之外对信用证进行保证付款的银行；⑦偿付行，是受开证行指示或由开证行授权，对信用证的付款行、承兑行、保兑行或议付行进行付款的银行；⑧付款行，是开证行在承兑信用证中指定并授权向受益人承担（无追索权）付款责任的银行；⑨承兑行，是开证行在承兑信用证中指定的并授权承兑信用证项下汇票的银行，在远期信用证项下，承兑行可以是开证行本身，也可以是开证行指定的另外一家银行；⑩转让行，是应第一受益人的要求，将可转让信用证转让给第二受益人的银行，一般为信用证的通知行。

　　信用证操作流程主要有以下几项。

　　（1）买卖双方在贸易合同中规定使用跟单信用证支付。

　　（2）买方通知当地银行（开证行）开立以卖方为受益人的信用证。

　　（3）开证行请求另一银行（议付行）通知或保兑信用证。

　　（4）议付行通知卖方，信用证已开立。

　　（5）卖方收到信用证，并确保其能履行信用证规定的条件后，即装运货物。

　　（6）卖方装运货物后，向议付行提交货运单据。

　　（7）议付行按照信用证审核单据。如单据符合信用证规定，将按信用证规定进行支付、承兑或议付。

（8）议付行将单据寄送开证行。

（9）开证行审核单据无误后，以事先约定的形式，对已按照信用证付款、承兑或议付的银行偿付。

（10）开证行通知进口商付款赎单。

（11）进口商向开证行付款赎单。

（12）开证行向进口商提交货运单据。

（13）进口商凭单据提取货物。

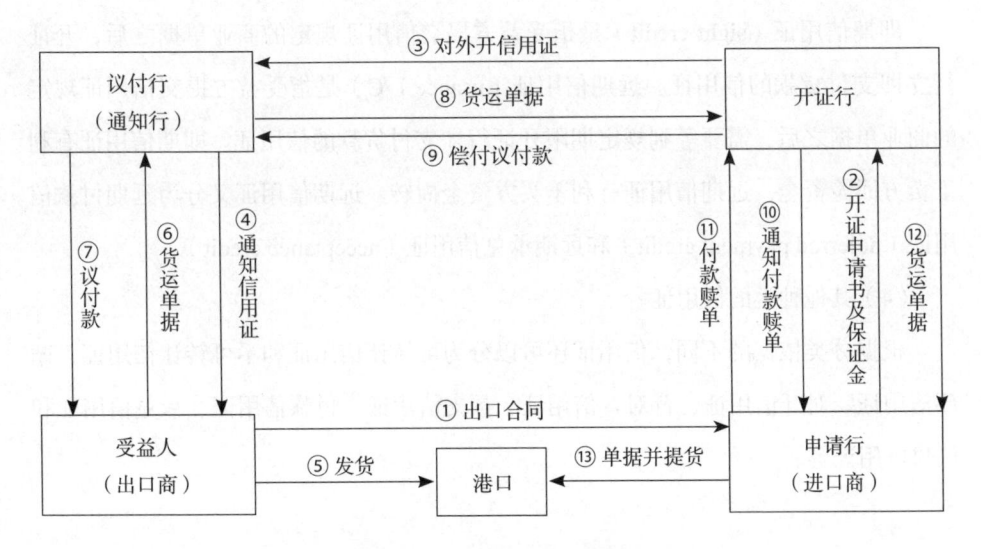

图 2-2　信用证操作流程图

信用证根据不同的分类依据，可分为不同的种类，主要有四种分类。

（1）跟单信用证和光票信用证。

跟单信用证（documentary credit）是指受益人必须向银行提供信用证上面注明的商业单据，才能够收到货款的信用证。光票信用证（clean credit）是指受益人不需要向银行提供任何商业单据就能够收到货款的信用证。在国际贸易中，跟单信用证能够保护买方的利益，所以大多数的国际贸易一般会使用跟单信用证。光票信用证一般只用在买方向卖方预付货款的情况下。

（2）保兑信用证和非保兑信用证。

保兑信用证（confirmed L/C）是指除了开证行以外，由另一家银行保证承担付款责任的信用证。非保兑信用证（unconfirmed L/C）是指只有开证行承担付款责任的信用证。因为保兑信用证同时有两家银行保证付款，相对非保兑信用证更能保证卖方的利益，因此在大额的国际贸易中，会使用保兑信用证。而在小额的国际贸易中，一般只使用非保兑信用证。

（3）即期信用证和远期信用证。

即期信用证（sight credit）是指受益方提交信用证规定的商业单据之后，开证行立即支付货款的信用证。远期信用证（usance L/C）是指受益方提交信用证规定的商业单据之后，需要等到规定期限开证行才支付货款的信用证。即期信用证有利于卖方回笼资金，远期信用证有利于买方资金周转。远期信用证又分为延期付款信用证（deferred payment credit）和远期承兑信用证（acceptance credit）。

（4）其他种类的信用证。

根据分类依据的不同，信用证还可以分为可转让信用证和不可转让信用证、循环信用证、对开信用证、背对背信用证、预支信用证、付款信用证、承兑信用证和议付信用证等。

（五）融资

从狭义上讲，融资（financing）是一个企业的资金筹集的行为与过程。从广义上讲，融资也叫金融，就是货币资金的融通，当事人通过各种方式到金融市场上筹措或贷放资金的行为。

企业融资主要包括内源性融资、外源性直接融资、外源性间接融资三种方式。

内源性融资，即企业通过自身积累获得所需要的资金。企业采取此类融资方式具有较大自主性，由于在企业内部进行融资，不需要实际对外支付利息或股息，不会减少企业的现金流量；同时由于资金来源于企业内部，不发生融资费用，成本较低，亦受外界影响较小；但其会受企业本身盈利能力以及资本积累的影响，融资规模有一定的限制。内源性融资主要有留存收益、亲友贷款、股东贷款等几种方式。

企业生产经营活动的正常运转以及扩充生产能力，都需要大量资金给予支持，这些资金的来源除内源资本，相当多的部分要依靠外源融资来解决。外源性直接融资包括：企业吸收直接投资、股权融资等。吸收直接投资是指企业以协议等形式，按照"共同投资、共担风险、共享收益"的原则吸引其他单位和个人投资的一种权益性融资方式。股权融资，即以发行股票的方式进行融资。股权融资有其优势，如股票具有永久性、无到期日、不用归还、没有还本付息的压力等特点，因而筹资风险较小；由于预期收益高，易于转让，因而容易吸收社会资本；等等。但股权融资也存在着不可避免的缺点，如发行费用高、易分散股权等。

外源性间接融资，即企业通过银行或非银行金融机构贷款融资、发行债券或向其他企业贷款及业务往来产生商业信用的方式进行融资，主要包括：银行贷款（包括非银行金融机构贷款）、债券融资、商业信用、融资租赁、海外融资、典当融资等。

（六）投资

投资是一定的经济主体（国家、企业或个人），为获得预期不确定的效益或收益，而将货币或其他形式的资产投入某种事业或对象的经济行为。投资不仅仅局限在金融资产以及经济概念上的"资本"，还指具有创造生产能力的所有有形和无形资产。这些资产主要包括：（1）动产、不动产和其他财产权，如抵押权、留置权、质权、享用权；（2）公司的股份、股票、债券、债权；（3）各种具有经济价值的给付请求权；（4）知识产权；（5）法律赋予或通过合同而具有的经营特权，包括自然资源的勘探、提炼或开发的特许权；等等。

常见的投资可分为直接投资和间接投资两种。

直接投资方式，即将资本直接投入生产经营中去，直接或间接地控制企业经营、管理活动。直接投资形式主要有：（1）开办独资企业、直接开店等，并独自经营；(2) 与企业合作开办合资企业和合作企业，从而取得各种直接经营企业的权利，并派人员进行管理或参与管理；(3) 参加企业资本，不参与企业经营，必要时可派人员任顾问或指导。

间接投资方式，指购买企业发行的债券、股票等，定期收取利息和股息，间接参与企业的利润分配，不直接参与企业经营管理。

（七）使用许可

使用许可，是指某类无形财产或有形财产拥有者通过法定程序允许他人使用其拥有财产的行为，通常是以订立使用许可合同的方式进行许可。

常见的使用许可有以下几种形式。

1. 知识产权使用许可。知识产权使用许可是指知识产权许可方与知识产权被许可方依法签订书面许可合同，由许可方授予被许可方按照约定使用知识产权许可证的法律行为。知识产权使用许可分为著作权使用许可、商标使用许可、专利使用许可。

（1）著作权使用许可。著作权使用许可合同是指作为许可人的著作权人与被许可人之间就作品使用的期间、地域、方式等而达成的协议。由许可人授予被许可方按照合同约定使用许可方著作权的法律行为。

（2）商标使用许可。商标使用许可是指商标注册人通过法定程序允许他人使用其注册商标的行为，通常采用订立使用许可合同的方式，类型有普通许可、排他许可、独占许可。

（3）专利使用许可。专利使用许可是专利权人依据专利许可合同允许他人使用其专利，获得权益的制度。通常把通过签订专利许可合同而进行的交易，称为许可证贸易。专利使用许可分为一般许可、排他许可、独占许可、分许可、交叉许可。

2. 商业秘密使用许可。商业秘密使用许可是商业秘密权利人在一定条件下将其所拥有的商业秘密许可他人使用并得到一定收益。商业秘密使用许可实质上是权利人在保留该商业秘密的所有权的前提下，向他人转让该商业秘密的使用权的行为。

3.软件使用许可。软件使用许可是指权利人与使用人之间订立的确立双方权利义务的协议。依照这种协议，使用人不享有软件所有权，但可以在协议约定的时间、地点，按照约定的方式行使软件使用权的行为。

第二编　国际商法概况

商法是商业活动和城市复兴的产物。只要国家间有商事交往，就会有调整这种商事交往关系的法律规范。从这个意义上说，国际商法是随国家间商事交往的产生而产生的。那么，国际商法到底是什么呢？相关经典著作是这样定义的：国际商法是在国际商业社会领域内，调整平等的国际商事主体在从事各种国际商业活动中所形成的国际商事关系的统一实体规范的总称。

国际商法虽然不完全是强制性法律，但其根本依然是法，是调整全球商事关系的法律总和，也是全球货物买卖、运输、海商、保险、票据、公司等多方面的法律规范。随着传统线下贸易到现在的线上贸易的转变，国际商法也因国际贸易的发展而发展，已经由单一层次的国际商事惯例演变为多层次的国际商法。

第3章　国际商法的发展历程

国际商法具体是从何时产生的，目前法学界也没有一个明确的定义。早在公元前18世纪古巴比伦王国时，就出现了调整商事活动的法规。著名的国际贸易法专家施米托夫教授认为国际商法的发展分为三个阶段：中世纪商人法时期（11—17世纪），商人法被纳入国内法时期（18—19世纪），新商人法时期（二战以后）。如果按照这种划分原则，可以认为国际商法起源于11世纪。

国际商法根植于古代罗马法，虽然罗马法中没有特殊的商法部门，但其本身就是规范商品经济的法律，已经出现了调整商事关系的法律。罗马皇帝查士丁尼颁布的法律汇编《国法大全》，是罗马法的集中体现。罗马法不仅对欧洲大陆国家的民商法，而且对英国的普通法，尤其是衡平法和商法也具有重要影响。

3.1 中世纪商人法时期（11—17世纪）

中世纪商法的起源是在各地共同的贸易习惯的基础上，逐渐形成了"商人习惯法"，即商人在商业实践中形成的习惯规则或惯例，首先出现在威尼斯，然后逐渐延伸到意大利、西班牙、法国、德国、英国等海运贸易发达的国家。商人习惯法的内容主要包括：货物买卖合同格式条款、合资公司、海上运输保险、汇票、破产程序等习惯规则。商人习惯法具有以下特点：第一，具有自身的性质，是商人自发形成的，独立于正在建设的王朝的地方法律；第二，具有普遍性，适用于欧洲内部和东西方之间的贸易，具有简单的"世界性"；第三，具有自主性，是自主的习惯规则，是商人自发形成的，其适用和解释是由商人自己组织的法院进行的，不依赖国家法院。这些特点使其成为早期西方国家间商业交往的基础，成为调整跨国商业交易关系的支柱力量。中世纪商法以其独特的调整对象和手段，逐渐成为一个独立的法律部门。商人的自主管理和自主制定的自治条例不同于当时的教会法和世俗法，为商业立法奠定了基础，直到18世纪被各国商法吸收。

3.2 商人法被纳入国内法时期（18—19世纪）

17世纪末至18世纪，由于一大批主权国家的崛起和国家主权观念的增强，商人法逐渐被主权国家以不同的方式纳入自己的法律体系。法德两国主要采取法典化的方式：如法国于1673年颁布了《商法》，1681年颁布了《海商法》；在英国，曼斯菲尔德法官通过对案件的审理，将中世纪的商人自治法纳入普通法，使之成为普通法的一部分。但是，许多国家将商法纳入国内法的实践，极大地限制了商法在性质上的"世界性""统一性"，以及内容的"公平性""灵活性""便捷性"，不能适应商业活动本身固有的、与生俱来的扩张性、统一性和世界性。

19世纪初，随着欧洲大陆工业革命的全面完成，国际商事法律关系日益复杂，依靠各国的国内法律制度来控制跨国商业交易越来越困难。客观上，为了保护国际商事交易当事人的合法利益，维护国际商事关系的正常运行，需要一个具有"公平性"、"灵活性"和"便捷性"的统一规则。在这种社会历史背景下，国际商事组织和机构为了摆脱国内法在国际商事活动中的桎梏，开始通过商事实践，呼吁并积极推动国际商事法的国际回归。这一阶段可分为两个重要时期：一是1919年至1965年，国际商会、联合国等组织以及欧洲大陆法系国家为实现民商法的统一做了大量工作；二是自1966年联合国国际贸易法委员会成立以来，联合国开展了一系列关于全球民法统一的研究——商法工作，通过采用国际多边直接条约、示范法等方式，使大陆法系与英美法系在商法领域的对立部分逐渐趋于统一。

19世纪以后，随着欧洲资产阶级革命的成功，社会关系发生了根本性的变化。欧洲大陆各国已经开始了大规模的编纂活动。1807年，法国制定了统一的《法国商法典》。德国各诸侯国也相继颁布了商法，例如1839年的《怀特芒格商法（草案）》、1897年颁布的《德国商法典》（又称《新商法》）。此外，英国于1893年颁布了《货物买卖法》，美国于1952年颁布了《美国统一商法典》。

3.3 新商人法时期（二战以后）

第二次世界大战后，国际商法进入一个崭新的时代——新商人法时期。国际商法发展迅速，以国际海事委员会（CMI）、国际法协会（ILA）、国际商会（ICC）、国际统一私法协会（UNIDROIT）国际法研究院为代表的众多国际商法立法机构相继设立；制定了众多影响深远的国际公约、示范法和国际惯例，包括《国际贸易术语解释通则》《跟单信用证统一惯例》《联合国国际货物销售合同公约》等。与此同时，国际商事仲裁已成为解决国际商事争议的一种流行的主要方式，国家法院越来越多地在国际商事案件中援引这些国际公约和惯例。随着国际商法的大规模实践，国际商法的研究活动也日益繁荣。西方国家基本确立了国际商法的独立法律部门地位，国际商法已广泛涉及国际商事代理法、国际商事合同通则、国际货物买卖法、国际货物运输法、国际货物保险法、国际支付法、国际融资租赁法、国际投资合同法、国际知识产权保护法、国际民事诉讼法和国际商事仲裁法等领域。

国际商法的产生和发展有着深刻的社会历史根源和固定的发展轨迹。其活力来源于商人之间的国际贸易活动和这些活动所产生的实际需要。从本质上讲，国际商法本身不是目的，而是实现目的的手段。它是国际商业组织或机构根据国际贸易的需要调整关系、解决争端的一种法律手段。国际商业和法律的根本目的是制定一套专门适用于国际交易的规则，并统一适用于全球范围，以便消除因国民商法差异而对国际商业造成的障碍。

第 4 章　国际商法的主要渊源

国际商法有两大渊源，国际法规范和国内法规范。其中国际法规范是指两个或两个以上的国家共同制定或普遍认可的跨国商事规范或惯例。国家间共同制定的商事规范称国际条约或公约，而国家间普遍承认的商事惯例则称国际贸易惯例。尽管已参加或承认大量的国际商事公约或惯例，但由于传统习惯与自身利益所在，各国仍在很多的商事领域中保留独占的立法权。即使在国际商事公约或惯例管制的领域，很多国家也以国内法的方式加以确认。

4.1　国际法

国际法是用于调整国家之间、国家与个人之间、国际组织之间关系的一套规则体系。国际法区别于国内法的特征可以大致概括为两个方面。第一，国际法并非由立法机构制定，国际法的规则源于国家的同意。实际上，国际法之所以存在，是因为国家意识到彼此合作并且遵守共同接受的规范符合其最佳利益。第二，国际法没有一个全球性的权威性实施机构。国际司法和仲裁机构（如国际法院和世界贸易组织争端解决机构）的确可针对国家做出裁决，但前提是该国家自愿在这些案件中接受管辖。因此，实际上并不存在国际法的"硬"性实施机构，只有一些"软"的实施机制，如公共舆论、外交、撤回对外援助或其他资助、贸易和经济制裁以及政治报复等。

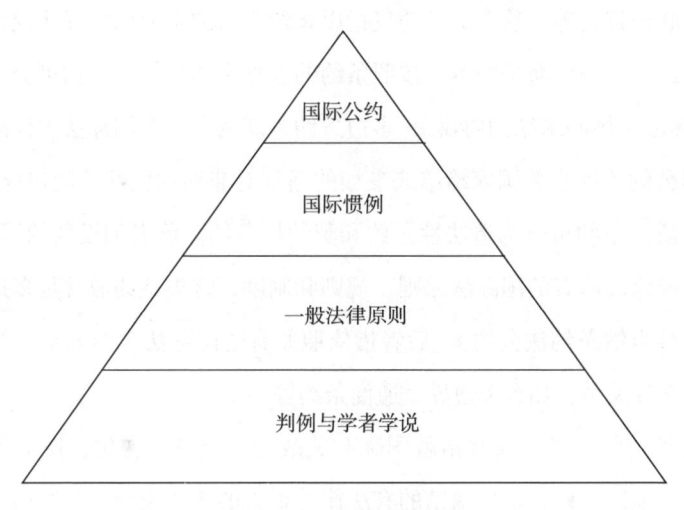

```
         /\
        /  \
       /国际公约\
      /--------\
     / 国际惯例  \
    /------------\
   / 一般法律原则  \
  /----------------\
 / 判例与学者学说    \
/--------------------\
```

图 4-1　国际商法的渊源

就结构而言，国际法分为国际公法与国际私法。国际公法是指调整国家之间和国家与个人之间关系的规则体系，包括解决领土和边界争端的规则、外交规则、战争规则和国家给予外国公民待遇的规则。国际私法是指调整国际环境下私人和公司权利、义务关系的规则体系，包括国际商事交易的公约和规则，以及私人在一个以上国家拥有财产，其死亡后的遗嘱和信托执行问题的规则，同时包括国内立法机构制定的与国际交易有关的、以国际组织制定的示范法为基础的国内法。根据《国际法院规约》第 38 条的规定，国际法的主要渊源包括国际条约和公约、国际贸易惯例和一般法律原则。下面主要讲前两者。

（一）国际条约和公约

国际条约和公约的界定

　　国际条约是国际法主体间缔结的相互权利义务关系的书面协议，是国际法的最主要渊源。广义的条约除以"条约"为名的协议，还包括公约、宪章、盟约、规约、协定、联合宣言等。狭义的条约仅指以条约为名的重要的国际协议，如同盟条约、边界条约、通商航海条约等。按照条约的参加主体数量，条约可分为双边条约（即两个国际法主体间缔结的协议）、多边条约（即两个以上国际法主体间缔结的协议）和国际公约（即多数国家缔结或参加的通常对非缔约国开放的协议）。按照条约的法律性质，条约可分为造法性条约和契约性条约。前者创设新的国际法原则、规则和制度或修改原有的国际法原则、规则和制度，这类条约通常是多边的开放性条约，如《维也纳条约法公约》。后者指依照原有的国际法规则规范缔约国间某些具体的权利义务关系，如有关边界、通商条约等。

　　公约是条约的一种，通常指就国际有关政治、经济、文化、技术等重大问题而举行国际或地区会议，最后缔结的有法律约束力的多边条约。公约通常是开放性的，非缔约方可以选择加入。国际贸易中较为重要的公约有《联合国国际货物销售合同公约》等。除了倾向于立法形式的多边条约以外，公约与条约并无实质性差别，它的内容一般是特定的，不如条约的内容重大。

国际条约和公约的渊源

　　长期以来，关于缔结条约的规则和制度在国际上没有成文法约定，主要是依据国际习惯法和各国国内法的实践。第二次世界大战以后，联合国国际法委员会将条约法的编纂作为优先考虑的项目之一。1969年5月23日召开的维也纳外交大会通过了《维也纳条约法公约》。该公约是各国在条约的法律与实践中所应遵循的一个最基本的国际法文件。

条约的缔结程序

条约的缔结与生效。《维也纳条约法公约》第6条规定，每个国家都有缔约能力，但各个国家内部行使缔约权的行政机关由其国内法决定。由于条约的种类和性质不同，缔约程序也不尽一致，但一般包括谈判、签署、批准和交换批准书几种程序。

条约的遵守与适用。条约依法缔结生效后，即对当事各方具有拘束力，必须由当事各方善意履行。对此，《维也纳条约法公约》第26条明确规定："凡有效之条约对各当事国有拘束力，必须由各当事国善意履行。"因为条约没有溯及力，对当事国在条约生效之日以前发生的任何行为或事实均不发生效力。条约适用的有效期一般都在条约中有明文规定，普遍性国际公约和国际组织的宪章一般不规定有效期，也就是无限期地适用，如《联合国宪章》《维也纳条约法公约》等。条约适用的空间范围通常是条约当事方的全部领土，除非条约另有规定或当事方另有协议。

条约的修正与修改。根据《维也纳条约法公约》，条约的修正应按照各自条约本身规定的程序进行。修正多边条约的提议必须通知一切缔约国。修正条约的协定对于是条约当事国而非该协定当事国的国家无拘束力。条约的修改是指若干缔约方在彼此间对多边条约的更改。修改多边条约必须依据条约中的相应规定，不妨碍条约宗旨和目的的实现，也不得影响其他缔约国之间的权利义务关系。修改完成后，应将修改的内容通知其他缔约方。

条约的失效与终止。条约对缔约国丧失效力，即条约终止对缔约国产生权利和义务。条约一般在下列情况下失效：第一，条约期满。许多条约规定了有效期限。第二，缔约国同意废除。无期限或有期限而尚未到期的条约，可经各缔约国一致同意予以废除。第三，废约或退约。条约本身自始就属无效的不平等条约，或双边条约的当事国一方违背条约的主要义务，缔约他方有废约退约的权利。第四，条约已经执行完毕，虽未期满也即失效。第五，条约的执行不可能。第六，条约解除条件成立。第七，条约如做部分修改，被修改部分失效；如全部修改，则原条约因被新条约代替而失效。第八，战争的爆发往往使交战国间的条约失效，但有关战争法规的条约除外。平时断绝外交关系或领事关系并不当然使条约失效。条约的停止实施并不等于条约的失效。

（二）国际贸易惯例

国际贸易惯例的界定

  几乎所有的法律体系均可追溯至某种形式的习惯。国际贸易惯例，是指在某一地区或某一领域（行业）里长期的国际贸易实践中逐步形成的，在世界范围内广泛适用，且为从事国际贸易活动的人们所接受和遵循的，具有确定内容的贸易规则和行为习惯。国际贸易惯例有成文和不成文两种表现形式：不成文的国际贸易惯例一般见于国际组织决议、政府声明和宣言以及一些公司拟定的标准合同中，而成文的国际贸易惯例是由国际经济或商业组织根据长期的商业惯例专门制定的明确规范当事人权利义务关系的准则。

国际贸易惯例的渊源

  国际贸易惯例是在长期的国际贸易实践中自发形成的，其形成过程不受政府机构的控制和制约，一般由商业自治团体汇编而成。这就将其区别于国家立法机关制定的国内法和在国家间相互谈判和妥协基础上达成的国际条约，而正是这种非主权性质大大增强了国际贸易惯例的普遍适用性。国际贸易惯例的构成须具备三个条件：第一，具有明确肯定的内容，即具体包含了确定参加国际商事活动的当事人权利和义务规则；第二，是被一定范围内的人们一贯、经常、反复使用的习惯；第三，是在一定范围内普遍承认具有拘束力的通例。此三个条件缺一不可。国际贸易惯例本身并不是法律，对当事人不具有强制性或法律约束力，只有当事人明示或默示同意采用时，才对当事人产生法律效力。如果当事人明示或默示将其排除在外，则国际贸易惯例不能强加于当事人。当事人在合同中做出某些与国际贸易惯例不一致的规定的，只要合同有效成立，双方就应当按照合同的规定履行义务。

主要国际贸易惯例

在国际贸易中，影响最大的国际贸易惯例是国际商会制定的《国际贸易术语解释通则》和《跟单信用证统一惯例》（本书第三编有详细介绍）。有关国际贸易术语的国际贸易惯例，主要还有国际法协会于1928年在波兰华沙专门统一CIF贸易术语合同规则并在此后修订完善的《1932年华沙-牛津规则》。有关托收的国际贸易惯例主要有：国际商会为统一托收业务的做法，减少托收业务各有关当事人可能产生的矛盾和纠纷，在1996年1月1日实施的《托收统一规则》（URC522）。

国际贸易惯例的影响及意义

随着国际贸易活动的蓬勃发展，国际贸易惯例在国际经济与合作中的影响力日益增强，这在很大程度上得到了国际社会的认可。国际贸易惯例独立于国际法和国内法，但规范贸易双方的权利和义务。当贸易双方不能根据国际贸易相关法律解决争端时，国际贸易惯例可以起到调解矛盾的作用，成为贸易双方认可的贸易规则。虽然国际贸易惯例不具有法律效力，但大多数国家都将国际贸易惯例引入合同效力的解释。无论是国际法还是国内法，国际贸易惯例都与之密切相关，这对法律条文的制定具有重要的参考价值。

在中国，国际贸易惯例越来越受到重视，是中国仲裁庭判定贸易双方责任和义务的重要依据，对中国贸易的进一步发展具有深远的意义。例如，国际商会制定的《国际贸易术语解释通则》在我国得到了广泛应用，为不同国家的贸易术语提供了统一的解释标准，明确了贸易双方在每一项贸易术语中的权利和义务，有效地减少了我国与其他国家在贸易过程中因对贸易术语的误解产生的争议。

4.2 国内法

目前，国际商法尚处于形成和发展阶段，其法律体系和内容尚不完善。在处理某些国际商事纠纷时，还需要借助法律冲突规则的指引，适用有关国家的民法或商法，此种情形相当普遍。我们在学习和研究国际商法的过程中，除必须了解有关的国际条约和国际贸易惯例，还应当了解有代表性的某些国家商法的有关规定。

（一）大陆法系国家商事立法代表

《德国商法典》

德国统一前曾有 1861 年《德意志普通商法典》，在多数邦中采用。1896 年通过《德国民法典》以后，旧的商法典所包括的许多关于买卖和契约的内容被民法典所取代，并且有些内容又与民法典冲突。《德国商法典》和《德国民法典》于 1900 年同时施行。《德国商法典》分为四编，共 905 条。第一编为商业从业者，规定商人身份、商号及注册、商务代理等。第二编是关于商业公司的规定，有合名公司、合资公司、股份公司和股份合资公司等形式。第三编是关于商业契约的规定。第四编是关于商业航海方面的规定。

截至目前，《德国商法典》共经历了五次较大修改。

（1）1937 年将股份公司法和股份两合公司法从商法典分离单独立法。

（2）1953 年对代理商条款进行修改：将代理商和商业辅助人以及其他商事雇用人员加以明确区分，将"商事代理人"概念改为"代理商"，对代理商的权利义务重新加以规定。

（3）1976 年确立农业、林业经营者的商人地位。

（4）1986 年根据欧共体的指令，将商事账簿另立为第三编，并从 10 条扩展为 102 条，成为目前的五编制。

（5）1998 年的修改主要包括：一是简化了商人分类；二是改革商号制度，放松了法律限制，所有商事公司必须有商号。

(二) 英美法系国家商事立法代表

英国商法

作为西方国家问世较早的买卖法之一,《货物买卖法》是以制定法的形式出现的有关货物买卖的判例规则汇编。它是由商人习惯法发展起来的。17—19世纪,中世纪的商人习惯法被纳入各国国内法体系,英国《货物买卖法》也是在这一期间编纂而成的。《货物买卖法》最初的文本制定于1893年,后又经多次修改成为《1979年货物买卖法》,该买卖法共6个部分(164条):第一,契约的成立;第二,契约的效力;第三,契约的履行,对买卖方的义务、货物的交付、付款、接收、验货等做了详细的规定;第四,未收货款时卖方对货物的权利;第五,对违约的诉讼,由卖方的补救措施、买方的补救措施二节组成;第六,补充。其主要内容是:一项买卖合同的成立可以采用书面形式,或由双方的行为加以推定。合同条款区分为要件(conditions)和担保(warranty),如果违反要件,受害方有权解除合同,如果违反担保,受害方只能要求损害赔偿。除货物质量是要件外,其他条款究竟是属于要件还是担保,应根据每个合同的具体内容而定。

英国曾经是依靠海上贸易建立霸权的老牌资本主义强国。其强大的贸易实力、人才辈出的法律界使英国《货物买卖法》对其后英美法系各国的相关立法产生了深远的影响。这种影响还扩展到诸如《联合国国际货物销售合同公约》《国际贸易术语解释通则》等国际贸易法的重要文件。

随着社会的发展和贸易环境的不断变化,英国《货物买卖法》也在不断演进,并体现出了时代的特征。例如,《1994年货物销售与提供法》中,要求卖方提供的货物必须具有"令人满意的品质",放弃了以往"商销品质"的提法。这是与社会分工不断细化,交易买方愈来愈多地依赖卖方的技能和判断力的社会背景相适应的。又如,该法区分消费者合同与非消费者合同,为交易的弱势一方提供更为周全的保护,这也符合现代立法潮流。然而,由于《货物买卖法》制定得较早,并且是在判例的基础上编纂而成,有些规定过于烦琐甚至不切实际,这突出表现在所有权转移时间的规定、风险与所有权转移捆绑处理等方面。

4.3 国际法与国内法的适用

(一) 国际法的一般适用方式

各国有关条约在国内适用的法律规定和做法不尽相同。一般来看，有以下三种比较典型的方式。

转化式

部分国家为了使条约在国内适用，要求必须通过国内立法机关的立法行为将条约内容制定为国内法。国际法上称之为转化。这种制度主要是强调立法机关对立法行为的控制权。采取转化式的代表国家是英国，除此之外还包括其他一些英联邦成员国和意大利。

并入式

部分国家通过宪法和法律的统一规定，条约直接纳入国内法，在国内直接适用，而不用将其转变为国内法的形式。国际法上称之为并入。

并入式的方式并非规避立法机关的权威，因为通常条约在缔结过程中，就已经得到了该国立法机关的同意。采取这种方式的主要有法国、瑞士、荷兰等欧洲大陆国家，日本也属于这一类型。

混合式

混合式是一种同时采取并入和转化两种形式的适用条约的方式。部分国家根据条约的性质或内容的不同，要求有些条约以并入的方式在国内直接适用，有些则需要采取一定的立法措施将其转化为国内法后才能适用。美国是最典型的采取混合式的国家，将条约区分为"自执行"条约和"非自执行"条约两种类型。只有自执行条约才能在美国直接适用，而非自执行条约则要通过某种立法行为才能在国内执行。

（二）国际法在中国的适用方式

相关条约在国内法中的适用

我国宪法没有明文规定，但我国制定的很多部门法都规定了优先适用国际条约的条款。条约在我国的适用方式有以下两种。

此前，在国内法中直接适用国际条约，即将国际条约并入国内法。《民法通则》第142条规定："中华人民共和国缔结或者参加的国际条约同中华人民共和国的民事法律有不同规定的，适用国际条约的规定，但中华人民共和国声明保留的条款除外。中华人民共和国法律和中华人民共和国缔结或者参加的国际条约没有规定的，可以适用国际惯例。"但《民法典》自2021年1月1日起施行，《民法通则》随之废止，因《民法典》关于国际条约的适用没有明确的约定，目前民法上关于国际条约的适用是立法空白的，等待法律界人士进行进一步探索。

国际惯例在合同中的适用

国际惯例在我国的主要适用方式有以下三种：

引用国际商会、国际法协会或其他民间组织的条款或术语。普遍认为，对某一成文条款或术语的解释应以所采用的惯例为准。一般对某一条款或术语的解释只有一个国际贸易惯例，但也存在对某一条款或术语的解释有多个国际贸易惯例的情况，并且各惯例的解释不同。为防止事后买卖双方当事人就采用哪一惯例产生争议，合同当事人最好在采用条款或术语的同时明确是依据哪个国际惯例。

采用国际组织或行业协会制定的标准合同。如国际咨询工程师联合会制定的建设项目管理规范与合同文本。标准合同对合同全部或大部分条款都做了规定，一般只留出当事人名称、货价等项目供当事人填写，当事人可通过协商对标准的条款做出修改或补充。由于在大宗货物的买卖中广泛采用标准合同，标准合同事实上已成为当事人普遍遵守的权威文件，是国际贸易惯例的组成部分之一。

在合同中明确表示接受某一惯例的约束。这种情况包括以下几种类别：合同中采用了惯例规定的条款或术语，并且合同对这些条款或术语的解释与惯例的规定相同，或合同直接引用惯例条款或术语并未另行解释。此类情况下，惯例与合同的规定相同；合同中某些条款与惯例的规定不一样，此时应按照当事人意思自愿的原则，以合同的规定为准；合同中对某事项未做规定，但在执行过程中遇到问题，应按照惯例的规定履行合同或对合同救济。

第 5 章　国际组织

5.1　联合国

联合国（United Nations，缩写为 UN）是一个国际性组织，于 1945 年 10 月 24 日成立，现有会员国 193 个。中国于 1945 年 10 月 24 日加入联合国。

联合国的宗旨和工作以《联合国宪章》中规定的机构目标和原则为出发点。联合国通过大会、安全理事会、经济及社会理事会和其他机构和委员会，为会员国提供一个论坛来表达它们的观点，并通过促成会员国间对话、主持协商，成为政府间达成协议、携手解决问题的有效机制。秘书长是联合国的首席行政长官，在安全理事会进行推荐之后由大会进行任命。联合国有六个主要机关：大会、安全理事会、经济及社会理事会、托管理事会、国际法院和秘书处，均设立于 1945 年联合国成立之时。联合国安全理事会常任理事国是：中国、法国、俄罗斯、英国、美国。五个常任理事国对于安理会决议具有否决权，因此常任理事国能够阻止安理会决议通过。

大会：是主要审议、决策和代表性机关，由联合国全部 193 个会员国组成，是唯一具有普遍代表性的机关。

安全理事会：职责是维护国家之间的和平与安全。联合国的其他主要机关只有对会员国提出"建议"的权力，而安理会则有权提出具有强制性的决议，在宪章第二十五条规定下，会员国必须接受并履行。安理会的决议被称为联合国安全理事会决议。

经济及社会理事会：开展各项活动的中央机制，其下设立多个涉及经济、社会和环境领域的专门机构、附属监督机构和专家机构。

国际法院：依照国际法解决各国向其递交的法律争端，并就正式认可的联合国机关和专门机构提交的法律问题提供咨询意见。

秘书处：负责处理大会和其他主要机关委任的各项日常工作。

托管理事会：是联合国实行国际托管制度的主要机关。

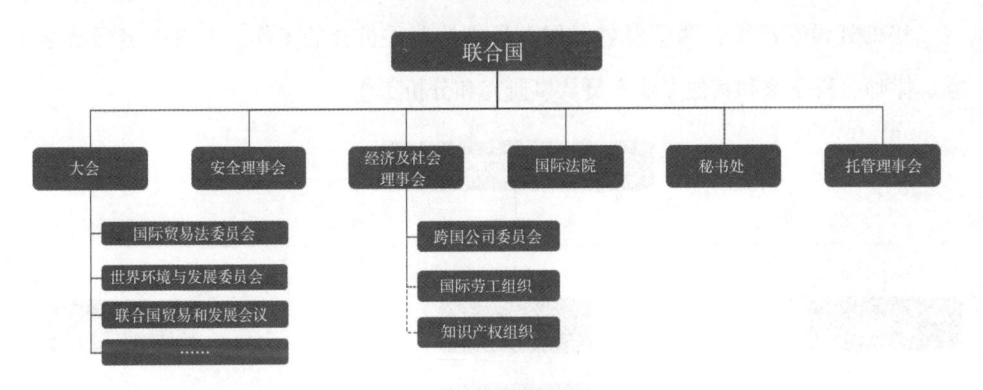

图 5-1 联合国组织架构

5.2 经济合作与发展组织

经济合作与发展组织（Organization for Economic Cooperation and Development，简称经合组织，缩写为 OECD）是全球 38 个市场经济国家组成的政府间国际组织，总部设在法国巴黎。经济合作与发展组织的前身是 1947 年由美国和加拿大发起，成立于 1948 年的欧洲经济合作组织（OEEC），该组织成立的目的是帮助执行致力于第二次世界大战以后欧洲重建的马歇尔计划。后来其成员逐渐扩展到非欧洲国家。1961年，欧洲经济合作组织改名为经济合作与发展组织。1961年的20个创始成员主要有美国、英国、法国、德国、意大利、加拿大；后来加入的18个成员主要有日本、澳大利亚、新西兰、墨西哥、韩国等。

经合组织有三大主要机关：委员会、理事会、秘书处。1995年3月，中国成为经合组织强化合作伙伴。

委员会由成员代表组成，经合组织有约200个委员会、工作组和专家小组，对经合组织秘书处开展的工作提出要求，进行审议并发挥作用。

理事会是经合组织的决策机构，由每个成员国及欧洲委员会各派一名代表组成。理事会定期召开成员国驻经合组织大使级会议，并通过综合一致意见的方式进行决策。

秘书处设在巴黎，两千多名工作人员支持着委员会的工作。七百多名经济学家、律师、科学家和其他专业人员从事研究和分析工作。

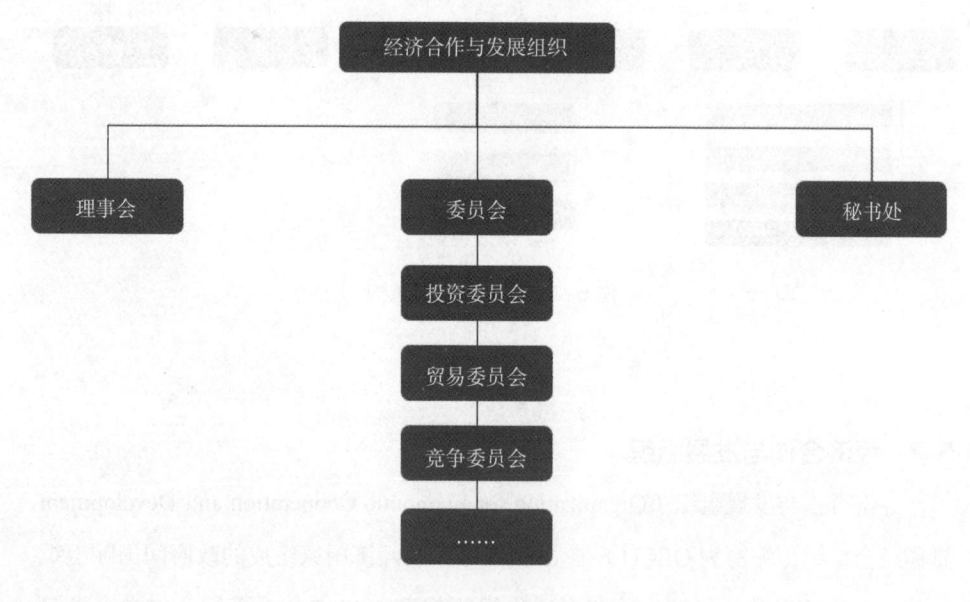

图 5-2 OECD 组织架构

5.3 世界贸易组织

世界贸易组织（World Trade Organization，简称世贸组织，缩写为 WTO）是负责监督成员经济体之间的各种贸易协议得到执行的一个国际组织。2001 年 12 月 11 日，中国正式加入世界贸易组织。

世界贸易组织前身是 1947 年 10 月 30 日签订的关税与贸易总协定（以下简称关贸总协定）；1995 年 1 月 1 日，世界贸易组织正式开始运作；1996 年 1 月 1 日，世界贸易组织正式取代关贸总协定临时机构。世界贸易组织的职能是调解纷争，加入 WTO 不算签订一种多边贸易协议。它不仅是贸易体制的组织基础和法律基础，还是众多贸易协定的管理者、各成员贸易立法的监督者，以及解决贸易争端和进行谈判的场所。世界贸易组织有 164 个成员、24 个观察员。其目标是建立一个完整的包括货物、服务、与贸易有关的投资及知识产权等更具活力、更持久的多边贸易体系，以包括关贸总协定贸易自由化的成果和乌拉圭回合多边贸易谈判的所有成果。世界贸易组织的主要机构有部长级会议、总理事会、专门委员会、秘书处与总干事。

部长级会议：世贸组织的最高权力机构，主要有立法权、准司法权。

总理事会：下设货物贸易理事会、服务贸易理事会、知识产权理事会。这些理事会可视情况自行拟订议事规则，经总理事会批准后执行。所有成员均可参加各理事会。

图 5-3 WTO 组织架构

专门委员会：各部长级会议下设立专门委员会，以处理特定的贸易及其他有关事宜，已设立贸易与发展委员会，国际收支限制委员会，预算、财务与行政委员会，贸易与环境委员会等10多个专门委员会。

秘书处与总干事：秘书处工作人员由总干事指派，并按部长级会议通过的规则决定他们的职责和服务条件。

5.4 欧洲联盟

欧洲联盟（European Union，简称欧盟，缩写为EU），是欧洲多国共同建立的政治及经济联盟，现拥有27个成员国，正式官方语言有24种。1985年，中欧建立贸易与合作协议关系。

欧盟的历史可追溯至1952年建立的欧洲煤钢共同体，当时只有6个成员国，分别为联邦德国、法国、意大利、荷兰、比利时和卢森堡。1958年又成立欧洲经济共同体和欧洲原子能共同体，1967年统合在欧洲各共同体之下，1993年《马斯特里赫特条约》生效后转变成欧盟，并且渐渐地从贸易实体转变成经济和政治联盟。同时，欧洲经济共同体和后来的欧盟在1973年至2013年期间进行了八次扩大，成员国从6个增至最多时的28个。起初推动欧盟建立的动机，是渴望重建二战后损失惨重的欧洲，以及避免欧洲再度陷入战争泥潭。欧盟经过多次条约修订，目前已形成较为完善的《里斯本条约》作为其运作方式。在政治上，欧盟的所有成员国均为议会民主国家；在经济上，欧盟为世界上最大的经济实体之一，德国、法国为欧盟两大核心成员国；在军事上，除瑞典、芬兰、爱尔兰、奥地利、马耳他与塞浦路斯6国（其中前五国在国际上为永久中立国），其余21个成员国均为北大西洋公约组织的成员国。欧盟的主要机构有欧洲理事会（成员国家首脑组成）、欧盟理事会（成员国家部长组成的欧盟的上议院）、欧盟委员会（欧盟的行政机构）、欧洲议会（欧盟的众议院，唯一的直接民选机构）、欧洲法院、欧洲中央银行等。此外，欧洲原子能共同体也在欧洲共同体的管辖范围之内，但在法律上是独立于欧盟的国际组织。

欧洲理事会：又称欧盟首脑会议或欧盟峰会，是欧盟最高决策机构。

欧盟理事会：又称欧盟部长理事会，欧盟立法与政策制定、协调机构。

欧盟委员会：欧盟立法建议与执行机构。

欧洲议会：欧盟监督、咨询和立法机构。

欧洲法院：欧盟的仲裁机构。

审计院：负责审计欧共体及其各机构的账目，审查欧共体收支状况，并确保对欧共体财政进行正常管理。

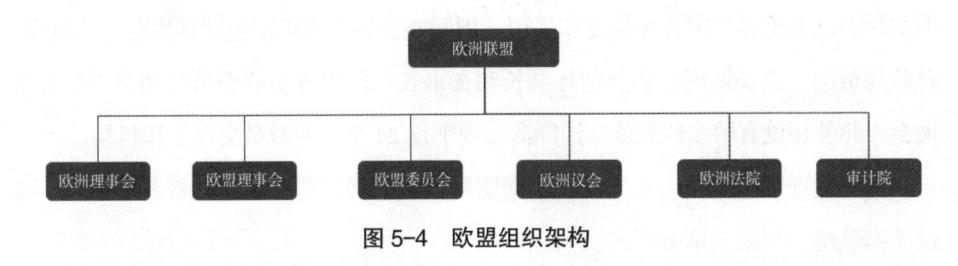

图 5-4　欧盟组织架构

5.5　国际商会

国际商会（International Chamber of Commerce，缩写为 ICC）创建于 1919 年，是世界上最大、最有代表性的国际民间经济组织。1994 年 11 月 8 日，中国加入国际商会，并成立国际商会中国国家委员会。

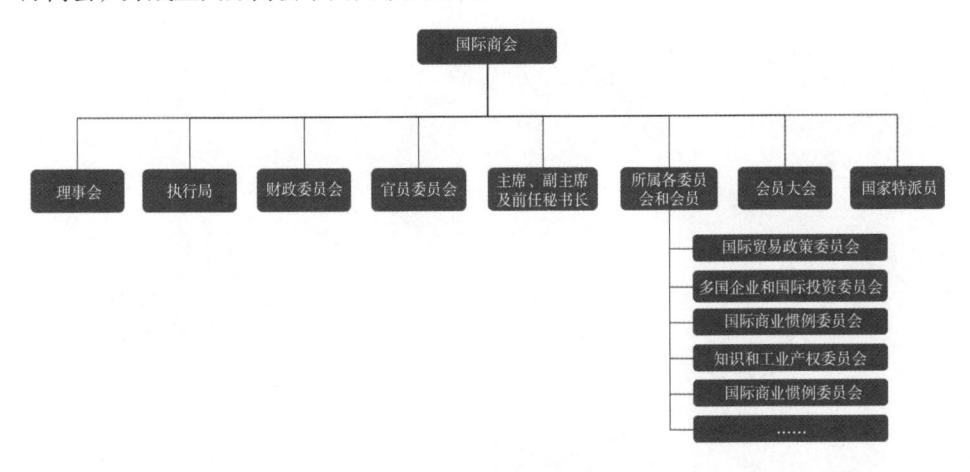

图 5-5　ICC 组织架构

它是由世界上100多个国家参加的经济联合会，包括商会、工业、商业、银行、交通、运输等行业协会，也是联合国经社理事会的一级咨询机构，总部设在法国巴黎。其宗旨是：推动国际经济的发展，促进自由企业和市场组织的繁荣，促进会员之间的经济往来，协助解决国际贸易中出现的争议和纠纷，并制定有关贸易、银行、货运方面的规章和条款。国际商会制定的《国际贸易术语解释通则》《托收统一规则》《联合运输单证统一规则》和《跟单信用证统一惯例》等，虽然是非强制性的，但实际上已为世界各国普遍接受和采用。国际商会的组织机构包括理事会、执行局、财政委员会、会长、副会长及前任会长和秘书长、所属各专业委员会和会员、会员大会，此外还设有国家特派员。国际商会现下设24个专业委员会及工作机构。

国际商业惯例委员会：支持和推动国际商会的国际贸易术语的普及和推广，通过《担保统一规则》草案等。

银行技术和惯例委员会：修订《跟单信用证统一惯例400号》，就跟单信用证统一惯例的解释发表意见，并对案例进行研究等。

国际仲裁委员会：发展并促进利用仲裁的方式解决国际商业争议。

第三编　国际商法实践

第 6 章　跨国公司

跨国公司是指以本国为基地,通过对外直接投资,在世界各地设立分支机构或子公司,从事国际化生产和经营活动的企业。"跨国公司"这一名称是联合国经济及社会理事会系统地考察了各种准则和定义后,于 1974 年决议采用的。

跨国公司的出现与资本输出密切相关。19 世纪末 20 世纪初,资本输出逐步发展起来,这时开始出现了少量跨国公司的先驱。第二次世界大战后,跨国公司蓬勃发展,其国际商务贸易行为带来的影响也越来越深刻,但规范其行为的法则并不完善。鉴于此,国际上出现了联合国《跨国公司行动守则》(1976)、《经合组织跨国公司行为准则》(1976),同时许多国家也都发布了反腐败法案,其中最为知名的是美国《反海外贿赂法》(1977)。

6.1　联合国《跨国公司行动守则》

联合国《跨国公司行动守则》(Code of Conduct on Transnational Corporations)是规范跨国公司进行国际投资活动的文件草案。鉴于跨国公司是国际投资活动的主要参与者,发展中国家和发达国家已开始意识到跨国公司应遵循相关活动准则才能享有相应的待遇。为此,联合国经社理事会专门成立了跨国公司委员会,帮助处理各项跨国公司问题,并协助理事会拟定跨国公司行动守则谈判的基础文件。跨国公司委员会于 1976 年成立一个行动守则工作小组负责守则的拟定工作,该工作小组于 1982 年向委员会提交了《跨国公司行动守则》草案，但该草案至今仍未通过。

（一）联合国《跨国公司行动守则》的制定与发展

二战结束后，《世界人权宣言》和其他国际人权公约确立了国家应当在人权方面履行的具体义务，非国家行为主体逐渐成为人们关注的对象。跨国公司作为关键的非国家行为主体，在人权议题上存在的问题开始显现。因此，规范跨国公司的行为成为国际立法的重要内容。在 1974 年联合国第六届特别大会上，发展中国家提出了国际社会处理跨国公司问题时应遵循的一系列基本原则。同年，联合国经济及社会理事会根据 1913 号决议设立的跨国公司委员会，成为联合国内部评估跨国公司行为的中心机构，并于 1975 年 11 月正式投入运行。1982 年《跨国公司行动守则》草案正式提交。

（二）联合国《跨国公司行动守则》的主要内容与适用范围

联合国《跨国公司行动守则》草案共分 6 章，第一章是序言和目标，第二章是定义和适用范围，第三章是跨国公司的活动，第四章是跨国公司业务所在地政府应给予跨国公司的待遇及国有化、国有化赔偿和管辖权，第五章是各国政府为实施守则必须进行的国际合作，第六章是守则的实施。

该守则适用于所有国家的所有跨国公司，涉及合同的谈判和执行、不与种族主义政权合作、不干涉政治事务和政府间关系、培训便利化、金融交易和投资、转让定价、税收、竞争、技术和信息披露等方面。但该文件从未被正式采用，法律性质也从未确立，因此截至目前并无实质约束力。

6.2 《经合组织跨国公司行为准则》

1976 年《经济合作与发展组织关于国际投资与多国企业的宣言》通过了 4 份文件，其中最重要的是《经合组织跨国公司行为准则》（OECD Guidelines for Multinational Enterprises）。该准则是一份经过多边商定、加入国政府承诺在全球范围内推广的企业责任文件，以及对创造开放透明国际投资环境的政策承诺。目前加入准则的国家有 48 个（含 35 个经合组织成员国及 13 个非成员国），欧盟是观察员身份，中国尚未加入。

（一）《经合组织跨国公司行为准则》的制定与发展

1974 年提出的《联合国跨国公司行动守则》并没有正式发布，但关于跨国公司的管理原则在 OECD 得以延续，OECD 于 1976 年颁布了《经合组织跨国公司行为准则》。该准则指出跨国公司应根据国际人权条约行事，同时尊重所在国法律中有关人权保护的义务。此外，经合组织还先后出版了《经合组织公司治理原则》《公司治理：对经合组织各国的调查》《经合组织国有企业公司治理指引》等重要文献，丰富和发展了该准则。

（二）《经合组织跨国公司行为准则》的主要内容与适用范围

该准则共两部分，十四条。第一部分是关于全球背景下负责任商业行为的建议文本和评注，包括概念和原则、人权、就业和劳资关系、环境、打击行贿、消费者权益、科学技术、竞争、税收等 11 个小节；第二部分是该准则的实施程序。准则的整体内容包括核心劳工标准、尊重人权、反对商业腐败和保护环境等，并规定了"定期检查"和"国家联络点"等相关的后续程序用于观察和监督准则的执行。

该准则适用于跨国企业内部所有实体，包括母公司和（或）子公司。准则通过经合组织成员国的国家联络点推广试行，通过这些联络点不断地宣传此准则，提供咨询服务，并解决共同面临的问题，这些措施促进了该准则的推行与遵守。但是，这些行为准则都是针对政府的，这就难以保证企业会承担相关的责任，因此这使得该准则在促进企业履行社会责任方面的作用是有限的。

6.3 《反海外贿赂法》

《反海外贿赂法》（即 FCPA，Foreign Corrupt Practices Act），是一部美国联邦法

律，其主要条款有两个：会计账目条款和反贿赂条款。会计账目条款根据《1934年证券交易法》规定的账目透明度要求而设定，反贿赂条款则是针对向外国官员行贿的行为而制定。该法案于1977年12月19日签署并生效，旨在限制美国公司贿赂国外政府官员的行为，并对在美国上市的公司的财会制度做出了相关规定，法案历经三次修改，其中1998年将外国企业或自然人违反FCPA的行为也列入该法管辖范围。

（一）《反海外贿赂法》的制定与发展

在FCPA制定之前，美国对行贿行为已有相关法律规定，最典型的有《1934年证券交易法》(Securities Exchange Act of 1934)。FCPA是参考证券交易法，于1977年颁布的第一部完全针对美国本国公司向海外政府机构的贿赂行为的法律。1988年修正案正式要求美国总统促成其他国家出台与FCPA类似的法律，并扩大该法的适用对象，将外国企业或自然人在美国境内实施的、违反FCPA的行为也列入该法管辖范围。1997年，美国与OECD其他33国共同签订了《禁止在国际商业交易中贿赂外国公职人员公约》。

（二）《反海外贿赂法》的主要内容

反贿赂条款主要适用于以下三类主体：（1）证券发行人及其管理人员、董事、职员、代理人或代表该发行人行事的股东；（2）美国国内单位及其管理人员、董事职员、代理人或代表该国内单位行事的股东；（3）前两者之外的在美国境内从事特定行为的外国个人或实体，指在美国境内通过代理或者亲自实施贿赂外国官员行为的外国个人或实体。

FCPA禁止以上三类主体向外国官员提供、支付、承诺支付或授权支付任何金钱，或提供、赠予、承诺给予或授权给予任何有价值的物项或好处。FCPA并不要求贿赂实际实施，也不要求贿赂目的的实现，即便受贿者尚未确定，只要有贿赂意图便可判定违法。FCPA禁止的贿赂对象包括：（1）任何外国官员；（2）任何外国政党或其官员或外国政党的任何候选人；（3）第三方或中介，即知道此种金钱或财物的全部或部分将会被直接或间接提供、给予或承诺给予上述两类人员中的任何人。

会计账目条款

证券发行人的义务包括：设立并保存账簿、记录和账目，这些账簿、记录和账目必须以合理的细节准确且公正地反映发行人的交易及对资产的处置。

母子公司归责原则：若证券发行人在本国或外国公司中拥有50%以上（不含本数）的投票权，则其有义务确保其子公司遵守FCPA会计条款，否则证券发行人将对子公司违反FCPA的会计行为承担法律责任。

6.4 《反海外贿赂法》关键条款解读

§ 78dd-3. Prohibited foreign trade practices by persons other than issuers or domestic concerns

（a）Prohibition

It shall be unlawful for any person other than an issuer that is subject to section 30A of the Securities Exchange Act of 1934 or a domestic concern, as defined in section 104 of this Act, or for any officer, director, employee, or agent of such person or any stockholder thereof acting on behalf of such person, while in the territory of the United States, corruptly to make use of the mails or any means or instrumentality of interstate commerce or to do any other act in furtherance of an offer, payment, promise to pay, or authorization of the payment of any money, or offer, gift, promise to give, or authorization of the giving of anything of value to —

(1) any foreign official for purposes of —

(A)(i) influencing any act or decision of such foreign official in his official capacity, (ii) inducing such foreign official to do or omit to do any act in violation of the lawful duty of such official, or (iii) securing any improper advantage; or

(B) inducing such foreign official to use his influence with a foreign government or instrumentality thereof to affect or influence any act or decision of such government or instrumentality, in order to assist such person in obtaining or retaining business for or with, or directing business to, any person;

(2) any foreign political party or official thereof or any candidate for foreign political office for purposes of —

(A)(i) influencing any act or decision of such party, official, or candidate in its or his official capacity, (ii) inducing such party, official, or candidate to do or omit to do an act in violation of the lawful duty of such party, official, or candidate, or (iii) securing any improper advantage; or

(B) inducing such party, official, or candidate to use its or his influence with a foreign government or instrumentality thereof to affect or influence any act or decision of such government or instrumentality. in order to assist such person in obtaining or retaining business for or with, or directing business to, any person; or

(3) any person, while knowing that all or a portion of such money or thing of value will be offered, given, or promised, directly or indirectly, to any foreign official, to any foreign political party or official thereof, or to any candidate for foreign political office, for purposes of —

(A)(i) influencing any act or decision of such foreign official, political party, party official, or candidate in his or its official capacity, (ii) inducing such foreign official, political party, party official, or candidate to do or omit to do any act in violation of the lawful duty of such foreign official, political party, party official, or candidate, or (iii) securing any improper advantage; or

(B) inducing such foreign official, political party, party official, or candidate to use his or its influence with a foreign government or instrumentality thereof to affect or influence any act or decision of such government or instrumentality, in order to assist such person in obtaining or retaining business for or with, or directing business to, any person.

(b) Exception for routine governmental action

Subsection (a) of this section shall not apply to any facilitating or expediting payment to a foreign official, political party, or party official the purpose of which is to expedite or to secure the performance of a routine governmental action by a foreign official, political party, or party official.

78dd-3. 发行人或国内业务以外的人被禁止的海外贸易行为

（a）禁止

《1934 年证券交易法》第 30A 条所述发行人或该法第 104 条所述国内业务以外的任何人，或任何代表该人行事的管理人员、董事、雇员、代理人或股东，如果在美国境内利用邮件或州际商业的任何工具腐败地促进提出支付、支付、承诺支付，或授权支付任何金钱，或提出给予、给予、承诺给予，或授权给予任何有价值之物给以下这些人，都是违法行为。

（1）为以下目的提供给任何外国官员：

（A）（i）影响该外国官员职务范围内的行为或决定，（ii）引诱该外国官员做违反其法定职责的事情，或不履行其法定职责，或（iii）获得任何不当利益；或

（B）引诱该外国官员利用其在外国政府或其机构的影响力来影响该政府或机构的行为或决定，以帮助该人获得或保留业务，或将业务交给特定的人。

（2）任何外国政党或其官员，或外国政治职位的任何候选人，目的在于：

（A）（i）影响该政党、官员或候选人职务范围内的行为或决定，（ii）引诱该政党、官员或候选人做违反其法定职责的事情，或不履行其法定职责，或（iii）获得任何不当利益；或

（B）引诱该政党、官员或候选人利用其在外国政府或其机构的影响力来影响该政府或机构的行为或决定，以帮助该人获得或保留给任何人的业务，或将业务交给任何人；或

（3）任何人知道该等款项或有价之物的全部或部分将会直接或间接提出给予、给予或承诺给予任何外国官员、外国政党或其官员，或外国政治职位的任何候选人，其目的在于：

（A）(i) 影响该外国官员、政党、政党官员或候选人职务范围内的行为或决定，(ii) 引诱该外国官员、政党、政党官员或候选人做违反其法定职责的事情，或不履行其法定职责，或(iii) 获得任何不当利益；或

（B）引诱该外国官员、政党、政党官员或候选人利用其在外国政府或其机构的影响力来影响该政府或机构的任何行为或决定，以帮助该人获得或保留给任何人的业务，或将业务交给特定的人。

（b）常规政府行为的例外情况

本条（a）款的规定不适用于给外国官员、政党或政党官员的便利性或加速性支付，如果支付的目的是加速或确保外国官员、政党或政党官员实施常规政府行为。

6.5 案例：阿尔斯通案

参见弗雷德里克·皮耶鲁齐和马修·阿伦创作，于2019年出版的经济学著作《美国陷阱》。

第 7 章　国际投资

国际投资是指跨国公司等国际投资主体，将其拥有的货币资本或产业资本，通过跨国界流动和营运，以实现价值增值的经济行为。19世纪上半叶，工业革命基本完成，英国国内资本相对过剩，开始大量国外投资。二战后，国际竞争加剧，此时的国际投资规模空前扩大，以跨国公司为主体的国外直接投资得到了迅速发展。20世纪90年代以来，世界经济一体化进程加快，国际投资进入繁盛时期，与国际投

资相关的法律、政策或协定随之产生。1995 年,《多边投资协定》进入起草和谈判阶段。2006 年,经合组织通过了《投资政策框架》,为各国制定适合本国的投资政策提供了参考;联合国在 2012 年发布了《可持续发展的投资政策框架》,为各国投资政策实施提供了范本。

7.1 双边投资协定和《多边投资协定》

双边投资协定是指资本输出国与资本输入国之间签订的,以促进、鼓励、保护国际私人投资为目的,并约定双方权利与义务关系的书面协议。双边投资协定是国际投资法的重要组成部分,在保护外国投资方面发挥着重要的作用。

多边投资协定则是指三个或三个以上的国家签订的投资协定。其中影响力较大的是 OECD 于 1995 年起草的《多边投资协定》,旨在扫除国际投资的障碍,促进经济资源的最优配置。其框架包括投资保护、投资自由化和争端解决三个部分,适用于成员国和自愿签署的非成员国家和地区。

双边投资协定和《多边投资协定》的主要内容与适用范围

双边投资协定主要有三种类型:友好通商航海条约、投资保证协定、促进与保护投资协定。目前国际法学文献中所在地称的"双边投资协定"或"双连投资保护条约"一般是指促进与保护投资协定。任何国家可自行制定差异化的协议模板并与其他国家谈判签订双边投资协定。双边投资协定的具体内容,虽因国家的不同而有所差异,但在国际实践中,大多是依循一定的范本谈判签订的。目前在实践中影响较大的范本主要有:亚非法律协商委员会的三个范本、德国范本、荷兰范本等。范本的主要内容一般有四个部分:一是投资者和投资受保护;二是外国投资待遇规定;三是政治风险的保证;四是代位权。

《多边投资协定》提出的核心原则包括透明度、国民待遇、最惠国待遇、资金转移、争端处理等方面,考虑到每个国家的具体情况,还规定了一般例外、临时性保护措施、某一成员国特定的例外等条款,以照顾申请国的发展利益。受各方面因素影响,《多边投资协定》于1998年宣告谈判失败。

7.2 《可持续发展的投资政策框架》

《可持续发展的投资政策框架》(即IPFSD, Investment Policy Framework for Sustainable Development),是由联合国贸易和发展会议在《2012年世界投资报告》中制定的"迈向新一代投资政策"。它旨在为投资政策制定者提供参考,以可持续发展为宗旨和目标,兼顾发展中国家和发达国家、投资者和公众的利益平衡,并强调投资政策有效性评估,以便科学地实施和调整投资政策。

(一)《可持续发展的投资政策框架》的制定与发展

20世纪50年代末的双边投资协定实践中,投资政策存在单方面维护资本输出国和外国投资者权益的缺陷。这种失衡的传统国际投资政策由于严重背离了国际社会普遍认同的经济主权、公平互利和合作发展的原则,受到了严峻的挑战。此外,一些发展中大国在继续吸收外资的同时,逐步向发达国家投资,在一定程度上改变了发达国家与发展中国家之间单向的投资关系。在这种新形势下,越来越多的发达国家作为东道国也面临着一系列涉及外资的政策问题,其逐渐与一些发展中国家趋于相同的立场和角度,有利于较全面、公正地审视传统国际投资政策,达成有关"可持续发展"和"平衡资本输出国与资本输入国权益"等共识。同时,促进经济可持续发展的理念得到了国际社会的普遍接受和认可。因此,有必要从规则和制度设计上消除不利于可持续发展目标实现的各种因素。于是,联合国贸易与发展会议在2012年6月出台了综合性的《可持续发展的投资政策框架》。

(二)《可持续发展的投资政策框架》的主要内容与适用范围

IPFSD由三部分组成,包括:投资政策制定的核心原则、国家投资政策指南、国际投资协定内容的政策选择。第一部分的核心原则为一国在制定本国外商投资政策以及参与国际投资协定谈判商定提供指导。核心原则共有11条,主要原则如下:

原则 3，投资政策应当涵盖所有的利益相关者，基于符合法规及高标准社会管理的体制框架，并保证投资过程可预测、高效和透明；原则 5，为了共同发展的目标，投资政策应当在政府和投资者的权利和义务之间寻求平衡；原则 6，每个国家都有权设立外资进入和运营的条件，这种条件应符合国际承诺，考虑公共利益，并最小化潜在的负面影响；原则 8，投资政策应当为投资者提供恰当的保护和实质上无歧视的待遇；原则 10，投资政策应当鼓励和支持公司遵守社会责任的国际惯例并实现良好的公司治理。由于核心原则规定较为简单化、原则化，IPFSD 在第二部分展开细化了针对一国自行制定其国内外资政策可作参考的国家投资政策指南，在第三部分制定了可作参考内容的政策选择方案。

IPFSD 设计的投资政策方案，可供各国根据本国国情选择采用，注意发展中国家和发达国家、投资者和公众的利益平衡。它也强调投资政策有效性评估，以便各国科学地实施和调整投资政策。

7.3 《投资政策框架》

《投资政策框架》（The Policy Framework for Investment）是在经合组织投资委员会主持下成立的特别行动工作组制定的文件。2006 年 5 月 11 日在经合组织委员会通过，是"经合组织投资发展计划"的组成部分，旨在推动有助于经济稳定增长和可持续发展的私人投资。其核心宗旨是鼓励政策制定者去探究各种关于经济、组织机构和政策设定的适当问题，以便分清它们的优先级，形成一套有效的政策，并评估其进展情况。《投资政策框架》既不是大量现成的"药方"，也不对任何国家具有约束力。它是一个供灵活使用的工具。

（一）《投资政策框架》的制定与发展

经合组织凭借其在国际投资立法方面的丰富经验，于 2006 年 5 月公布了对投资环境有重大影响的政策清单，即《投资政策框架》，制定《投资政策框架》的特别行动工作组成员由经合组织和非经合组织经济体的政府官员组成，中国也在工作组成员之列。2006年1月至2月，工作组通过经合组织的互联网网站进行了广泛的公开咨询活动，随后制定了这一《投资政策框架》。2006年5月11日，经合组织委员会通过并公开了《投资政策框架》，并号召推动它的积极运用，鼓励经合组织与非成员政府、利害相关方利用《投资政策框架》来评估政策和开展对话。委员会建议投资委员会和非成员合作伙伴原则上应根据运用《投资政策框架》所获得的经验每两年对《投资政策框架》进行一次审查，以便及时加强其有效性，还在2015年提出了修订案文。

（二）《投资政策框架》的主要内容与适用范围

《投资政策框架》建立在经合组织处理不同领域政策的经验和文件的基础之上，其内容共包括四个部分：第一部分为《投资政策框架》的更新描述；第二部分是序言；第三部分为导语；第四部分是重点，为横向政策和做法。第四部分列出与投资相关的十二大政策主题，具体包括：投资政策、投资促进与便利化、贸易政策、竞争政策、税收政策、公司治理、促进负责任的商业行为的政策、人力资源发展、基础设施、金融服务、公共治理、促进绿色增长的投资框架。

《投资政策框架》是为改善投资环境、促进全球经济发展而设定的至今最全面的政策框架。其核心目的是鼓励政策制定者寻找自己国家在经济制度和政策布局等方面存在的不足。它不是将义务强加于政府的一套规则，而是为政府解决关于营造良好投资环境所面临问题的重要参考工具。

7.4 《投资政策框架》关键条款解读

The components of domestic investment policy

The non-discrimination principle, the degree of openness to foreign investment, the protection of investors' property rights and mechanisms for settling investment disputes are core investment policy issues that underpin efforts to create a quality investment environment for all.

Non-discrimination

Non-discrimination is a central tenet of an attractive investment climate. The non-discrimination principle provides that all investors in like circumstances are treated equally, irrespective of their ownership. It can feature as a general principle in the Constitution or at lower regulatory levels, such as in the investment law, and may vary greatly in its scope of application. One of the concepts derived from the principle of non-discrimination in the context of foreign investment is that of national treatment, which requires that a government treat foreign-owned or -controlled enterprises no less favourably than domestic enterprises in like situations.

No government applies national treatment across the board, even in OECD Member countries where restrictions on foreign investment tend, on average, to be lower than in other parts of the world. If other attributes of the investment climate are favourable, investors may still come even if they face some operational restrictions once established, although restrictions on foreign direct investment (FDI) have been found to result in less FDI overall. Beyond the impact on FDI, any policy that favours some firms over others involves a cost, notably less competition and hence lower firm-level efficiency. For this reason, exceptions to non-discrimination need to be evaluated with a view to determining whether the original motivation behind an exception (e.g. protection based on the infant industry argument) remains valid, supported by an evaluation of the costs and benefits, including an assessment of the proportionality of the measure. Broad consideration of the costs and benefits is especially important in service sectors that support a wide range of economic activities across the economy.

Exceptions to national treatment are often enshrined in a negative list attached to the investment law. In the absence of such a list, foreign investors must look to sectoral legislation for guidance. The main types of restrictions faced by foreign investors are listed below:

- Approval mechanisms for foreign investors
- Foreign equity limits
- Key personnel (foreign managers, technical experts and board members)
- Profit and capital repatriation
- Land ownership for business purposes
- Branching limitations
- Reciprocity requirements
- Minimum capital requirements different from those for local companies
- Local content requirements
- Access to local finance
- Government procurement favouring locally-owned over foreign-established companies

Potential discrimination between foreign and domestic investors can work both ways. Foreign investors may receive incentives that are not available to domestic investors. Policy options to manage incentives responsibly are discussed in subsequent sections of the Framework.

国内投资政策的组成部分

非歧视原则、对外国投资的开放程度、保护投资者的财产权和投资争端的解决机制是投资政策的核心问题。这些问题上的努力将为所有人创造优质的投资环境。

不歧视

不歧视是营造有吸引力的投资环境的核心原则。不歧视原则规定，在类似情况下的所有投资者，不论其所有权如何，均受到平等待遇。它可在《宪法》中或较低监管级别（如投资法）中作为一项一般原则约束，其适用范围也可大不相同。外国投资不歧视原则产生的概念之一是国民待遇，它要求政府在类似情况下对外国拥有或控制的企业给予本国企业的同等待遇。

没有任何政府全面适用国民待遇，即使在对外国投资的限制平均比世界其他地区低的经合组织成员国也未全面实行。尽管对外国直接投资的限制导致外国直接投资总体减少，如果投资环境的其他特点是有利的，即使面临一些业务限制，依然可能有投资者来。除了对外国直接投资的影响外，任何对于公司厚此薄彼的政策都涉及成本，特别是明显的竞争减少，因此降低了公司级的效率。因此，需要对非歧视的例外情况进行评估，以确定例外情况背后的原始动机（例如：基于新兴产业论点的保护）是否仍然有效，并辅之以成本和效益评估，包括评估措施的相称性。充分考虑成本和效益对于支持经济活动领域内广泛的服务部门尤其重要。

国民待遇的例外情况往往载于投资法所附的否定清单中。在缺失这种清单的情况下，外国投资者必须寻求部门立法的指导。外国投资者面临的主要限制类型如下：

- 外国投资者审批机制
- 外国股权限额
- 关键人员（外籍主管、技术专家、董事会成员）
- 利润和资本汇回
- 商业用途的土地所有权
- 分支限制
- 互惠要求
- 最低资本要求不同于对本地公司的要求
- 本地内容要求
- 获得当地资金
- 政府采购偏向于当地拥有的公司，而不是外国成立的公司

国内外投资者之间潜在的歧视可能在双向起作用。外国投资者可能得到国内投资者所无法获得的奖励。该框架在后续章节中将讨论负责任地管理激励措施的政策选择。

7.5 案例：墨西哥汽车工业投资案

案例要点：通过投资协定与自由贸易促进行业发展[①]

《北美自由贸易协定》及多边或双边贸易协定的签署，极大地促进了墨西哥汽车行业的发展。宽松的投资环境及稳定的投资政策，使得墨西哥吸引了包括宝马、大众、日产、本田和马自达等在内的众多投资者，墨西哥的汽车产量在 2009—2014 年翻倍增长。

墨西哥汽车行业爆发式增长的最初动力来自 1994 年签署的《北美自由贸易协定》。签署之前，墨西哥的汽车行业规模很小，并受到高关税壁垒的保护以免受到外来竞争的冲击。其汽车价格昂贵，整车和部件的进出口也受到严格限制。由于基础设施落后，过境运输往往时间较长，境内运输也很不便。对于严重依赖物流的行业而言，这是一个关键问题。《北美自由贸易协定》取消了墨西哥、美国和加拿大之间的大部分关税和非关税贸易壁垒，这也使得墨西哥的汽车制造商获得免税进入近在咫尺的美国大市场的途径。由于墨西哥的劳动力成本低，汽车制造商在计划建造新的工厂以满足北美市场需求的时候不得不考虑墨西哥这个地方。

墨西哥签订的多边或双边的贸易协定，进一步促进了墨西哥汽车行业的发展，同时，还保护了墨西哥汽车工业，并在面临任何潜在的国家安全关税之前，给了墨西哥汽车工业发展的空间。在 21 世纪前 10 年的大部分时间里，墨西哥与另外 40 多个国家建立了自由贸易关系，这些自由贸易关系使得设在墨西哥的汽车厂免税进入拥有全球 60% 经济总量的市场。这种区域贸易协定形成的网络使得墨西哥获得重要的优势，吸引了新的投资。所有这些都预示着墨西哥汽车行业的良好未来。不难发现，通过投资协定与自由贸易可促进一个行业或国家的发展。

[①] 案例来源：《人民日报》(2015-04-13)，《墨西哥汽车出口节节高》。

第 8 章 环境保护

环境保护一般是指人类为解决现实或潜在的环境问题，协调人类与环境的关系，保护人类的生存环境，保障经济社会的可持续发展而采取的各种行动的总称。由于工业发展导致环境污染问题过于严重，损害生态环境，有的甚至达到无法挽回的地步，引发各工业化国家对环境的重视，继而利用国家法律法规去规管和处理污染问题，并进行宣传使全社会注意污染对环境的深远影响。1972年6月5日至16日由联合国发起，"联合国人类环境会议"在瑞典斯德哥尔摩召开，提出了著名的《人类环境宣言》。

环境保护方面的国际合作，除了必须遵守公认的一般国际法原则外，已经提出了一些新问题、新原则。国际环境法已经成为国际法的一个新分支。环境立法虽然在一部分国家已经形成比较完整的体系，但在大多数国家还比较零散，不甚完备，环境立法工作有待进一步完善。

8.1 德国环境法

德国环境法是德国制定的关于保护环境和防治污染的法律法规的总称。从20世纪60年代末到70年代德国就先后制定了《废弃物处置法》《联邦水管理法》《大气污染控制法》等早期的环境法律。之后，随着1974年的《污染防治法》、1980年的《化学品法》、1987年的《废水纳税法》等法律的制定，以及20世纪90年代一些有关全球环境问题立法的颁布，德国的环境法制体系达到了比较完善的程度。

（一）德国环境法的制定与发展

德国的环境保护法内容庞杂，一共约有9 000个相关文本，甚至还有中世纪单项文本，比如禁止给井水投毒、保护狩猎地区等。19世纪德国经济发展迅速，环境法也开始大规模发展，后来是战争时期和战后时期，由于政府重点发展工业，环境法的发展出现停滞，直到 20 世纪 70 年代，德国才又开始重视环境保护法。现在德国政府将环境保护作为重点，日本海啸等事件改变了德国环境法的工作倾向，如放弃核能，采用风能。

德国环境法既有国内法的规定，也有国际法的渊源，特别是欧盟法的规定。德国作为欧盟的成员国，对于欧洲的法律，有的可以直接适用，有的可转化适用。环境权利在德国具有很高的位阶，德国的环境法主要是公法，通过法律建立全方位、多层面的环保法律体系。

在德国，碎片化、补丁式的环境法规体系一方面明显制约着环境法的整体实施效率，另一方面漫长、昂贵的环境行政管理又导致经济界对环境治理经济效益方面的指责。为此，德国在 1994 年和 1997 年分别完成了两个《环境法典》的草案。虽然最终没能颁布《环境法典》，但长达 30 年对环境法系统性、整体性和实施效率的讨论，一直对德国环境法的发展起着潜移默化的推动作用。

（二）《污染防治法》的主要内容与适用范围

德国环境法的代表是《污染防治法》。该法旨在保护人类、动物、植物、土地、水、大气、农作物和其他物体免受有害的环境影响并且预防环境污染。《污染防治法》共八章 73 条：第一章是一般规定，第二章是设备的建设和运营，第三章、第四章是设备、燃料、交通的特性及建设，第五章、第六章是空气质量监控、改善以及降低噪声，第七章是共同规定，第八章是附则。

该法的适用范围是：（1）设备的建设和运营；（2）第 32 条至第 37 条中涉及的设备、燃料及发动机燃料、材料及由材料所产生的产品的生产、投入使用以及进口；（3）第 38 条至第 40 条中涉及的机动车及其拖车、火车、飞机和轮船以及漂浮体、漂浮设备的特性、装备、运营和检验；（4）第 41 条至第 43 条中涉及的公路、铁路、磁悬铁路和有轨电车的建设。除第六章的规定外，该法不适用于飞机场；在保护环境免受核能以及有害电离射线威胁方面，该法的规定也不适用于由《原子能法》或者依据该法颁布的法规所调整的设备、仪器、装置以及核燃料和其他放射性燃料。此外，如果联邦的水资源保护法和各州的水资源保护法中或者肥料和植物保护方面的法律规定中有不同规定，该法也不适用。

8.2 中国环境法

中国环保事业自20世纪70年代起步，1989年12月26日中国发布了《中华人民共和国环境保护法》，该法涵盖总则、环境监督管理、保护和改善环境、防治环境污染和其他公害、法律责任、附则共计6个章节。主要目的是推动保护和改善环境，防治污染和其他公害，保障公众健康，推进生态文明建设，促进经济社会可持续发展。

2014年4月24日《中华人民共和国环境保护法》修订版本通过，2015年1月1日起实施。修订版共计7个章节，相对1989年版本，增加了信息公开和公众参与章节，同时强化了各章节内容，进一步加大对环境治理的力度。除了建立和健全相关法制体系，中国也积极参与全球环境治理，率先发布《中国落实2030年可持续发展议程国别方案》，向联合国交存了《巴黎协定》批准文书，推动达成《巴黎协定》实施细则，提前完成了中国对外承诺的2020年碳排放目标，并推动以二氧化碳为主的温室气体减排。二氧化碳排放力争在2030年前达到峰值，2060年前实现碳中和，即"3060目标"。

8.3 《斯德哥尔摩宣言》

《斯德哥尔摩宣言》又称《联合国人类环境会议宣言》（United Nations declaration of the human environment）。《斯德哥尔摩宣言》阐明了与会各方和国际组织所取得的七点共同看法和二十六项原则，旨在呼吁各国政府和人民为维护和改善人类环境、造福人类、造福后代而共同努力，对于促进国际环境法的发展具有重要作用。

(一)《斯德哥尔摩宣言》的制定与发展

由于工业发展导致环境污染越来越严重,损害生态环境,这给人们的生活以及工作带来了很大的影响。环境是人类生存和发展的基本条件,关系到社会和经济的持续发展。因此,一个有国际影响力的文件的出台被提上日程。瑞典首先在1968年的联合国经济及社会理事会中,建议联合国要针对人类对环境的影响来举行会议,当时会议筹备委员会认为宣言应当成为人类环境领域未来工作可能确立的一些一般原则的核心文件。在第二次会议上,会议筹备委员会一致认为宣言应当简明又鼓舞人心,并授权一个工作组起草宣言文本。后续经过谈判与会议对话,宣言在1972年6月16日获得通过。

(二)《斯德哥尔摩宣言》的主要内容与适用范围

《斯德哥尔摩宣言》主要包括两个部分:宣布对与环境保护有关的7项原则的共同认识,公布26项指导人类环境保护的原则。由于宣言是"软法",实际并不对任何组织或个人产生法律约束力,但其在国际范围内号召各国政府和人民保护和改善环境。

该宣言达成的共同认识主要有7项。第一,环境对于人类的幸福和享受基本人权,甚至生存权利本身,都是必不可少的。第二,保护和改善人类环境是关系到全世界各国人民的幸福和经济发展的重要问题,也是全世界各国人民的迫切希望和各国政府的责任。第三,在现代,如果人类明智地改造环境,可以给各国人民带来利益,提高各国人民的生活质量;如果使用不当,就会给人类和人类环境造成无法估量的损害。第四,在发展中国家,环境问题大多是由于发展不足造成的,因此必须致力于发展工作。第五,人口的自然增长不断给环境保护带来一些问题,但采用适当的政策和措施可以解决。第六,我们在世界各地采取行动时,必须更审慎地考虑它们对环境产生的后果。为现代人和子孙后代保护和改善人类环境,已成为人类一个紧迫的目标。第七,实现这一环境目标,各级政府应承担最大的责任。为人类和子孙后代的利益而共同做出努力;国与国之间应进行广泛合作,国际组织应采取行动。

26项指导人类环境保护的原则包括：人的环境权利和保护环境的义务，保护和合理利用各种自然资源，防治污染，促进经济和社会发展，使发展同保护和改善环境协调一致，筹集资金，援助发展中国家，对发展和保护环境进行计划和规划，实行适当的人口政策，发展环境科学、技术和教育，销毁核武器和其他一切大规模毁灭手段，加强国家对环境的管理，加强国际合作，等等。

8.4 《斯德哥尔摩宣言》关键条款解读

The United Nations Conference on the Human Environment, having met at Stockholm from 5 to 16 June 1972, having considered the need for a common outlook and for common principles to inspire and guide the peoples of the world in the preservation and enhancement of the human environment, Proclaims that:

1. Man is both creature and moulder of his environment, which gives him physical sustenance and affords him the opportunity for intellectual, moral, social and spiritual growth. In the long and tortuous evolution of the human race on this planet a stage has been reached when, through the rapid acceleration of science and technology, man has acquired the power to transform his environment in countless ways and on an unprecedented scale. Both aspects of man's environment, the natural and the man-made, are essential to his well-being and to the enjoyment of basic human rights the right to life itself.

2. The protection and improvement of the human environment is a major issue which affects the well-being of peoples and economic development throughout the world; it is the urgent desire of the peoples of the whole world and the duty of all Governments.

3. Man has constantly to sum up experience and go on discovering, inventing, creating and advancing. In our time, man's capability to transform his surroundings, if used wisely, can bring to all peoples the benefits of development and the opportunity to enhance

the quality of life. Wrongly or heedlessly applied, the same power can do incalculable harm to human beings and the human environment. We see around us growing evidence of man-made harm in many regions of the earth: dangerous levels of pollution in water, air, earth and living beings; major and undesirable disturbances to the ecological balance of the biosphere; destruction and depletion of irreplaceable resources; and gross deficiencies, harmful to the physical, mental and social health of man, in the man-made environment, particularly in the living and working environment.

4. In the developing countries most of the environmental problems are caused by under-development. Millions continue to live far below the minimum levels required for a decent human existence, deprived of adequate food and clothing, shelter and education, health and sanitation. Therefore, the developing countries must direct their efforts to development, bearing in mind their priorities and the need to safeguard and improve the environment. For the same purpose, the industrialized countries should make efforts to reduce the gap themselves and the developing countries. In the industrialized countries, environmental problems are generally related to industrialization and technological development.

5. The natural growth of population continuously presents problems for the preservation of the environment, and adequate policies and measures should be adopted, as appropriate, to face these problems. Of all things in the world, people are the most precious. It is the people that propel social progress, create social wealth, develop science and technology and, through their hard work, continuously transform the human environment. Along with social progress and the advance of production, science and technology, the capability of man to improve the environment increases with each passing day.

6. A point has been reached in history when we must shape our actions throughout the world with a more prudent care for their environmental consequences. Through ignorance

or indifference we can do massive and irreversible harm to the earthly environment on which our life and well being depend. Conversely, through fuller knowledge and wiser action, we can achieve for ourselves and our posterity a better life in an environment more in keeping with human needs and hopes. There are broad vistas for the enhancement of environmental quality and the creation of a good life. What is needed is an enthusiastic but calm state of mind and intense but orderly work. For the purpose of attaining freedom in the world of nature, man must use knowledge to build, in collaboration with nature, a better environment. To defend and improve the human environment for present and future generations has become an imperative goal for mankind-a goal to be pursued together with, and in harmony with, the established and fundamental goals of peace and of worldwide economic and social development.

7.To achieve this environmental goal will demand the acceptance of responsibility by citizens and communities and by enterprises and institutions at every level, all sharing equitably in common efforts. Individuals in all walks of life as well as organizations in many fields, by their values and the sum of their actions, will shape the world environment of the future. Local and national governments will bear the greatest burden for large-scale environmental policy and action within their jurisdictions. International cooperation is also needed in order to raise resources to support the developing countries in carrying out their responsibilities in this field. A growing class of environmental problems, because they are regional or global in extent or because they affect the common international realm, will require extensive cooperation among nations and action by international organizations in the common interest.

联合国人类环境会议，于1972年6月5日至16日在斯德哥尔摩举行，考虑需要取得共同的看法和制定共同原则，以鼓舞和指导世界各国人民保护和改善人类环境，宣布：

1.人既是环境的所造之物，也是环境的塑造者，环境予人以身体上的需要，也予人以智慧、道德、社会和精神成长的机会。在这个星球上漫长而曲折的演变中，人类已达到一个阶段，即通过科学技术的迅速发展，人类已获得以无数方式和空前规模改变其环境的力量。人类环境的两个方面，自然和人为环境，对于他的福祉和享受基本人权即生命权本身至关重要。

2. 保护和改善人类环境是关系到世界各国人民福祉和经济发展的重大问题，是世界各国人民的迫切愿望和各国政府的责任。

3. 人必须不断总结经验，不断发现、发明、创造和前进。在我们这个时代，人类改变周围环境的能力，如果加以明智利用，就能给所有人民带来发展的好处和提高生活质量的机会。错误地或粗心地运用同样的权力，会对人类和环境造成无法估量的伤害。我们看到在地球许多地区日益出现人为伤害的证据：水、空气、土地和生物受到危险程度的污染；生物圈生态平衡受到重大和有害的干扰；破坏和耗竭不可替代的资源；在人为环境中，特别是在生活和工作环境中，对人的身心和社会健康有害的严重缺陷。

4. 在发展中国家，大多数环境问题是由不发达造成的。数以百万计的人继续生活在人人体面生活所需的最低水平之下，缺乏足够的食物和衣服、住房和教育、保健和卫生设施。因此，发展中国家必须将努力转向发展，同时铭记它们的优先事项以及保护和改善环境的需要。为此目的，工业化国家应努力缩小与发展中国家之间的差距。在工业化国家，环境问题一般与工业化和技术发展有关。

5. 人口自然增长不断给保护环境带来问题，应酌情采取适当的政策和措施，正视这些问题。世上万物中，人是最宝贵的。人民推动社会进步，创造社会财富，发展科学技术，通过他们的辛勤劳动不断改造人类环境。随着社会的进步和生产科学技术的进步，人类改善环境的能力与日俱增。

6. 我们在历史上已经达到了一个阶段，必须在全世界以更审慎地注意其环境后果来塑造我们的行动。通过无知或漠不关心，我们可以对地球环境造成不可逆转的巨大伤害，而地球环境正是我们的生命和福祉所依赖的。相反，通过更充分的知识和更明智的行动，我们能够使我们自己和我们的后代在更符合人类需要和希望的环境中实现更美好的生活。提高环境质量和创造美好生活有广阔的前景。需要的是热情而平静的心态和紧张而有序的工作。为了在自然世界中获得自由，人类必须利用知识与自然合作，建立一个更好的环境。为今世后代捍卫和改善人类环境已成为人类的当务之急，这是与和平和世界经济和社会发展的既定基本目标并与之和谐相处的一个目标。

7. 为了实现这一环境目标，公民和社区以及各级企业和机构都必须接受责任，共同努力公平分担责任。各行各业的个人以及许多领域的组织，根据其价值观和行动的总和，将塑造未来的世界环境。地方和国家政府将在其管辖范围内承担大规模环境政策和行动的最大负担。还需要开展国际合作，以便筹集资源，支持发展中国家履行它们在这一领域的责任。越来越多的环境问题，因为它们在范围上是区域性的或全球性的，或因为它们影响到共同的国际领域，因此，需要各国之间进行广泛的合作，并需要国际组织为共同利益采取行动。

8.5 案例：雪佛龙石油泄漏案

案例要点：破坏环境事故应对不力遭天价处罚

2011年11月21日，巴西环保监管机构宣布对美国石油巨头雪佛龙公司处以2750万美元的罚金，以处罚其在巴西里约州海域的原油泄漏事故。

11月7日，雪佛龙公司发现一处海底钻口附近的岩层出现裂痕。10日，雪佛龙向巴西环境与可再生能源协会（以下简称环境协会）和国家石油、天然气及生物燃料局（以下简称石油局）两家监管机构通报了泄漏情况。14日，油污带面积已达到163平方公里，向远离海岸的东南方向漂散。此时巴西当地媒体开始对漏油事件的进展进行广泛报道。

15日，巴西联邦警察局环境署到现场进行了空中勘察，认为雪佛龙有意隐瞒信息、淡化事件的严重性。20日，雪佛龙表示对此事件承担全部责任。

巴西两大监管机构陆续对雪佛龙做出处罚决定：环境协会开出5000万雷亚尔

（约合2750万美元）罚单，这是该机构因环境污染依法对企业施以经济处罚的上限；石油局宣布，在查明事故原因和责任人并且事发地区重新满足各项安全生产要求之前，暂停雪佛龙在当地的钻探作业。

同时，里约州政府将会向雪佛龙收取至少1亿雷亚尔的环境损害赔偿金。另外，如果环境协会认定雪佛龙提供了虚假信息，则将追加1000万雷亚尔的处罚。各项处罚相加，雪佛龙公司在巴西将面临至少2.6亿雷亚尔（约合1.45亿美元）的罚金。

第9章　国际劳工

企业发展是世界各国经济发展的推动力之一，而劳工是企业最重要的组成部分。如何促进就业并保证人们能享有自由、平等、安全和有尊严的工作条件，对于各国企业的发展来说至关重要。因此，劳工保障问题日益得到世界各国的重视。为解决各国公平竞争问题和劳工保障问题，联合国于20世纪10年代末成立的国际劳工组织制定了各类国际劳工公约，规定劳工有关的基本权利、就业政策、工作条件、社会保障、劳动福利、劳动关系、劳动管理等内容，以保障劳工权益，实现社会公正。并且在20世纪40年代末，联合国通过了使人权得到表述和保障的《世界人权宣言》，宣扬了人权的重要性。

9.1　国际劳工公约

国际劳工公约是国际劳工组织发布的，在某一国政府通过或批约后对此国家具有法律约束力的国际条约。国际劳工组织法律体系中包含具有法律约束力的国际劳工公约和不具有法律约束力、仅供各国在制定本国劳动法律时参考的建议书。国际劳工公约与建议书设立了童工、强迫劳动、性别平等与具体劳工事务相关的最低限度的保护标准，致力于为不同国家和不同产业创造公平的竞争环境，有利于推动各国劳动立法趋向协调。

（一）国际劳工组织的成立与发展

国际劳工组织是联合国的一个专门机构，总部在瑞士的日内瓦，旨在促进社会公正和保障国际公认的人权和劳工权益，为劳工提供社会保护、促进劳工体面地劳动。它以公约和建议书的形式制定国际劳工标准，确定基本劳工权益的最低标准，涵盖结社自由、组织权利、集体谈判、废除强迫劳动、机会和待遇平等以及其他规范整个工作领域工作条件的标准。

国际劳工组织诞生于1919年。在1919年2月至3月举行的巴黎和会期间，国际劳工立法委员会召开会议。会议起草了《国际劳工组织章程》，并被写入后来的《凡尔赛和约》。《凡尔赛和约》明确赋予了国际劳工组织在维护和平中的重要地位。自此汇集了政府、工人和雇主三方代表的国际劳工组织正式成立。1919年10月，在华盛顿召开的第一届国际劳工大会通过了六项国际劳工公约，这些公约分别就工业部门工时、失业、生育保护、妇女夜间工作、工业部门最低就业年龄，以及工业部门未成年人夜间工作等问题制定了标准。截至今日，国际劳工组织制定的公约已达几百项，对世界各国影响深远。很多当今人们认为理所当然的理念，不管是性别平等还是反对就业歧视，都是由国际劳工组织最先在国际层面引导讨论的。

（二）国际劳工公约的主要内容与适用范围

截至2021年，国际劳工组织通过的有关劳工标准的国际公约共有190个，建议书共计206个。其涉及内容十分广泛，主要包括以下方面：(1) 结社自由与集体谈判权；(2) 就业自由选择权，禁止强迫劳动；(3) 就业均等权利与男女同工同酬权利；(4) 禁止使用童工；(5) 合理工作条件的权利（包括工资、工时、休息、休假及职业安全卫生等）。涉及的立法范围包括：基本权利，就业政策，工作条件，社会保障，女工、童工、未成年工、老年工人以及特殊工人的劳动保护、劳动福利，劳动关系，劳动管理等。国际劳工公约最重要的 8 个核心公约，分别是：《强迫或强制劳动公约》《结社自由和组织权利保护公约》《组织权利和集体谈判权利原则的实施公约》《对男女工人同等价值的工作付予同等报酬公约》《废除强迫劳动公约》《1958 年消除就业和职业歧视公约》《准予就业最低年龄公约》《关于禁止和立即行动消除最有害的童工形式公约》。

制定国际劳工标准是一项需要全球各国政府、工人和雇主组织共同努力的工作。在确定劳动世界的一项问题后，国际劳工组织理事会将在国际劳工大会上就这一议题进行讨论。根据讨论结果，国际劳工组织将制定新的劳工标准，在后续会议上进行讨论，决定是否通过。每一项国际劳工标准需保证有三分之二的多数表决后通过。公约仅对通过或缔约的国家生效。

（三）中国缔结国际劳工公约的情况

中国是国际劳工组织的创始成员国之一，高度重视并积极参与国际劳工组织的活动，与其保持着良好的合作关系，出席了历届劳工局理事会以及国际劳工大会。迄今，中国共批准了 25 项国际劳工公约，包括 4 个核心公约：1990 年正式批准《对男女工人同等价值的工作付予同等报酬公约》，促进并保证了实行男女同工同酬；1998 年正式批准《准予就业最低年龄公约》，目的是消除童工劳动；2002 年正式批准《关于禁止和立即行动消除最有害的童工形式公约》，旨在禁止和消除最有害的童工形式；2005 年正式批准《1958 年消除就业和职业歧视公约》，禁止在就业和职业领域基于性别的歧视。

9.2 《世界人权宣言》

《世界人权宣言》（Universal Declaration of Human Rights，下文简称《宣言》）是联合国的基本法之一，旨在维护人权并使人权得到表述和保障，详细规定了国际人权法案中的基本权利和自由，为国际人权领域的实践奠定了基础，是人权史上具有里程碑意义的文件。《宣言》由来自世界各个地区不同法律和文化背景的代表起草，于 1946 年首次提出，1948 年 12 月 10 日在巴黎召开的联合国大会上通过第 217A（II）号决议并颁布。作为一部宣言，它对世界任何国家都没有法律约束力，仅供各国传播、展示、阅读和阐述等。

（一）《世界人权宣言》的制定与发展

联合国的成立以及《联合国宪章》的制定为《宣言》的诞生提供了大的历史背景。第一，第二次世界大战结束不久，人民和政府认识到维护基本人权的重要性。第二，反法西斯战争的胜利也削弱了各国统治阶级中压迫和敌视人民的保守势力，壮大了广大群众争取自由、平等、民主、进步的力量。他们呼吁改变因种族、性别、职业和财产等差异而在享受人权方面存在的社会歧视和立法不平等现象，呼吁政府维护、改善和扩大公民的基本权利。最后，二战后，亚非拉原殖民附属国人民的民族解放情绪高涨，促使违背人权基本原则的世界殖民体系面临瓦解。

在第一届联合国大会上，巴拿马代表提交了一份关于基本人权的提案并被接受，1947 年年初建立了人权委员会负责起草《宣言》草案。人权委员会所召开的会议决定以宣言的形式起草世界人权宪章。之后经过各国代表磋商，1948 年 12 月 10 日，通过了《宣言》。至今，《宣言》已被翻译成超 500 种语言，并被全世界各国人民阅读和传播。

（二）《世界人权宣言》的主要内容

《宣言》的内容包括序言和 30 条正文条款。第 1 条至第 29 条为实质性内容，第 30 条为宣言的范围限制部分，约定该宣言的任何条文不得解释为默许任何国家、集团或个人有权进行任何旨在破坏《宣言》所载的任何权利和自由的活动或行为。

序言部分列举了制定《宣言》的 7 个重要原因。在正文条款部分，《宣言》列举了应该受到国家充分保障的 25 项权利。其中包括 19 项公民和政治权利，以及 6 项经济、社会和文化方面的权利。《宣言》规定的公民权利和政治权利包括：生命、自由和人身安全；不被使为奴隶或受奴役；不遭受酷刑或残忍的、不人道的或侮辱性的待遇或刑罚；在法律面前的人格权；受到法律平等保护的权利；在受到损害时得到补救的基本权利；不受任意逮捕、拘留或流放的权利；受刑事指控时的公正和公开审讯权；无罪推定的权利；私生活、家庭、住宅和不受任意干预，荣誉和名誉不受攻击权；行动和居住自由的权利；在其他国家寻求和享受庇护以避免迫害权；享有国籍、改变国籍并不受任意剥夺权；婚姻和成立家庭权；财产所有权；思想、良心和宗教自由权；主张和发表意见的自由权；和平集会与结社自由、不被强迫隶属于某一团体权；直接或通过自由选择的代表参与治理本国、拥有平等机会参加本国公务和普遍与平等的投票权。《宣言》规定的经济、社会、文化权利主要包括：享受社会保障和个人尊严与人格自由发展所必需的各种权利；工作、自由选择职业、享受公正和合适的工作条件并免于失业的权利，同工同酬的权利，参加工会的权利；妇女和儿童享受特别照顾和协助的权利；受教育的权利；自由参加社会的文化生活、享受艺术并分享科学进步及其产生的福利的权利，人人对其所创作之任何科学、文学或美术作品而产生的精神和物质的利益拥有受保护的权利；要求使本《宣言》所载权利和自由能获充分实现的社会和国际的秩序的权利。

9.3 《准予就业最低年龄公约》

《准予就业最低年龄公约》（Minimum Age Convention），是国际劳工组织拟定的、于1973年6月26日在国际劳工组织大会第五十八届会议上通过并开放给各国签字、批准和加入的公约。它要求会员国制定有关法律，限制最低就业年龄，目的是消除童工劳动。该公约于2000年4月28日对中国生效。中国同时声明如下：在中华人民共和国领土内及中华人民共和国注册的运输工具上就业或者工作的最低年龄为16周岁。中央政府为香港特别行政区所做的声明如下：第一，就香港特别行政区而言，公约第二条所指的最低年龄为15岁；第二，就香港特别行政区而言，公约第三条修改为：（一）如获劳工处处长的书面批准，年满15岁但不满16岁的人士，可受雇于《工厂及工业经营条例》所界定的危险行业和使用木工机械工作；（二）如获得酒牌局的书面批准，年满15岁但不满16岁的人士，在上午6时至晚上 10 时，可在持牌供应酒类以供饮用的处所或其附近受雇。

（一）《准予就业最低年龄公约》的制定与发展

在人类社会很长的一段历史时期内，儿童都是作为成人世界的附属物、国家和家庭的私有财产，即作为权利的客体而存在，成人可以根据自己的需要任意地处置、买卖儿童，将其作为劳动工具，甚至任意剥夺其生命。"儿童权利""童工权利"是伴随着资本主义工业革命、资产阶级革命和启蒙运动而被提出的。第一次世界大战结束后，由于一些社会、经济原因，儿童被迫从事繁重的工作，他们的基本人权得不到尊重和保障。童工问题引起了国际劳工组织的密切关注。国际劳工组织依据经济部门，先后通过了1919年《（工业）最低年龄公约》、1920年《（海上）最低年龄公约》、1921年《（农业）最低年龄公约》等劳工公约，为废除童工提供了专门的国际法依据。

然而，随着人类社会生产力水平的不断提高，越来越多的经济部门产生了。以往以经济部门为标准而制定的公约不全面的缺陷也逐渐显现出来。1973年6月26日国际劳工组织通过了《准予就业最低年龄公约》。这一文件将逐步替代现有的适用于有限经济部门的文件，以达到全面废除童工的目的。各缔约成员也都受此公约影响，对其国内法与儿童权利相关的内容进行了制定或完善。

（二）《准予就业最低年龄公约》的主要内容与适用范围

《准予就业最低年龄公约》由两部分组成：第一部分为序言，明确了其目的在于全面废除童工；第二部分为18个正文条款。正文第一条是对公约生效会员的约束，要求生效的会员承诺执行一项政策，以保证有效地废除童工。第二条至第八条为实质性条款，对就业最低年龄进行了详细描述和限制。第九条是行政类条款，是与实施、修正、批准、生效、解约、登记等相关的行政内容。《准予就业最低年龄公约》仅对173个缔约成员具有法律约束力。至今，印度等一些剥削儿童问题十分严重的国家尚未批准该公约。

9.4 《准予就业最低年龄公约》关键条款

【精选一】

Article 1

Each Member for which this Convention is in force undertakes to pursue a national policy designed to ensure the effective abolition of child labour and to raise progressively the minimum age for admission to employment or work to a level consistent with the fullest physical and mental development of young persons.

第 1 条

凡本公约对其生效的会员国，承诺执行一项国家政策，以保证有效地废除童工并将准予就业或工作的最低年龄逐步提高到符合年轻人身心最充分发展的水平。

【精选二】

Article 3

1. The minimum age for admission to any type of employment or work which by its nature or the circumstances in which it is carried out is likely to jeopardise the health, safety or morals of young persons shall not be less than 18 years.

2. The types of employment or work to which paragraph 1 of this Article applies shall be determined by national laws or regulations or by the competent authority, after consultation with the organisations of employers and workers concerned, where such exist.

3. Notwithstanding the provisions of paragraph 1 of this Article, national laws or regulations or the competent authority may, after consultation with the organisations of employers and workers concerned, where such exist, authorise employment or work as from the age of 16 years on condition that the health, safety and morals of the young persons concerned are fully protected and that the young persons have received adequate

specific instruction or vocational training in the relevant branch of activity.

第 3 条

1. 准予从事按其性质或其工作环境很可能有害年轻人健康、安全或道德的任何职业或工作类别，其最低年龄不得小于十八岁。

2. 本条第 1 款适用的职业类别应由国家法律或条例，或由主管当局在与有关的雇主组织和工人组织（如存在此种组织）协商后确定。

3. 尽管有本条第 1 款的规定，国家法律或条例，或主管当局在与有关的雇主组织和工人组织（如存在此种组织）协商后可准予从十六岁起就业或工作，条件是必须充分保护有关年轻人的健康、安全和道德，这些年轻人必须在有关的活动部门受过适当的专门指导或职业训练。

【精选三】

Article 7

1. National laws or regulations may permit the employment or work of persons 13 to 15 years of age on light work which is—

（a）not likely to be harmful to their health or development; and

（b）not such as to prejudice their attendance at school, their participation in vocational orientation or training programmes approved by the competent authority or their capacity to benefit from the instruction received.

2. National laws or regulations may also permit the employment or work of persons who are at least 15 years of age but have not yet completed their compulsory schooling on work which meets the requirements set forth in sub-paragraphs（a）and（b）of paragraph 1 of this Article.

3. The competent authority shall determine the activities in which employment or work may be permitted under paragraphs 1 and 2 of this Article and shall prescribe the number of hours during which and the conditions in which such employment or work may

be undertaken.

4. Notwithstanding the provisions of paragraphs 1 and 2 of this Article, a Member which has availed itself of the provisions of paragraph 4 of Article 2 may, for as long as it continues to do so, substitute the ages 12 and 14 for the ages 13 and 15 in paragraph 1 and the age 14 for the age 15 in paragraph 2 of this Article.

第7条

1. 国家法律或条例得允许年龄为十三岁至十五岁的人在从事轻工作的情况下就业或工作，这种工作是：

（a）大致不会危害他们的健康或发育；并

（b）不会妨碍他们上学、参加经主管当局批准的职业指导或培训计划或从所受教育中获益的能力。

2. 国家法律或条例还得允许年龄至少为十五岁但还未完成其义务教育的人从事符合本条第1款（a）和（b）项所要求的工作。

3. 主管当局应确定按照本条第1款和第2款的规定得被允许就业或工作的活动，并应规定从事此种就业或工作的工作小时数和工作条件。

4. 尽管有本条第1款和第2款的规定，已援用第2条第4款的会员国，只要其继续这样做，得以十二岁和十四岁取代本条第1款的十三岁和十五岁，并以十四岁取代本条第2款的十五岁。

9.5 案例：M国服务项目劳工雇用案

案例要点：M国管理服务项目员工超长期雇用案例

2010年2月，Z公司在M国注册成立了服务子公司，与M国的T客户签订了5年期（2010年4月—2015年3月）的管理服务项目合同，根据M国民法第613a法规要求"人员随业务同步转移"，故Z公司从T客户处接收了221名员工成为Z公司的正式员工。由于缺乏相关经验，没有和T客户协商转移前的员工薪酬冻结问题，T客户将人员转移给Z公司前突然大幅涨薪，导致Z公司需要多支付上百万美元的人员转移成本，侵蚀项目盈利。2014年合同续签开始进入正式谈判阶段。2015年3月，T客户决定将Z公司承接的管理服务项目业务转授予A公司，随后开始人员转移谈判。项目转移带来的最大问题就是人员的处理问题，尤其是针对前T客户员工的安置是项目急需解决的痛点，如果无法将人员成功转移出去，Z公司将需支付一笔巨额的人员遣散费用，同时对Z公司的声誉造成极大的负面影响。

管理服务合同退出条款约定：（一）一旦合同终止，T客户没有义务接收Z公司现有员工，现有员工的责任和义务还保留在Z公司；（二）T客户有权自由选择员工，发起新的合同，一旦员工接受录用通知，Z公司必须同意，如员工不接受录用通知，Z公司需承担所有员工的责任和义务。参照M国民法"7步法"[1.业务类型是否相似；2.有形资产是否转移；3.无形资产是否转移；4.业务经营是否终止；5.转移前后业务的相似度；6.大部分雇员（或关键人员）的留置；7.客户和供应商关系的保留的标准]，不能完全明确是否构成业务转移，能否人员转移。经过各方立场分析及M国法律条款解读，T客户基于网络稳定的需求，同时要兼顾其前员工的安置，人员转移更符合其利益诉求。A公司基于竞争、成本原因等不愿意接收，但基于业务及客户的担心也有潜在的员工接受诉求。基于此情况判断，A公司采取两种措施：（一）M国法律条款规定要求接收50%以上人员，按照"7步法"的第6条判定，构成"业务转移"场景，总结实际情况考虑，其决定接收140人；（二）由Z公司先安排离职释放员工，由Z公司承担员工进入A公司之前的历史工龄赔偿，A公司再接收释放的员工。

最终根据M国民法要求，在获取工会的批准后，实际转移至A公司140人，Z公司协调转移至第三方59人（仍然参与Z公司业务）。在本案中，Z公司由于在接收T客户员工前大幅涨薪，并且因人员转移出去需要付高额的员工补偿，造成Z公司本项目严重亏损，同时其子公司破产。

第 10 章　国际竞争

国际组织为规范社会经济活动和经济关系，保护社会公益消费者利益，消除不利条件扩大国际贸易维护发展中国家利益，制定了大量的经济法律、法规。如：1884 年《巴黎公约》明确了不正当竞争行为的定义，规定了对不正当行为的制裁措施和一般救济程序；WTO 本着最惠国待遇、国民待遇、透明度的三项基本原则，通过了《关税与贸易总协定》《服务贸易总协定》《与贸易有关的知识产权协议》《关于解决争端规则与程序的谅解书》，对关税限制、数量限制、国家专控产品贸易、与知识产权有关的不正当竞争行为做了规制；联合国贸易与发展会议（UNCTAD，简称贸发会议）于 2004 年公布了最新版本《竞争法示范法》，对滥用市场支配地位，限制性行为的通知制度以及对消费者的保护等做了明确规定，为各国制定竞争原则起到了示范性作用。

10.1　联合国《竞争法示范法》

（一）联合国《竞争法示范法》的制定与发展

1980 年，联合国贸易与发展会议通过了《关于控制限制性商业惯例的公平原则和规则的多边协议》。1984 年，联合国贸易与发展会议又以它为蓝本完成了《消除或控制限制性商业惯例法律范本》（以下简称《法律范本》）。2003 年 2 月 19 日，竞争法与竞争政策特别专家组会议在日内瓦召开，对其做了进一步的修改并于 2004 年公布了最新版本，称为《竞争法示范法》。

（二）联合国《竞争法示范法》的主要内容与适用范围

2004 年发布的《竞争法示范法》共分三个部分：第一部分是正文，共计 13 条；第二部分是条文的注释；第三部分是附件。正文部分结构为：第一条、第二条是

《竞争法示范法》的目标、适用范围和相关定义；第三条规定限制性协议；第四条规定滥用市场支配地位；第五条规定限制性行为的通知制度；第六条规定影响集中市场的合并；第七条规定竞争主管机关与有关管理机构，包括部门管理者的关系；第八条规定消费者保护问题；第九条、第十条规定竞争主管机关的设置、组织及其职能和权力；第十一条、第十二条、第十三条规定程序问题，包括处罚和救济、上诉以及损害赔偿。《竞争法示范法》为各国及区域制定公平的竞争原则及对应国际措施起到了示范作用。

10.2 联合国《竞争法示范法》关键条款解读

CHAPTER IV

Acts or behaviour constituting an abuse of a dominant position of market power

I. Prohibition of acts or behaviour involving an abuse, or acquisition and abuse, of a dominant position of market power A prohibition on acts or behaviour involving an abuse or acquisition and abuse of a dominant position of market power:

(i) Where an enterprise, either by itself or acting together with a few other enterprises, is in a position to control a relevant market for a particular good or service, or groups of goods or services;

(ii) Where the acts or behaviour of a dominant enterprise limit access to a relevant market or otherwise unduly restrain competition, having or being likely to have adverse effects on trade or economic development.

II. Acts or behaviour considered as abusive:

(a) Predatory behaviour towards competitors, such as using below cost pricing to eliminate competitors;

(b) Discriminatory (i.e. unjustifiably differentiated) pricing or terms or conditions in the supply or purchase of goods or services, including by means of the use of pricing policies in transactions between affiliated enterprises which overcharge or undercharge for goods or services purchased or supplied as compared with prices for similar or comparable transactions outside the affiliated enterprises;

(c) Fixing the prices at which goods sold can be resold, including those imported and exported;

(d) Restrictions on the importation of goods which have been legitimately marked abroad with a trademark identical with or similar to the trademark protected as to identical or similar goods in the importing country where the trademarks in question are of the same origin, i.e. belong to the same owner or are used by enterprises between which there is economic, organizational, managerial or legal interdependence, and where the purpose of such restrictions is to maintain artificially high prices;

(e) When not for ensuring the achievement of legitimate business purposes, such as quality, safety, adequate distribution or service:

(i) Partial or complete refusal to deal on an enterprise's customary commercial terms;

(ii) Making the supply of particular goods or services dependent upon the acceptance of restrictions on the distribution or manufacture of competing or other goods;

(iii) Imposing restrictions concerning where, or to whom, or in what form or quantities, goods supplied or other goods may be resold or exported;

(iv) Making the supply of particular goods or services dependent upon the purchase of other goods or services from the supplier or his designee.

III. Authorization or exemption

Acts, practices or transactions not absolutely prohibited by the law may be authorized or exempted if they are notified, as described in article 7, before being put into effect, if all relevant facts are truthfully disclosed to competent authorities, if affected parties have an opportunity to be heard, and if it is then determined that the proposed conduct, as altered or regulated if necessary, will be consistent with the objectives of the law.

第四条

构成滥用市场支配地位的行动或行为

一、禁止滥用或取得和滥用市场支配地位的行动或行为

在下述情况下禁止滥用或取得和滥用市场支配地位的行动或行为：

（一）一企业单独或连同少数其他企业如能操纵某一种或某一类商品或服务的相关市场；

（二）占支配地位的企业的行动或行为限制了他人进入相关市场，或不适当地限制了竞争，因而对贸易或经济发展造成或可能造成不利影响。

二、视为滥用的行动或行为

（a）对竞争者的掠夺性行为，例如用低于成本的大削价淘汰竞争者；

（b）在商品或服务的提供或购买上采用歧视性（即无正当理由区别对待的）定价或条款或条件，包括在联属企业的交易中采用定价政策，与联属企业以外的相同或类似交易价格相比，对购买或提供的商品或服务多收或少算费用；

（c）限定售出商品的转售价格，包括进出口商品的转售价格；

（d）对于在国外合法标有商标的商品，如其商标与进口国中受保护的相同或类似商品的商标相同或类似，且为同一来源，即属于同一所有人，或供在经济、组织、管理或法律上相互依存的企业使用，限制这种商品进口，而限制的目的在于维持人为的高价；

（e）非为确保实现诸如质量、安全、充分经销或服务等正当商业目的的行动或行为：

（一）全部或部分拒绝按企业惯用的商业条件进行交易；

（二）将某种商品或服务的供应，以接受对竞争商品或其他商品的经销或生产施加的限制为条件；

（三）限定所供应商品或其他商品转售或出口的地点、对象、形式或数量；

（四）将某些商品或服务的供应，以向供应人或他指定的人购买其他商品或服务为条件。

三、批准或豁免

凡属本法不绝对禁止的行动、惯例或交易，只要实施前按第 7 条规定进行申报，如实向主管当局申明所有有关细节，受影响各方也有机会陈述意见，由此而断定所议行为如经必要改变或调整后符合本法的目标，即可予以批准或豁免。

10.3 案例：巴西涉华袜业案

案例要点：巴西终止对涉华袜子反倾销调查案[①]

2020 年 8 月 17 日，巴西外贸秘书处在《联邦政府公报》发布 2020 年第 53 号公告，应巴西纺织服装工业协会提交的申请，对原产于中国内地、巴拉圭、中国香港的袜子启动反倾销立案调查。2021 年 3 月 12 日，巴西外贸秘书处于《联邦政府公报》发布 2021 年第 19 号公告称，对原产于中国内地和中国香港的袜子作出反倾销肯定性初裁，裁定中国内地浙江某企业的倾销幅度为 99.6%，中国内地其他企业的倾销幅度为 245.5%，中国香港企业的倾销幅度为 923.0%，但不建议对中国内地和中国香港涉案产品征收临时反倾销税；对原产于巴拉圭的袜子作出否定性初裁。

2021 年 8 月 30 日，巴西外贸秘书处于《联邦政府公报》发布 2021 年第 54 号公告称，对原产于中国内地、巴拉圭、中国香港的袜子作出反倾销终裁，因申请人提供的信息不足且缺乏准确性，故终止对本案的反倾销调查，结束公共利益评估。

---

① 案例来源：中华人民共和国商务部 WTO/FPA 咨询网。

第 11 章 出口管制

各国出于对国家安全和外交政策等的考虑，在出口管制方面制定了许多政策和法规。1949 年，巴黎统筹委员会制定的《巴黎统筹协定》是较早的出口管制政策。巴黎统筹委员会解体后，《瓦森纳安排》对前者的管制原则做了进一步适应调整。1979 年，美国商务部出台了《出口管理条例》。2020 年 10 月 17 日，十三届全国人大常委会通过的《中华人民共和国出口管制法》标志着我国出口管制领域有了第一部专门法律。出口管制的法律不断丰富，促使企业在参与国际贸易、引进和出口国外先进产品和技术的过程中，需要了解并遵循各国不断发展变化的出口管制条例，并建立一套有效的出口合规管理体系。

11.1 巴黎统筹委员会

巴黎统筹委员会的成立与发展

美国"对共产党国家出口管制统筹委员会"（Coordinating Committee for Export to Communist Countries，COCOM，简称"巴统"），1949 年 11 月正式成立。作为第二次世界大战后西方发达工业国家在国际贸易领域中形成的一个非官方国际机构，其宗旨是限制成员国向社会主义国家出口战略物资和高新技术。自 1949 年起，欧洲经济复兴计划参加国就多次集会讨论对苏联的贸易管制分歧。由此建立了一个由有关国家政府高级官员组成的"协商团体"，下设由事务级官员组成的技术专家处和秘书处来协调解决这些分歧。"巴统"先后将军事武器装备、尖端技术产品和稀有物资等三大类上万种产品列入禁运清单。

进入 20 世纪 80 年代中期后，"巴统"对中国先后放宽总计约 48 种"绿区"技术产品出口审批程序。其后，"巴统"又决定对中国实行自由出口，出口审批权下放给各成员国，不再逐项报批。

11.2 《瓦森纳协定》

（一）《瓦森纳协定》的形成与发展

随着冷战的结束，巴黎统筹委员会于1994年3月31日的荷兰瓦森纳高级会议上正式解散。与会代表基于巴黎统筹委员会的控制清单，做出新的安排，即《瓦森纳安排》（又称《瓦森纳协定》）。

《瓦森纳协定》，全称为《关于常规武器和两用物品及技术出口控制的瓦森纳协定》（The Wassenaar Arrangement on Export Controls for Conventional Arms and Dual-Use Good and Technologies），该协定未正式列举被管制国家，中国和以色列不是缔约国，但仍受到缔约国向非缔约国出售限制货品或技术的报告审核限制。每6个月，成员国需通报向成员国以外国家出口传统武器的情况。

《瓦森纳协定》2019年年底进行了新一轮的修订，《军民两用商品和技术清单》共有243页，其中正文241页，比2018年版多了3页内容，增加了两条有关半导体领域的出口管制内容，主要涉及计算光刻软件以及12英寸晶圆技术。目前，最先进的光刻设备EUV光刻机仍然处于《瓦森纳协定》的管制范围之内，在最新修订的条款中没有更改，如光源波长短于193纳米，生产最小可分辨特征尺寸（MRF）为45纳米或更小的图案（MRF= 曝光光源波长 ×0.35/NA）。而在此基础之上，新修订的《瓦森纳协定》又在先进光刻软件及300毫米大硅片方面进行了管制。

（二）《瓦森纳协定》的主要内容和运行机制

《瓦森纳协定》将控制物品清单分为军品清单、军民两用品及技术清单两部分。第一，军民两用品和技术清单，涵盖了先进材料、材料处理、电子器件、计算机、电信与信息安全、传感与激光、导航与航空电子仪器、船舶与海事设备、推进系统等9大类；第二，军品清单，涵盖了各类武器弹药、设备及作战平台等共22类。中国同样在被禁运国家之列。2000年6月欧盟理事会通过了"1334号法令"，该法令详细列举了军民两用品和技术清单，以及武器清单，其基本内容与《瓦森纳协定》的清单没有太大差别。在军民两用品和技术清单方面，该法令涉及核材料、技术与设备，新材料、化学品、"微生物和有毒物品"，材料处理，电子，计算机，电信和"信息安全"，传感和激光，导航与电子，船舶，推进系统、航天器及其相关设备等共 10 大类。这项法令后来经过多次修订，目前成为对华高科技出口管制的主要"指导性文件"。

《瓦森纳协定》的运行机制可分为三个方面。第一，成员国对控制清单上物项的出口实行国家控制，即由各国政府自行决定是否允许或拒绝转让某一物品，并在自愿基础上向其他成员国通报有关信息，协调控制出口政策。信息交换仅限于向非成员国的出口，成员国间的贸易无须通报。第二，成员国同意相互通报关于转让的许可与拒绝信息。一国通报拒绝转让某项目不意味着其他成员国有拒绝类似转让的义务。但是，如果一成员国批准了一个转让许可证，而过去三年中另一成员国曾拒批与此项目"基本相同"的转让，该国有义务在 60 天之内向其他成员国做出通报，但其他成员国无权否决此项交易。《瓦森纳协定》对交换的信息予以保密，并视同享有特权的外交通信。第三，各国对同意转让或拒绝转让项目的通报建立在"自行全权决定"的基础上，所有措施均由各国自主决定执行。

11.3 《出口管理条例》

(一)《出口管理条例》的形成与发展

美国大陆会议在 1775 年通过了最初的出口法规，主要是用来限制和英国的贸易往来。据美国历史材料记载，随后国会制定了在战争时期限制向其他国家的出口管制法。20 世纪 60 年代末期，出口管制政策开始考虑需要利用美国境内公司的技术优势来促进出口。1969 年，新的出口管制法放松了许多方面的管制。如：要求政府在制定管制政策时，考虑特定产品和技术是否已经可以从外国购买到。1979 年，美国商业部工业安全局颁布了《出口管理条例》（Export Administration Regulation, EAR）。现行的 EAR 的法律依据是《出口管制改革法》（Export Control Reform Act, ECRA）（2018 年）。

（二）《出口管理条例》的主要内容与适用范围

《出口管理条例》的核心内容是限制或禁止任何公司、任何人与"特定国家"或该"特定国家"的公司进行与"管制物品"相关的"交易"。"管制物品"是指美国商务部制定的《商业管制清单》中明确列举的原产于美国的产品或技术，也包含一部分虽未列入《商业管制清单》但按其他法律法规被指定为由其管辖的产品及技术。"特定国家"是指《商业国家列表》中列明的且被确定为应受到出口限制或禁止的国家。"交易"是指下列情形之一：直接将"管制物品"出口、投资于受出口限制或禁止的"特定国家"；将"管制物品"组装、制造成自己的产品后，或将包括"管制物品"的物品或技术出口、转出口至或投资于"特定国家"；通过第三方或变相实施上述行为。

11.4 《瓦森纳协定》2019年新增条款解读

2019年，《瓦森纳协定》有两处重要修改：

3. D. 3. Computational lithography "software" specially designed for the development of patterns on EUV-lithography masks or reticles.

Computational lithography is the use of computer modeling to predict, correct, optimize and verify imaging performance of the lithography process over a range of patterns, processes, and system conditions。

发展EUV光刻掩膜而设计的计算机光刻软件。

计算机光刻软件是使用计算机建模，预测、修正、优化及验证光刻工艺在一系列的图案、工艺及系统条件下的成像表现。

3. E. 4. "Technology" "required" for the slicing, grinding and polishing of 300 mm diameter silicon wafers to achieve a 'Site Front least sQuares Range'（'SFQR'）less than or equal to 20 nm at any site of 26 mm × 8 mm on the front surface of the wafer and an edge exclusion less than or equal to 2 mm. Technical Note For the purpose of 3.E.4., 'SFQR' is the range of maximum deviation and minimum deviation from front reference

plane, calculated by least square method with all front surface data including site boundary within a site.

技术要求对 300 毫米直径的硅片的切片、研磨以及抛光的局部平整度达到要求。在硅片的任意 26 毫米 ×8 毫米的局部表面平整度差要求等于或者小于 20 纳米。局部平整度（SFQR）代表最大与最小的偏离差，在整个晶圆表面（包括晶圆边缘）使用最小方格法检查而得到。

GENERAL TECHNOLOGY NOTE

The export of "technology" which is "required" for the "development", "production" or "use" of items controlled in the Dual-Use List is controlled according to the provisions in each Category. This "technology" remains under control even when applicable to any uncontrolled item. Controls do not apply to that "technology" which is the minimum necessary for the installation, operation, maintenance (checking) or repair of those items which are not controlled or whose export has been authorized. Controls do not apply to "technology" "in the public domain", to "basic scientific research" or to the minimum necessary information for patent applications.

通用技术注释

出口"开发""生产""使用"两用清单所列物品所需的"技术"，按每一类别的规定加以控制。这种"技术"即使适用于任何不受管制的物项，也仍然受到控制。管制措施不适用于安装、操作、维护（检查）或修理不受管制或已获准出口的物项所需的最低限度的"技术"。控制不适用于"公共领域"的"技术"、"基础科学研究"或专利申请的最低限度必要信息。

《军民两用商品和技术清单》新增

Category 1 Special Materials and Related Equipment　　第一类　特殊材料和相关设备
Category 2 Materials Processing　　第二类　材料加工
Category 3 Electronics　　第三类　电子产品

Category 4　Computers	第四类　计算机
Category 5 - Part 1　Telecommunications	第五类之一　电信
Category 5 - Part 2　Information Security	第五类之二　信息安全
Category 6　Sensors and Lasers	第六类　传感器与激光
Category 7　Navigation and Avionics	第七类　导航及航空电子
Category 8　Marine	第八类　海洋技术
Category 9　Aerospace and Propulsion	第九类　航空航天推进系统
Appendix I　Sensitive List	附录一　敏感清单
Appendix II　Very Sensitive List	附录二　非常敏感清单

a）系统、设备和组件

对半导体集成电路进行了诸多限制，涵盖：单片集成电路、混合集成电路、多芯片集成电路、薄膜型集成电路（包括蓝宝石上硅集成电路）、光集成电路、三维集成电路、单片微波集成电路（MMIC）。具体来说包括：微处理器、微计算机电路、微控制器、DSP、ADC/DAC、光器件、FPGA、FFT 处理器、存储器（SRAM、NVM）、微波器件。

b）测试、检测、制造设备

包括原子层外延设备（ALE）、金属有机物化学气相沉积设备（MOCVD）、分子束外延生长设备（MBE）、光刻设备（包括纳米压印）。其中光刻设备管制范围说明如下：光源波长短于 193 纳米，生产最小可分辨特征尺寸（MRF）为 45 纳米或更小的图案。EUV 光刻机在管制范围内。

c）材料

包括衬底材料和 193 纳米用光刻胶。半导体基板衬底说明非常明确，其范围包括硅片（Silicon Wafer）、锗片、碳化硅片以及 III-V 族的镓和铟材料，以及晶锭、晶棒等。内容也对高电阻率材料进行了说明，并且标注了注意事项。因为高阻抗率材料可以用来生产超高压、超大电流的器件，可以转用于军事领域。

d）软件

包括为规定的设备开发的软件，以及用来开发 EUV 光刻掩模或掩模板上的图案的软件。

e）技术

包括浮点运算计算技术、HEMT 和 HBT 等一系列技术。

11.5 案例：BIS（美国商务部工业与安全局）贸易合规案例集

2017—2020 年 BIS 执法典型案例[①]

日期	国家	主体	事项
2020 年 8 月 24 日	新加坡	NORDIC MARITIME, PTE. LTD.	违反《出口管理条例》（EAR），违法出口受控设备
2020 年 7 月 20 日	美国	Broad Tech System. Inc.	违反《出口管理条例》（EAR），试图出口化学制品至禁运国家
2020 年 12 月 18 日	保加利亚	Multi Technology Integration Group EEOD	违反《国际紧急经济权力法》（IEEPA）、《出口管制改革法》（ECRA），出口辐射硬化电路至禁运国家
2019 年 7 月 19 日	伊朗	ETCO-FZC	违反《出口管理条例》（EAR），试图出口燃气轮机零件至禁运国家
2019 年 5 月 22 日	美国	Gene Shilman（个人）	违反《武器出口管制法》、《出口管理条例》（EAR），非法出口枪支
2019 年 3 月 21 日	澳大利亚	ICM Components, Inc.	违反《出口管理条例》（EAR），出口飞机零件至禁运国家
2018 年 12 月 14 日	美国	Access USA Shipping Inc.	违反《出口管理条例》（EAR），非法出口枪支激光瞄准器
2018 年 10 月 1 日	美国	Bryan Evan Singer（个人）	违反《出口管理条例》（EAR），出口电子设备至禁运国家
2018 年 4 月 18 日	美国	Federal Express Corporation	违反《出口管理条例》（EAR），协助出口半导体产品至禁运国家

---

① 案例来源：美国商务部工业和安全局官网。

第 12 章　国际销售

由于不同国家发布的与国际贸易买卖相适应的国内法各不相同，增加了参与国际贸易的买卖方的交易难度。寻求一个世界法令是不可避免的发展趋势。在这一大背景下，《联合国国际货物销售合同公约》应运而生。该公约详细规定了国际贸易参与方履行合同所承担的权利和义务、违反合同的补救措施、根本违约和预期违约的区别、风险转移的场景约定、免责等事项，其翔实的描述及设计，是国际商事合同起草的重要参考依据及援引。

12.1　国际货物销售合同简介

销售合同的签订是进行货物交易的重要法律保护手段。尤其是国际货物销售合同履行期较长且涉及商事关系复杂，在设计上更需要精细化考量。因此，在国际货物销售合同磋商的过程中，双方需要就合同的具体事项进行讨论，包括货物数量和价格、付款方式、装运和保险、产品规格、担保事项、违约救济等。同时，还会规定货物在运输过程中遭到损失时的责任归属。在处理合同履行争议时，选择争议方式及适用等。

一个有效的合同基本满足如下要素：

（1）合同是经当事方一致同意达成的协议，且当事方通过文字或行为来表示受其约束的意图；

（2）合同必须有对价（一种合法利益的交换或一种法律损害的负担）；

（3）合同当事方具有法律行为能力（不能是未成年人、无民事行为能力的人、受毒品或者酒精影响的人）；

（4）合同不违法或有悖于公共政策。

12.2 《联合国国际货物销售合同公约》

《联合国国际货物销售合同公约》(the United Nations Convention on Contracts for the International Sale of Goods, 缩写为 CISG, 简称《销售公约》)是以《国际货物销售统一法》和《国际货物买卖合同成立统一法》为基础修订起草的。该公约旨在减少国际贸易的法律障碍, 促进国际贸易的发展和处理国际货物买卖关系, 于 1988 年 1 月 1 日正式生效。截至 2020 年 10 月, 澳大利亚、加拿大、中国、法国、德国、意大利、日本、韩国、美国等相继承认该公约。中国于 1986 年交存核准书并提出两项保留意见: (1) 不同意扩大《销售公约》的适用范围, 只同意《销售公约》适用于缔约国的当事人之间签订的合同。(2) 不同意用书面以外的其他形式订立、修改和终止合同。2013 年 1 月中国政府正式通知联合国秘书长, 撤回对《联合国国际货物销售合同公约》所作 "不受公约第十一条及与第十一条内容有关的规定的约束" 的声明, 该撤回已正式生效。

图 12-1 签约

（一）《联合国国际货物销售合同公约》的主要内容与适用范围

《联合国国际货物销售合同公约》共分为四个部分: (1) 适用范围; (2) 合同的成立; (3) 货物买卖; (4) 最后条款。全文共 101 条。公约的主要内容包括以下四个方面。第一, 公约的基本原则: 建立国际经济新秩序的原则、平等互利原则与兼顾不同社会、经济和法律制度的原则。这些基本原则是执行、解释和修订公约的依据, 也是处理国际货物买卖关系和发展国际贸易关系的准绳。第二, 适用范围。(1) 公约只适用于国际货物买卖合同, 即营业地在不同国家的双方当事人之间所订立的货物买卖合同,但对某些货物的国际买卖不能适用该公约做了明确规定;(2)公约适用于当事人在缔约国内有营业地的合同,但如果根据适用于"合同"的冲突规范,该"合同"应适用某一缔约国的法律,这种情况也应适用,而不管合同当事人在该缔约国有无营业所,对此规定,缔约国在批准或者加入时可以声明保留;(3)双方当事人可以在合同中明确规定不适用该公约(适用范围不允许缔约国保留)。第三,合同的订立,包括合同的形式和发价(要约)与接受(承诺)的法律效力。第四,买方和卖方的权利义务:(1)卖方责任主要表现为三项义务——交付货物、移交一切与货物有关的单据、移转货物的所有权;(2)买方的责任主要表现为两项义务——支付货物价款、收取货物;(3)详细规定卖方和买方违反合同时的补救办法;(4)规定了风险转移的几种情况;(5)明确了根本违反合同和预期违反合同的含义以及当这种情况发生时,当事人双方所应履行的义务;(6)对免责根据的条件做了明确的规定。

《联合国国际货物销售合同公约》是一个私法性条约,适用于调整国际货物销售合同中的法律关系。公约第2条对不属公约管辖的销售做了归纳,明确规定公约不适用于以下销售:

(1)针对私人、家人或家庭使用的货物的销售。这种销售交易一般被称作消费品买卖交易,而不是通常意义上的货物进出口交易,因此不在公约的适用范围之内。

(2)经由拍卖的销售。这种销售交易通常是处于拍卖地法律的实际控制之下的,因此,亦不受公约的支配。

(3)根据法律执行令状或其他令状的销售。这种销售交易不是由当事人的销售合同规定的。

(4)公债、股票、投资证券、流通票据或货币的销售。此类销售不是货物销售,亦不在公约的适用范围之内。

(5)船舶、船只、气垫船或飞机的销售。此类商品的销售具有明显的特殊性,例如在销售合同的履行上通常没有包装和装运等内容,因此亦不宜适用公约的规定。

(6)电力的销售。电力的销售亦有明显的特殊性,例如其传输无须通过船舶等运输工具,而是通过导线,因此亦不宜适用公约的规定。

(二)《联合国国际货物销售合同公约》的特点

《销售公约》统一了两大法系的规则

前面讲道,《销售公约》第七条规定:"在解释本公约时,应考虑到本公约的国际性质和促进其适用的统一以及在国际贸易上遵守诚信的需要。"各国学者也反复援引第七条,以解释公约是统一法。其中"统一"即 unification 的含义,学者解释为与"协调",即 harmonization 相区分。

"统一"意味着最终的选择是单一的,而非多元的。正是由于公约是一部统一法,因而其制定及未来修改的难度非常大。所以《销售公约》为了达到统一的目的,在整个起草的过程中经历了极为漫长艰苦的谈判。最终找到了一个折中的方案,尽可能在全球范围内达成共识。从这一点上来讲,《销售公约》是两大法系的规则相互协调的产物,不仅考虑了发达国家的经验,也考虑到了发达国家和发展中国家的不同利益和要求,因此具有广泛的代表性。

《销售公约》对缔约方具有强行效力

《销售公约》对缔约方而言是强行法。也就是说,任何国家,只要签字加入了该公约并成为缔约方,就应当履行公约所规定的义务,除非其对公约的某些条款做出了保留。如果签订公约时没有做出保留,那么缔约方的法院、仲裁机构在当事人没有明确排除适用的情况下,对于国际货物买卖的纠纷就当然适用公约。

那么,《销售公约》对于非缔约方究竟有没有效力呢?这个问题是十分复杂的,所以《销售公约》对该问题的态度也比较含糊,并没有规定完全无效,只能通过国际私法规则来进行。但是从原则上讲,公约对于非缔约方没有强行效力,而只对缔约方具有强行效力。

《销售公约》是具有国际法性质的法律渊源

《销售公约》第七条规定:"在解释本公约时,应考虑到本公约的国际性质和促进其适用的统一以及在国际贸易上遵守诚信的需要。"国际性和统一性是公约的两个基本属性。强调公约的国际性,意在表明《销售公约》是一个不依赖于任何国内法体系的制度。因此在解释时要将其看作国际法文件,不能按照解释国内法的规则对其进行解释。

《销售公约》是强行法和实体法,而非软法和示范法

《销售公约》是强行法和实体法,而不是软法或者示范法,是对缔约国具有强制性的法律,因此要把公约同示范法严格区别开来。"软法"是法律发展的一个新趋向,它未经主权国家所认可和批准,但当事方可以选择将其适用于仲裁,并且只有当事人选择适用方可生效。如果当事方不选择适用,则法官就无法援引来裁判案件。示范法则不需要任何国家的批准,也不需要政府代表反复磋商谈判和协调,它只需要获得学者的认可。其可以作为立法的参考,供当事方选择适用。因此即便公约本身有缺陷,也很难通过制定示范法来修复。公约是经过多国反复谈判磋商缔结的,若要对公约进行修改,就必然面临寻求共识和达成一致的困难。

(三)中国《民法典》中合同编对《销售公约》的借鉴

合同的订立

在合同订立规则方面,公约在要约承诺制度方面借鉴了两大法系的经验,形成了较为完备的合同订立的规则,这些规则也为《中华人民共和国民法典》合同编大量借鉴,具体表现在以下几个方面。第一,《销售公约》第15条第1项规定:"发价于送达被发价人时生效。"如果在要约发出以后,因传达要约的信件丢失或没有传达，不能认为要约已经送达。该规则被《民法典》合同编第474条所采纳。公约第15条第2项规定："一项发价，即使是不可撤销的，得予撤回，如果撤回通知于发价送达被发价人之前或同时，送达被发价人。"《民法典》合同编第475条采纳了该规则所确定的要约撤回制度。

合同形式

公约对合同的形式采取了非要式主义的模式。公约第11条规定："销售合同无须以书面订立或书面证明，在形式方面也不受任何其他条件的限制。销售合同可以用包括人证在内的任何方法证明。"这就表明第11条并没有禁止当事人对合同订立的形式作出特别规定。合同订立的形式可以根据当事人的意愿确定。根据此条，如果书面合同以口头甚至默示的方式终止，或者以口头形式修改书面形式，这可能会给国际贸易带来不确定性。但缔约国对合同形式的非必要要求仍有广泛的共识。虽然我国在加入公约时对公约第11条采取了声明和保留的方式，但公约的规定在《民法典》合同编第471条中得到了采纳。因此，2013年，中国撤回了对公约第11条的保留声明。

排除履行不能

履行不能是合同法考虑的核心问题之一。以德国法为代表的大陆法系国家普遍采用了履行不能的概念。履行不能一般可分为两类：自始不能与嗣后（以后）不能。自始不能决定合同是否成立或有效的问题，而嗣后不能则属于债务履行及违约问题。在合同有效期内，如果发生嗣后不能，除不能归责于双方的情况，则构成特殊的违约形式。但公约没有采纳履行不能的概念，相反，公约认为，原则上在订立合同时已出现履行不能的合同是有效的。根据风险是否转移确定责任人。如果由于履行不能导致无法履行合同，无论是自始不能还是嗣后不能，除非有法律理由可以免除，否则将构成不履行合同的责任。这就确立了履行不能转化为违约责任的规则。我国《民法典》采用了公约的做法，并且《民法典》并不是简单地确认自始不能导致合同无效,同时也借鉴公约的经验,以"违反义务"作为确定债务人责任的依据。

严格责任

关于责任的认定,有两种观点,一种是过错责任,另一种是严格责任。英美法系采用严格责任,重在法律效力,强调违约损害赔偿不具有惩罚性,相应的救济是不问过错的;而大陆法系采用过错责任,行为人只对其主观上有过错的不履行义务的违法行为承担民事责任。公约根据英美法系的经验,确立了严格责任。第45条第1款规定,买方有权寻求救济,如果卖方不履行其在合同和本公约中规定的义务,应当承担违约责任。公约第61条第1款规定:如果买方不履行其在合同和本公约规定的任何义务,卖方有权寻求救济。《民法典》采取了严格责任;同时在具体规定中有许多规定采取了过错责任,如保管不当等。

预期违约

《销售公约》单独设立第五章第一节规定预期违约制度。《销售公约》第72条规定:"(1)如果在履行合同日期之前,明显看出一方当事人将根本违反合同,另一方当事人可以宣告无效;(2)如果时间许可,打算宣告合同无效的一方当事人必须向另一方当事人发出合理的通知,使他可以对履行义务提供充分保证;(3)如果另一方当事人已声明他将不履行其义务,则上一款的规定不适用。"该条分别确立了默示预期违约和明示预期违约制度,并设置了不同的救济规则。《民法典》合同编第577条规定:"当事人一方不履行合同义务或者履行合同义务不符合约定的,应当承担继续履行、采取补救措施或者赔偿损失等违约责任。"这就确认了预期违约制度,其中关于明示违约规则的规定,显然是受到公约的影响。

根本违约

根本违约是指一方违反合同,给另一方造成损害,导致守约方不能实现缔约目的。在根本违约的情况下，守约方有权解除合同。这一制度起源于欧美法，是由欧美法中的条件和保证条款分类发展而来的概念。按照《销售公约》第 51 条规定，买方只有在完全不交付货物或不按照合同规定交付货物等于根本违反合同时，才可以宣告整个合同无效。例如，出售的货物已损坏，且不符合明示的质量标准，构成根本违约。根本违约制度严格限制了合同解除的条件，为合同的严格遵守建立了重要的法律保障。《民法典》合同编第 563 条第 4 项规定："当事人一方迟延履行债务或者有其他违约行为致使不能实现合同目的"，可以解除合同。该条款将根本违约作为了兜底条款，这实际上是将根本违约作为违约解除的主要条件。

（四）《销售公约》优先适用法律模式

目前，德国、法国、中国、俄罗斯等缔约国适用程度较高，而另一些缔约国适用情况并不理想，甚至完全没有适用公约判例。这些忽视或轻视公约优先适用的缔约国不仅仅包括贸易经济并不发达的国家，甚至日本、加拿大、澳大利亚等这样的主要贸易缔约国家，通常在国际贸易合同中明确约定不适用《销售公约》，因此《销售公约》的影响仍然微弱，国内法仍然是适用于国际商事争议的主流法源。国际商事条约的实施取决于国内法律制度如何解决与国内法的法律冲突，以及司法避让在多大程度上为国际商事条约的适用创造了空间。各国在论证优先适用公约的法律依据时，采取了不同的法律途径来解决国际商事条约与国内法之间的"法际冲突"，并逐步形成了各国独特的司法裁决模式，这些多样化和灵活的司法适用技能是以各国现有法律制度为基础的。

立法约定

德国一直是《销售公约》适用的典范。不仅案件数量居世界前列，法院判决也呈现出较高水平。德国各级法院较尊重公约的适用性，德国之所以形成普遍尊重《销售公约》的司法惯性，一个重要原因是《德国民法典实施法》明确承认国际商事条约优先于国内冲突法规则，为德国法院提供了明确的法律指导。

希腊在宪法中承认国际法优先国内法,并且是真正优先适用公约的国家。一国宪法中的"国际法优于国内法"原则可以成为国际商事条约优先适用的有效保障。国际商事条约签署和批准后,具有国内法效力,即取代各国国内民商法的相关规定。希腊多起案件中关于准据法选择的裁决,不仅阐明了直接适用公约的统一实体法属性,而且从国内法与国际公约关系的角度确定了公约具有超越相关国内法规定的效力。

法律原则约定

意大利以不同的方式发展了特别法优于普通法的司法判决模式。公约特殊性体现在两个方面:一是调整范围的特殊。国际商事条约的属人范围和事务范围更加具体,《销售公约》仅适用于营业地在不同缔约国的国际买卖合同,并且排除了特定国际商事合同和国内合同的适用,国际私法则没有这种限制而普遍适用于所有国际民商事合同;二是适用方法的特殊,《销售公约》规定了更为具体的"国际私法"规则,具有法律适用的优势,因而应优先于普通冲突规则。

综上所述,各国处理国际商事条约与国内法关系的路径具有多样性和灵活性特点,其共性都是从本国已有法律制度前提出发,使《销售公约》优先效力获得来自国内法层面的尊重与认可,并在司法实践中打破国内法和冲突法的适用惯性。

12.3 《联合国国际货物销售合同公约》关键条款解读

【精选一】

PART I-Sphere of Application and General Provisions

Chapter I-Sphere of Application

Article 1

(1) This Convention applies to contracts of sale of goods between parties whose places of business are in different States:

(a) when the States are Contracting States; or

(b) when the rules of private international law lead to the application of the law of a Contracting State.

(2) The fact that the parties have their places of business in different States is to be disregarded whenever this fact does not appear either from the contract or from any dealings between, or from information disclosed by, the parties at any time before or at the conclusion of the contract.

(3) Neither the nationality of the parties nor the civil or commercial character of the parties or of the contract is to be taken into consideration in determining the application of this Convention.

Article 2

This Convention does not apply to sales:

(a) of goods bought for personal, family or household use, unless the seller, at any time before or at the conclusion of the contract, neither knew nor ought to have known that the goods were bought for any such use;

(b) by auction;

(c) on execution or otherwise by authority of law;

(d) of stocks, shares, investment securities, negotiable instruments or money;

(e) of ships, vessels, hovercraft or aircraft;

(f) of electricity.

第一部分 适用范围和总则

第一章 适用范围

第一条

(1) 本公约适用于营业地在不同国家的当事人之间所订立的货物销售合同：

(a) 如果这些国家和地区是缔约方；或

(b) 如果国际私法规则导致适用某一缔约方的法律。

（2）当事人营业地在不同国家的事实，如果从合同或从订立合同前任何时候或订立合同时，当事人之间的任何交易或当事人透露的情报均看不出，应不予考虑。

（3）在确定本公约的适用时，当事人的国籍和当事人或合同的民事或商业性质，应不予考虑。

第二条

本公约不适用于以下销售：

（a）购供私人、家人或家庭使用的货物的销售，除非卖方在订立合同前任何时候或订立合同时不知道而且没有理由知道这些货物是购供任何此类使用；

（b）经由拍卖的销售；

（c）根据法律执行令状或其他令状的销售；

（d）公债、股票、投资证券、流通票据或货币的销售；

（e）船舶、船只、气垫船或飞机的销售；

（f）电力的销售。

Chapter II-General Provisions

Article 7

（1）In the interpretation of this Convention, regard is to be had to its international character and to the need to promote uniformity in its application and the observance of good faith in international trade.

（2）Questions concerning matters governed by this Convention which are not expressly settled in it are to be settled in conformity with the general principles on which it is based or, in the absence of such principles, in conformity with the law applicable by virtue of the rules of private international law.

Article 11

A contract of sale need not be concluded in or evidenced by writing and is not subject to any other requirement as to form. It may be proved by any means, including witnesses.

第二章 适用范围

第七条

（1）在解释本公约时，应考虑到本公约的国际性质和促进其适用的统一以及在国际贸易上遵守诚信的需要。

（2）凡本公约未明确解决的属于本公约范围的问题，应按照本公约所依据的一般原则来解决，在没有一般原则的情况下，则应按照国际私法规定适用的法律来解决。

第十一条

销售合同无须书面订立或书面证明，在形式方面也不受任何其他条件的限制。销售合同可以用包括人证在内的任何方法证明。

【精选二】

PART II-Formation of the Contract

Article 16

（1）Until a contract is concluded an offer may be revoked if the revocation reaches the offeree before he has dispatched an acceptance.

（2）However, an offer cannot be revoked:

（a）if it indicates, whether by stating a fixed time for acceptance or otherwise, that it is irrevocable; or

（b）if it was reasonable for the offeree to rely on the offer as being irrevocable and the offeree has acted in reliance on the offer.

Article 18

（1）A statement made by or other conduct of the offeree indicating assent to an offer is an acceptance. Silence or inactivity does not in itself amount to acceptance.

（2）An acceptance of an offer becomes effective at the moment the indication of assent reaches the offeror. An acceptance is not effective if the indication of assent does not reach the offeror within the time he has fixed or, if no time is fixed, within a reasonable time, due account being taken of the circumstances of the transaction, including the rapidity of the means of communication employed by the offeror. An oral offer must be accepted immediately unless the circumstances indicate otherwise.

(3) However, if, by virtue of the offer or as a result of practices which the parties have established between themselves or of usage, the offeree may indicate assent by performing an act, such as one relating to the dispatch of the goods or payment of the price, without notice to the offeror, the acceptance is effective at the moment the act is performed, provided that the act is performed within the period of time laid down in the preceding paragraph.

第二部分　合同的订立

第十六条

（1）在未订立合同之前，发价得予撤销，如果撤销通知于被发价人发出接受通知之前送达被发价人。

（2）但在下列情况下，发价不得撤销：

（a）发价写明接受发价的期限或以其他方式表示发价是不可撤销的；或

（b）被发价人有理由信赖该项发价是不可撤销的，而且被发价人已本着对该项发价的信赖行事。

第十八条

（1）被发价人声明或做出其他行为表示同意一项发价，即是接受，缄默或不行动本身不等于接受。

（2）接受发价于表示同意的通知送达发价人时生效。如果表示同意的通知在发价人所规定的时间内，如未规定时间，在一段合理的时间内，未曾送达发价人，接受就成为无效，但须适当地考虑到交易的情况，包括发价人所使用的通信方法的迅速程序。对口头发价必须立即接受，但情况有别者不在此限。

（3）但若根据该项发价或依当事人之间确立的习惯做法和惯例，被发价人可以做出某种行为，例如与发运货物或支付价款有关的行为，来表示同意，而无须向发价人发出通知，则接受于该项行为做出时生效，但该项行为必须在上一款所规定的期间内做出。

【精选三】

PART III-Sale of Goods

Chapter II-Obligations of the Seller

Article 30

The seller must deliver the goods, hand over any documents relating to them and transfer the property in the goods, as required by the contract and this Convention.

Article 48

(1) Subject to article 49, the seller may, even after the date for delivery, remedy at his own expense any failure to perform his obligations, if he can do so without unreasonable delay and without causing the buyer unreasonable inconvenience or uncertainty of reimbursement by the seller of expenses advanced by the buyer. However, the buyer retains any right to claim damages as provided for in this Convention.

(2) If the seller requests the buyer to make known whether he will accept performance and the buyer does not comply with the request within a reasonable time, the seller may perform within the time indicated in his request. The buyer may not, during that period of time, resort to any remedy which is inconsistent with performance by the seller.

(3) A notice by the seller that he will perform within a specified period of time is assumed to include a request, under the preceding paragraph, that the buyer make known his decision.

(4) A request or notice by the seller under paragraph (2) or (3) of this article is not effective unless received by the buyer.

Chapter III-Obligations of the Buyer

Article 54

The buyer's obligation to pay the price includes taking such steps and complying with such formalities as may be required under the contract or any laws and regulations to enable payment to be made.

第三部分　货物销售

第二章　卖方的义务

第三十条

卖方必须按照合同和本公约的规定交付货物，移交一切与货物有关的单据并转移货物所有权。

第四十八条

（1）在第四十九条的条件下，卖方即使在交货日期之后，仍可自付费用，对任何不履行义务做出补救，但这种补救不得造成不合理的迟延，也不得使买方遭受不合理的不便，或无法确定卖方是否将偿付买方预付的费用。但是，买方保留本公约所规定的要求损害赔偿的任何权利。

（2）如果卖方要求买方表明他是否接受卖方履行义务，而买方不在一段合理时间内对此一要求做出答复，则卖方可以按其要求中所指明的时间履行义务。买方不得在该段时间内采取与卖方履行义务相抵触的任何补救办法。

（3）卖方表明他将在某一特定时间内履行义务的通知，应视为包括根据上一款规定要买方表明决定的要求在内。

（4）卖方按照本条第（2）款和第（3）款做出的要求或通知，必须在买方收到后，始生效力。

第三章　买方的义务

第五十四条

买方支付价款的义务包括根据合同或任何有关法律和规章规定的步骤和手续，以便支付价款。

【精选四】

Chapter IV-Passing of Risk

Article 66

Loss of or damage to the goods after the risk has passed to the buyer does not discharge him from his obligation to pay the price, unless the loss or damage is due to an act or omission of the seller.

Article 67

(1) If the contract of sale involves carriage of the goods and the seller is not bound to hand them over at a particular place, the risk passes to the buyer when the goods are handed over to the first carrier for transmission to the buyer in accordance with the contract of sale. If the seller is bound to hand the goods over to a carrier at a particular place, the risk does not pass to the buyer until the goods are handed over to the carrier at that place. The fact that the seller is authorized to retain documents controlling the disposition of the goods does not affect the passage of the risk.

(2) Nevertheless, the risk does not pass to the buyer until the goods are clearly identified to the contract, whether by markings on the goods, by shipping documents, by notice given to the buyer or otherwise.

Article 68

The risk in respect of goods sold in transit passes to the buyer from the time of the conclusion of the contract. However, if the circumstances so indicate, the risk is assumed by the buyer from the time the goods were handed over to the carrier who issued the documents embodying the contract of carriage. Nevertheless, if at the time of the conclusion of the contract of sale the seller knew or ought to have known that the goods had been lost or damaged and did not disclose this to the buyer, the loss or damage is at the risk of the seller.

Article 69

(1) In cases not within articles 67 and 68, the risk passes to the buyer when he takes over the goods or, if he does not do so in due time, from the time when the goods are placed at his disposal and he commits a breach of contract by failing to take delivery.

(2) However, if the buyer is bound to take over the goods at a place other than a place of business of the seller, the risk passes when delivery is due and the buyer is aware of the fact that the goods are placed at his disposal at that place.

(3) If the contract relates to goods not then identified, the goods are considered not to be placed at the disposal of the buyer until they are clearly identified to the contract.

第四章　风险移转

第六十六条

货物在风险移转到买方承担后遗失或损坏,买方支付价款的义务并不因此解除,除非这种遗失或损坏是由于卖方的行为或不行为所造成。

第六十七条

(1)如果销售合同涉及货物的运输,但卖方没有义务在某一特定地点交付货物,自货物按照销售合同交付给第一承运人以转交给买方时起,风险就移转到买方承担。如果卖方有义务在某一特定地点把货物交付给承运人,在货物于该地点交付给承运人以前,风险不移转到买方承担。卖方受权保留控制货物处置权的单据,并不影响风险的移转。

(2)但是,在以货物上加标记,或以装运单据,或向买方发出通知或其他方式清楚地注明有关合同以前,风险不移转到买方承担。

第六十八条

对于在运输途中销售的货物,从订立合同时起,风险就移转到买方承担。但是,如果情况表明有此需要,从货物交付给签发载有运输合同单据的承运人时起,风险就由买方承担。尽管如此,如果卖方在订立合同时已知道或理应知道货物已经遗失或损坏,而他又不将这一事实告之买方,则这种遗失或损坏应由卖方负责。

第六十九条

（1）在不属于第六十七条和第六十八条规定的情况下，从买方接收货物时起，或如果买方不在适当时间内这样做，则从货物交给他处置但他不收取货物从而违反合同时起，风险移转到买方承担。

（2）但是，如果买方有义务在卖方营业地以外的某一地点接收货物，当交货时间已到而买方知道货物已在该地点交给他处置时，风险方始移转。

（3）如果合同指的是当时未加识别的货物，则这些货物在未清楚注明有关合同以前，不得视为已交给买方处置。

【精选五】

Chapter V-Provisions Common to the Obligations of the Seller and of the Buyer

Section II-Damages

Article 74

Damages for breach of contract by one party consist of a sum equal to the loss, including loss of profit, suffered by the other party as a consequence of the breach. Such damages may not exceed the loss which the party in breach foresaw or ought to have foreseen at the time of the conclusion of the contract, in the light of the facts and matters of which he then knew or ought to have known, as a possible consequence of the breach of contract.

Article 75

If the contract is avoided and if, in a reasonable manner and within a reasonable time after avoidance, the buyer has bought goods in replacement or the seller has resold the goods, the party claiming damages may recover the difference between the contract price and the price in the substitute transaction as well as any further damages recoverable under article 74.

Article 76

（1）If the contract is avoided and there is a current price for the goods, the party claiming damages may, if he has not made a purchase or resale under article 75, recover the difference between the price fixed by the contract and the current price at the time of avoidance as well as any further damages recoverable under article 74. If, however, the party claiming damages has avoided the contract after taking over the goods, the current price at the time of such taking over shall be applied instead of the current price at the time of avoidance.

(2) For the purposes of the preceding paragraph, the current price is the price prevailing at the place where delivery of the goods should have been made or, if there is no current price at that place, the price at such other place as serves as a reasonable substitute, making due allowance for differences in the cost of transporting the goods.

Article 77

A party who relies on a breach of contract must take such measures as are reasonable in the circumstances to mitigate the loss, including loss of profit, resulting from the breach. If he fails to take such measures, the party in breach may claim a reduction in the damages in the amount by which the loss should have been mitigated.

第五章 卖方和买方义务的一般规定

第二节 损害赔偿

第七十四条

一方当事人违反合同应付的损害赔偿额，应与另一方当事人因他违反合同而遭受的包括利润在内的损失额相等。这种损害赔偿不得超过违反合同一方在订立合同时，依照他当时已知道或理应知道的事实和情况，对违反合同预料到或理应预料到的可能损失。

第七十五条

如果合同被宣告无效，而在宣告无效后一段合理时间内，买方已以合理方式购买替代货物，或者卖方已以合理方式把货物转卖，则要求损害赔偿的一方可以取得合同价格和替代货物交易价格之间的差额以及按照第七十四条规定可以取得的任何其他损害赔偿。

第七十六条

（1）如果合同被宣告无效，而货物又有时价，要求损害赔偿的一方，如果没有根据第七十五条规定进行购买或转卖，则可以取得合同规定的价格和宣告合同无效时的时价之间的差额以及按照第七十四条规定可以取得的任何其他损害赔偿。但是，如果要求损害赔偿的一方在接收货物之后宣告合同无效，则应适用接收货物时的时价，而不适用宣告合同无效时的时价。

（2）为上一款的目的，时价指原应交付货物地点的现行价格，如果该地点没有时价，则指另一合理替代地点的价格，但应适当考虑货物运费的差额。

第七十七条

声称另一方违反合同的一方，必须按情况采取合理措施，减轻由于另一方违反合同而引起的损失，包括利润方面的损失。如果他不采取这种措施，违反合同一方可以要求从损害赔偿中扣除原可以减轻的损失数额。

12.4 案例：卡斯托尼合同纠纷案

案例要点：依据《销售公约》判断国际销售合同效力[①]

博览株式会社、卡斯托尼公司于2010年2月签署《供货合同书》，合同约定，博览株式会社向卡斯托尼公司出售制具（夏普-A）、制具（夏普-B）、制具（夏普-E）各一套，价值为14800美元，博览株式会社必须在2010年3月10日前将设备装船完毕，货物装船之后，卡斯托尼公司应采取电汇形式向博览株式会社支付货款；如发生争议，向卡斯托尼公司住所地具有管辖权的法院提起诉讼。后博览株式会社依约履行了合同义务，卡斯托尼公司一直未付款。博览株式会社提起本案诉讼，请求卡斯托尼公司支付货款14800美元，并承担本案诉讼费用。

---

① 案例来源：中华人民共和国商务部 WTO/FTA 咨询网。

涉案《供货合同书》签订时，博览株式会社的法定代表人金光石同时担任了卡斯托尼公司的副董事长。在该《供货合同书》上需方处盖有卡斯托尼公司的公章，供方处盖有博览株式会社的代表理事朴健一的印章。

本案为国际货物买卖合同纠纷。买卖双方当事人卡斯托尼公司与博览株式会社的营业地分别位于中华人民共和国和韩国境内，而两国均为《联合国国际货物销售合同公约》的缔约国，双方当事人亦未在合同中约定排除该公约的适用，故本案应当适用《联合国国际货物销售合同公约》的规定。

博览株式会社与卡斯托尼公司签订涉案《供货合同书》后，博览株式会社已经向卡斯托尼公司交付了货物，按照双方在涉案《供货合同书》中的约定，货物装船之后，卡斯托尼公司应采取电汇形式向博览株式会社支付货款。而卡斯托尼公司在收货后未能按合同约定支付货款，根据《联合国国际货物销售合同公约》第六十一条第（1）款（a）项"如果买方不履行他在合同和本公约中的任何义务，卖方可以行使第六十二条至第六十五条所规定的权利"以及第六十二条"卖方可以要求买方支付价款、收取货物或履行他的其他义务，除非卖方已采取与此一要求相抵触的某种补救办法"的规定，博览株式会社要求卡斯托尼公司支付货款14800美元的请求，应予以支持。

卡斯托尼公司提出博览株式会社的法定代表人金光石在卡斯托尼公司担任总经理期间，存在自我交易并从中获得收益的禁止性行为，所以双方签订的买卖合同无效的主张。因卡斯托尼公司提供的证据不足以证明该主张，且属于另一法律关系。同时《联合国国际货物销售合同公约》第四条规定，"……本公约除非另有明文规定，与以下事项无关：（a）合同的效力，或其任何条款的效力，或任何惯例的效力……"，该公约并没有就国际货物买卖合同效力问题进行规定。因此，对于卡斯托尼公司的该项主张，不予采信。

尽管涉案《供货合同书》签订时，博览株式会社的法定代表人金光石同时担任了卡斯托尼公司的副董事长，但该合同双方是博览株式会社与卡斯托尼公司，而并非金光石个人与卡斯托尼公司之间的交易，且收货人也是卡斯托尼公司。最终天津高级人民法院判决：自判决生效之日起十日内，卡斯托尼公司给付博览株式会社货款 14800 美元。

第 13 章　知识产权

知识产权是指权利人对其智力劳动所创作的成果和经营活动中的标记、信誉等所依法享有的专有权利。它是人类智慧创造出来的无形的财产，一般只在有限时间内有效，具有无形性、时间性、专有性、地域性等特点。知识产权可分为工业产权与版权两类，工业产权包括发明（专利）、商标、工业品外观设计和地理标志，版权则包括文学和艺术作品、著作权等。1884 年，人类历史上第一个保护工业产权的重要公约生效，它就是《巴黎公约》。生效后的两年，即 1886 年，世界上第一个关于著作权保护的国际版权条约——《伯尔尼公约》诞生。《巴黎公约》与《伯尔尼公约》一起构成了全世界范围内保护工业产权"硬实力"和文化版权"软实力"的两个"基本法"。经过一个世纪的发展，在 1994 年，《与贸易有关的知识产权协议》诞生，它吸收了这两大公约的优秀内容并结合时代特征进行内容增补，形成了一个完备的保护知识产权的协定，至今在世界范围内影响重大。

13.1　《巴黎公约》

《巴黎公约》是《保护工业产权巴黎公约》（Paris Convention for the Protection of Industrial Property）的简称，是人类历史上第一个保护知识产权的重要公约，基本目的是保证一成员国的工业产权在所有其他成员国都得到保护。《巴黎公约》于 1883 年 3 月 20 日在法国巴黎通过并签订，1884 年 7 月 7 日生效，截至 2020 年 10 月，《巴黎公约》已有 177 个缔约方，是缔约方最为广泛的知识产权条约之一。中国于 1985 年 3 月 19 日正式加入并声明不受公约第 28 条第 1 款的约束："本联盟两个或两个以上国家之间对本公约的解释或适用有争议不能依谈判解决时，有关国家之一可以按照国际法院规约将争议提交该法院，除非有关国家就某一其他解决办法达成协议。将争议提交该法院的国家应通知国际局，国际局应将此事提请本联盟其他国家注意。"中国在加入该公约前后，还制定了与之相配套的诸如《商标法》《专利法》《反不正当竞争法》《消费者权益保护法》《广告法》等法律。

（一）《巴黎公约》的制定与发展

《巴黎公约》是顺应当时人们普遍希望在国际上建立世界范围内的协调各国工业产权法律的强烈要求而制定的。19世纪末，各工业国家为了垄断市场，迫切要求扩大专利的保护范围，以便将本国的专利权扩展到国外。但各国之间的专利相关法律各不相同且仅仅在本国生效，这给众多的工业发明国家之间进行技术交流带来了巨大的困难。虽然本国的发明可以跨越国界，但却大多得不到其他国家的专利保护。部分可给予他国专利保护的国家，却给他国设置了极其不便利的专利保护申请手续。这些问题给国际上的经济贸易交流带来了极大的阻碍。因此，加强对发明进行国际保护的呼声逐渐高涨起来，专利制度国际化的需求被提出，各国希望形成一些国际协调组织和协调原则来克服上述困难，以使同一个发明能够在世界多数国家受到保护。

《巴黎公约》签订的直接起因是1873年在奥匈帝国首都维也纳举办的国际发明博览会。当时举办方邀请世界上工业发达的各国厂商参加博览会，但受邀的许多国家的发明者考虑到其展览品没有受到充分的法律保护，不愿参展，导致博览会的创办受到阻碍。奥匈帝国政府考虑有关国家的提议，一方面公布了一项特别法对所有外国参展者的发明等提供暂时性保护，另一方面为召开第一次外交会议做准备工作。

图 13-1　博览会

1878年，在巴黎召开了一次有关工业产权的国际性会议，会议讨论了如何解决在工业产权领域的"统一立法"问题，决定制定保护工业产权公约草案。1883年，在巴黎召开的外交会议最终通过了保护工业产权公约，并将其命名为《保护工业产权巴黎公约》。

（二）《巴黎公约》的主要内容与适用范围

《巴黎公约》自1883年签署以来，已做过多次修订，现行的是1980年2月在日内瓦修订的文本。公约共30条，分为3组。第一部分为实质性条款，保证各个成员国的基本权利，对公约保护范围、成员国"国民待遇"、保护对象进行详细阐述；第二部分为行政性条款，如联盟大会、执行委员会、国际局的设立、财务制度和分配原则等；第三部分是关于成员国的加入、批准、适用、争议、退出及接纳新成员国等内容，被称为"最后条款"。《巴黎公约》主要有以下几个原则：（1）国民待遇原则。非联盟成员国的国民如果在成员国领土内有永久住所或者有真实的正当的工商营业所，享有与联盟成员国国民同样的待遇。（2）优先权原则。该原则指以某一申请人在一个巴黎联盟成员国为一项工业产权提出的正式申请为基础，在此后一定时期内（6个月或12个月），同一申请人或者他的继承人在其他成员国就同一工业产权申请保护时，该国家应当把该申请人第一次提出申请的日期视为在后来国家的申请日期。（3）各国工业产权独立原则。各成员国授予专利权或者商标权是相互独立的，各国均依据本国法律决定是否给某一申请以工业产权保护，在审查申请是否符合法律规定时，其他国家对同一申请是否授予工业产权不应作为考虑的因素。（4）强制许可原则。各成员国可以采取立法措施，规定在一定条件下可以核准强制许可，以防止专利权人可能对专利权的滥用。（5）驰名商标保护。无论驰名商标本身是否取得了商标注册，各成员国均应禁止他人使用相同或者类似驰名商标的商标，拒绝注册与驰名商标相同或者相似的商标。

根据《巴黎公约》第一条，其适用范围为保护工业产权。工业产权的保护对象有发明专利、实用新型专利、外观设计、商标、服务标记、厂商名称、货源标记或原产地名称。对工业产权应做最广义的理解,其不仅应适用于工业和商业本身,而且也应同样适用于农业和采掘业,适用于一切制成品或天然产品。

13.2 《伯尔尼公约》

《伯尔尼公约》(Berne Convention for the Protection of Literary and Artistic Works)是《保护文学和艺术作品伯尔尼公约》的简称,是关于著作权保护的国际条约,涉及对作品及其作者权利的保护。《伯尔尼公约》于1886年9月9日在瑞士伯尔尼通过,于1887年12月5日生效,后历经多次修订。截至2020年10月,《伯尔尼公约》已有179个缔约方。中国于1992年7月10日加入该公约。

(一)《伯尔尼公约》的制定与发展

19世纪,西欧特别是法国涌现出许多伟大的作家和艺术家,这些国家也就相应地开始重视版权的国际保护。1878年,雨果在巴黎主持召开了一次重要的文学会议,并成立了一个国际文学艺术协会。协会向瑞士政府提出了签订一个保护文学艺术作品的世界性公约的请求。随后瑞士政府派代表主持会议,讨论通过一个条约草案并分送各国进行研究。其后,1883年至1886年在伯尔尼连续召开了3次外交会议,最终草案于1886年9月9日在伯尔尼举行的第三次大会上予以通过,定名为《保护文学和艺术作品伯尔尼公约》。原始签字国有英国、法国、德国、意大利、瑞士、比利时、西班牙、利比里亚、海地和突尼斯10国,这就是世界上第一个国际版权公约,所有参加这一公约的国家组成一个联盟,称伯尔尼联盟。

(二)《伯尔尼公约》的主要内容与适用范围

《伯尔尼公约》从结构上分正文和附件两部分,从内容上分实质性条款和组织管理性条款两部分。正文共38条,其中前21条和附件为实质性条款,正文后17条为组织管理性条款。现行的《伯尔尼公约》的核心是规定了每个缔约方都应自动保护在伯尔尼联盟的其他各国中首先出版的作品和保护其作者是上述其他各国的公民或居民的未出版的作品。联盟各成员必须保证属于其他成员公民的作者享受该国的法律给予其本国公民的权利。如果作品最初是在一个伯尔尼联盟成员国内出版，但其作者是非联盟成员的公民，该成员对这一作品的保护可以只限于作者系其公民的国家对这种作品给予保护的程度。该公约规定了作者享有以下几种财产权利：翻译权、复制权、公开表演权、广播权、公开朗诵权、改编权、延续权。公约保护作者不依赖其财产权利而独立存在的精神权利，就是即使作者把自己某部作品的版权（即财产权利部分）全部转让给了出版者或广播组织，后者也无权将作者的名字从作品上删去，或者篡改他的作品。对文学艺术作品的保护期限为作者有生之年加离世后 50 年，摄影和实用艺术作品的保护期为作品完成之日起 25 年。作者享有和行使版权权利无须履行任何手续。

《伯尔尼公约》保护的作品范围是缔约方公民的或在缔约方内首次发表的作品，包括文学、科学和艺术领域内的一切作品，如图书、讲课、演讲、讲道、戏剧、哑剧、舞蹈、乐曲、电影作品、图画、建筑、雕塑、摄影作品，实用艺术品，地理学、解剖学、建筑学或科学方面的图表、图示及立体作品等。其次还包括"演绎作品"，即翻译作品、改编作品、乐曲整理，以及某一文学或艺术作品的其他改造，只要不损害原作的著作权，这种改造就得到与原作同等的保护。公约对生效时保护期未满的作品也给予保护。

13.3 商业秘密

商业秘密是指不为公众所知悉，具有商业价值，能为权利人带来经济利益，并经权利人采取相应保密措施的技术信息和商业信息。例如产品配方、技术信息等。商业秘密不仅受到双方签署的保密协议的约束，还要遵守相关法律的规定。

企业对科技成果的保护，既可以通过申请专利，也可以将其作为商业秘密保护起来，如在食品、医疗等领域，大多数公司采用商业秘密的方式保护研发成果。而在计算机、通信等高科技行业，因技术更迭迅速，容易被反向工程破解，大多数公司采用申请专利的方式对研发成果进行保护。

表 13–1 专利和商业秘密对比

类型	专利	商业秘密
产生方式	需要申请并得到国家授权,才受到法律保护	无须申请,也无须授权。权利人对尚未公开的有商业价值的技术信息和商业信息采取了保密措施,商业秘密便产生
财产权	独占	采用正当方式获取,同一项商业秘密可以由若干权利人同时享有
保护方式	通过限制使用的方式对专利实施法律保护	通过保密措施保护
保护期限	发明专利:20年 实用新型专利和外观设计专利:10年	无时间限制

13.4 《与贸易有关的知识产权协议》

《与贸易有关的知识产权协议》(Agreement on Trade-Related Aspects of Intellectual Property Rights),中文文献通常简称其为 TRIPs 或 TRIPs 协议,是世界贸易组织于 1994 年乌拉圭回合谈判中起草的一项多边贸易协定。它的形成旨在通过规则的确立与实施,充分有效地保护国际贸易中的知识产权。比较特殊的是,对于 WTO 不同类别的成员,TRIPs 协议规定了不同的过渡期,协议将在不同的时期对不同类别成员正式生效。TRIPs 协议于 1996 年 1 月 1 日对发达国家生效;而对于发展中国家和由计划经济向市场经济过渡的国家,在 2000 年 1 月 1 日生效;最后,对于最不发达国家,原定于 2006 年 1 月 1 日生效,后又推至 2013 年才生效。因签署 TRIPs 协议是 WTO 成员的强制要求,故其具有约束全体 WTO 成员的效力。中国于 2001 年 12 月 11 日正式加入。

(一)《与贸易有关的知识产权协议》的制定与发展

19 世纪下半叶开始,随着《巴黎公约》《伯尔尼公约》等国际公约的缔结和生效,知识产权的国际保护体系逐渐建立起来。20 世纪中后期以来,经济全球化导致各国企业之间的商业竞争愈发激烈,也越来越多地涉及知识产权保护的问题。网络技术的进步，使企业的发明作品可轻易地被其他国家企业复制和发展，复制成本也变得低廉。拥有世界上绝大部分知识产权的发达国家对此强烈不满。同时，发达国家和发展中国家对知识产权保护之间的差异较大，保护著作权的《伯尔尼公约》和保护商标与专利的《巴黎公约》此时已滞后于全球经济一体化的内在需要，难以适应当时社会的状况，开始被人们重新审视，各国开始重新考虑制定关于知识产权的保护措施，试图形成最低保护水平的有效协调机制。

1986年，WTO前身关税与贸易总协定在乌拉圭回合谈判时，一些发达国家声称在知识产权方面遭受了巨大损失，建议制定全面的与贸易有关的知识产权规则，于是该问题被列为乌拉圭回合的正式议题——建立一个全面的知识产权保护制度，弥补世界上现有公约和知识产权国际保护方面的不足。在长达七年的时间里，在吸纳了《巴黎公约》《伯尔尼公约》《罗马公约》和《集成电路知识产权公约》等公约的成果基础上，形成了《与贸易有关的知识产权协议》。它从此成为世界贸易组织的基本法律文件之一。

（二）《与贸易有关的知识产权协议》的主要内容与适用范围

TRIPs协议分为序言和七个部分，共有73个条文。第一部分是总则与基本原则，第二部分为关于知识产权的效力、范围及使用的标准，第三部分是知识产权执法，第四部分是知识产权的获得与维持及相关当事人之间的程序，第五部分是争端的预防与解决，第六部分是过渡期安排，第七部分为机构安排和最后条款。TRIPs协议有关版权的诸多规定均来自《伯尔尼公约》，而有关商标与专利的规定来自《巴黎公约》，但TRIPs协议对知识产权的保护扩大到前所未有的范围，包括著作权与邻接权、商标权、地理标志权、工业品外观设计权、发明专利权、集成电路布图设计（拓扑图）权、未披露的信息（商业秘密）专有权。此保护范围几乎囊括了全部知识产权。

《与贸易有关的知识产权协议》对全体WTO成员适用，各成员可在不违反此协议规定的情况下在其法律中实施比此协议更为广泛的知识产权保护。并且，成员被视为符合《巴黎公约》(1967年)、《伯尔尼公约》(1971年)等公约规定的保护资格标准的自然人或法人。

13.5 《与贸易有关的知识产权协议》关键条款解读

【精选一】

Article 31 Other Use Without Authorization of the Right Holder

Where the law of a Member allows for other use of the subject matter of a patent without the authorization of the right holder, including use by the government or third parties authorized by the government, the following provisions shall be respected:

(a) authorization of such use shall be considered on its individual merits;

(b) such use may only be permitted if, prior to such use, the proposed user has made efforts to obtain authorization from the right holder on reasonable commercial terms and conditions and that such efforts have not been successful within a reasonable period of time. This requirement may be waived by a Member in the case of a national emergency or other circumstances of extreme urgency or in cases of public non-commercial use. In situations of national emergency or other circumstances of extreme urgency, the right holder shall, nevertheless, be notified as soon as reasonably practicable. In the case of public non-commercial use, where the government or contractor, without making a patent search, knows or has demonstrable grounds to know that a valid patent is or will be used by or for the government, the right holder shall be informed promptly;

(c) the scope and duration of such use shall be limited to the purpose for which it was authorized, and in the case of semi-conductor technology shall only be for public non-commercial use or to remedy a practice determined after judicial or administrative process to be anti-competitive;

(d) such use shall be non-exclusive;

(e) such use shall be non-assignable, except with that part of the enterprise or goodwill which enjoys such use;

(f) any such use shall be authorized predominantly for the supply of the domestic market of the Member authorizing such use;

(g) authorization for such use shall be liable, subject to adequate protection of the legitimate interests of the persons so authorized, to be terminated if and when the circumstances which led to it cease to exist and are unlikely to recur. The competent authority shall have the authority to review, upon motivated request, the continued existence of these circumstances;

(h) the right holder shall be paid adequate remuneration in the circumstances of each case, taking into account the economic value of the authorization;

(i) the legal validity of any decision relating to the authorization of such use shall be subject to judicial review or other independent review by a distinct higher authority in that Member;

(j) any decision relating to the remuneration provided in respect of such use shall be subject to judicial review or other independent review by a distinct higher authority in that Member;

(k) Members are not obliged to apply the conditions set forth in subparagraphs (b) and (f) where such use is permitted to remedy a practice determined after judicial or administrative process to be anti-competitive. The need to correct anti-competitive practices may be taken into account in determining the amount of remuneration in such cases. Competent authorities shall have the authority to refuse termination of authorization if and when the conditions which led to such authorization are likely to recur;

(l) where such use is authorized to permit the exploitation of a patent ("the second patent") which cannot be exploited without infringing another patent ("the first patent"), the following additional conditions shall apply:

(i) the invention claimed in the second patent shall involve an important technical advance of considerable economic significance in relation to the invention claimed in the first patent;

(ii) the owner of the first patent shall be entitled to a cross-licence on reasonable terms to use the invention claimed in the second patent; and

(iii) the use authorized in respect of the first patent shall be non-assignable except with the assignment of the second patent.

第三十一条　未经权利持有人授权的其他使用

如一成员的法律允许未经权利持有人授权即可对一专利的客体作其他使用，包括政府或经政府授权的第三方的使用，则应遵守下列规定：

（一）授权此种使用应一事一议；

（二）只有在拟使用者在此种使用之前已经按合理商业条款和条件努力从权利持有人处获得授权，但此类努力在合理时间内未获得成功，方可允许此类使用。在全国处于紧急状态或在其他极端紧急的情况下，或在公共非商业性使用的情况下，一成员可豁免这一要求。尽管如此，在全国处于紧急状态或在其他极端紧急的情况下，应尽快通知权利持有人。在公共非商业性使用的情况下，如政府或合同方未作专利检索即知道或有显而易见的理由知道一有效专利正在或将要被政府使用或为政府而使用，则应迅速告知权利持有人；

（三）此类使用的范围和期限应仅限于被授权的目的，如果是半导体技术，则仅能用于公共非商业性使用，或用于补救经司法或行政程序确定为限制竞争行为；

（四）此种使用应是非专有的；

（五）此种使用应是不可转让的，除非与享有此种使用的那部分企业或商誉一同转让；

（六）任何此种使用的授权应主要为供应授权此种使用的成员的国内市场；

（七）在充分保护被授权人合法权益的前提下，如导致此类使用的情况已不复存在且不可能再次出现，则有关此类使用的授权应终止。在收到有根据的请求的情况下，主管机关有权审议这些情况是否继续存在；

（八）在每一种情况下应向权利持有人支付适当报酬，同时考虑授权的经济价值；

（九）与此种使用有关的任何决定的法律效力应经过司法审查或经过该成员中上一级主管机关的独立审查；

（十）任何与就此种使用提供的报酬有关的决定应经过司法审查或该成员中上一级主管机关的独立审查；

（十一）如允许此类使用以补救经司法或行政程序后确定为限制竞争的行为，则各成员无义务适用（二）项和（六）项所列条件。在确定此类情况下的报酬数额时，可考虑纠正限制竞争行为的需要。如导致授权的条件可能再次出现，则主管机关有权拒绝终止授权；

（十二）如授权此项使用以允许利用一专利（"第二专利"），而该专利在不侵害另一专利（"第一专利"）的情况下不能被利用，则应适用下列附加条件：

（1）与第一专利中要求的发明相比，第二专利中要求的发明应包含重要的、具有巨大经济意义的技术进步；

（2）第一专利的所有权人有权以合理的条件通过交叉许可使用第二专利具有的发明；以及

（3）就第一专利授权的使用不得转让，除非与第二专利一同转让。

【精选二】

Article 39

1. In the course of ensuring effective protection against unfair competition as provided in Article 10bis of the Paris Convention (1967), Members shall protect undisclosed information in accordance with paragraph 2 and data submitted to governments or governmental agencies in accordance with paragraph 3.

2. Natural and legal persons shall have the possibility of preventing information

lawfully within their control from being disclosed to, acquired by, or used by others without their consent in a manner contrary to honest commercial practices so long as such information:

(a) is secret in the sense that it is not, as a body or in the precise configuration and assembly of its components, generally known among or readily accessible to persons within the circles that normally deal with the kind of information in question;

(b) has commercial value because it is secret; and

(c) has been subject to reasonable steps under the circumstances, by the person lawfully in control of the information, to keep it secret.

3. Members, when requiring, as a condition of approving the marketing of pharmaceutical or of agricultural chemical products which utilize new chemical entities, the submission of undisclosed test or other data, the origination of which involves a considerable effort, shall protect such data against unfair commercial use. In addition, Members shall protect such data against disclosure, except where necessary to protect the public, or unless steps are taken to ensure that the data are protected against unfair commercial use.

第三十九条

一、在保证针对《巴黎公约》(1967年)第十条之二规定的不公平竞争而采取有效保护的过程中，各成员应依照第二款对未披露信息和依照第三款提交政府或政府机构的数据进行保护。

二、自然人和法人应有可能防止其合法控制的信息在未经其同意的情况下以违反诚实商业行为的方式向他人披露，或被他人取得或使用，只要此类信息：

（一）属秘密，即作为一个整体或就其各部分的精确排列和组合而言，该信息尚不为通常处理所涉信息范围内的人所普遍知道，或不易被他们获得；

（二）因属秘密而具有商业价值；

（三）由该信息的合法控制人，在此种情况下采取合理的步骤以保持其秘密性质。

三、各成员如要求，作为批准销售使用新型化学个体制造的药品或农业化学物质产品的条件，需提交通过巨大努力取得的、未披露的试验数据或其他数据，则应保护该数据，以防止不正当的商业使用。此外，各成员应保护这些数据不被披露，除非属为保护公众所必需，或除非采取措施以保证该数据不被用在不正当的商业使用中。

13.6 案例：保时捷商标争议案

案例要点：保时捷商标争议案[①]

原告德国保时捷公司，其著名的保时捷盾牌标志已被注册为图形商标，并且该注册商标已在其生产的汽车及其汽车配件上使用。被告是德国一家铝车轮生产厂家，在产品广告中刊登了安装着该厂生产的铝车轮的保时捷汽车图片。原告诉称：被告产品广告上所使用的保时捷盾牌标志清晰可辨，已经侵犯了原告所享有的商标权。

一、斯图加特州高级法院依据德国商标法第 14 条第 2 款，被告刊载的保时捷 911 图片中出现了盾牌图形，认定为商标侵权。判定构成商标侵权的法律规定是：如果使用他人商标仅仅是为了展示自己的产品作为其产品配件或备件，而且这种使用是必要的，则不构成侵权。在该案件中，被告使用原告的商标并非必要。另外，被告的广告中包含原告的商标，也会诱导公众，使其认为被告的产品是经原告检验并经其许可所生产的产品系列之一。因此，斯图加特州高级法院判决被告侵权成立。

二、但德国联邦最高法院认为，斯图加特州高级法院的上述判决理由是站不住脚的，被告并不构成商标侵权。因为被告在广告中刊登保时捷汽车图片主要是为了表示产品的用途，而不是用来指示产品的来源。从整体审美角度来看，轮胎的买家只会对一个已经安装在汽车上的轮胎产生最初的视觉印象，而对一个脱离于汽车本身的轮胎或是仅仅一个单独的车轮截图是很难产生兴趣的，因此最高院认为被告基

---

① 案例来源：中华人民共和国商务部 WTO/FTA 咨询网。

于其产品自身的性质和出于审美的角度，应当使之安装在汽车上进行整体宣传，这是对产品的一种必要描述。最高院还认为，被告使用原告商标也并不违反公序良俗。判断是否违背公序良俗的关键，在于被告是否已尽力去避免误导公众。在此案中，尽管被告将其铝车轮产品安装在保时捷汽车上进行广告宣传，但普通消费者应当很清楚，被告仅仅是宣传自己的车轮产品，而并非宣传原告的产品。在一般情况下，公众最多会认为，被告生产与原告汽车相匹配的配件，而不会认为被告的产品是经原告检验并许可生产的。因此，被告的行为并未超越法律所规定的界限。

第 14 章 隐私保护

隐私保护是指使个人或集体等实体不愿意被外人知道的信息得到应有的保护。隐私包含的范围很广：对于个人来说，一类重要的隐私是个人的身份信息，即利用该信息可以直接或者间接地通过连接查询追溯到某个人；对于集体来说，隐私一般是代表一个团体各种行为的敏感信息。

1890 年，沃伦（Warren）和布兰代斯（Brandeis）在《哈佛法律评论》上发表了《隐私权》(The Right to Privacy) 一文，首次提出了隐私权的概念。他们认为隐私是一种权利，将其定义为独处的权利（right to be left alone）。1980 年经济合作与发展组织发布了隐私指南，1995 年欧盟颁布《个人数据保护指令》。随后，欧盟进一步扩大了关于个人数据的保护范围，于 2018 年 5 月 25 日宣布《通用数据保护条例》(GDPR) 正式生效，欧洲范围内建立起了一套在隐私管理、个人信息安全保护和数据流动之间的复合机制。

14.1 英国《数据保护法》

《数据保护法》(Data Protection Act，简称 DPA) 是英国一项议会法案。它的颁布使英国关于个人信息的处理以及此类信息自由流通的相关规定符合1995年欧盟《个人数据保护指令》中对个人的保护所做出的相关指示。该法规定了八个数据保护原则，以确保信息的依法处理。该法于1998年7月16日发布，2000年3月生效。

（一）《数据保护法》的制定与发展

英国在脱欧前既是经合组织的创始国，也是欧洲委员会成员国，是较早制定个人数据保护法的国家之一。受经合组织的影响，自20世纪90年代起，英国历届政府和议会颁布出台了大量的法律、法规和行政命令。在退出欧盟之前，英国大部分数据治理政策是在欧盟相关指令框架下制定的。1984年，英国议会通过首部《数据保护法》，提出了个人数据保护的基础性原则。1995年，欧盟颁布《个人数据保护指令》，明确保护自然人在个人数据处理中的权利和自由，促进个人数据在共同体内的自由流动。遵照指令要求，英国议会在1998年颁布新版《数据保护法》，明确数据控制者在个人数据处理中的权利、义务及责任，提出公民拥有获取与自身相关数据的权利；同时还要求设立"信息专员"（information commissioner，IC）作为个人数据保护的独立官员，维护数据保护和信息自由的权利，监督数据控制者依原则使用个人数据，保障公民的数据获取权和知情权。2017年8月，英国数字、文化媒体和体育部发布了一份名为《新的数据保护法案：我们的改革》的报告（以下简称"报告"），将通过一部新的数据保护法案，以更新和强化数字经济时代的个人数据保护。根据英国的立法体系，该法案目前还是一项新的法律计划，但在议会两院通过并经女王御准后就会正式成为具有强制力的议会法令，预计将取代实施了二十多年的《数据保护法》（1998年）。

（二）《数据保护法》的主要内容与适用范围

《数据保护法》（1998年）共6章75节，附加16个附录。第一章为基本解释规定，第二章为数据主体及他人权利，第三章为数据控制者通知，第四章为豁免，第五章为强制执行，第六章为杂项和一般事项。该法规定了公民拥有获得与自身相关的全部信息、数据的合法权利，并允许公民修正个人资料中的错误内容。除了部分涉及国家安全、商业机密或个人隐私的信息受到法律规范限制而不得公开，该法同时严格规制税务机关未经授权向第三方泄露纳税人的有关信息。

英国《数据保护法》适用对象既包括组织也包括个人，而且适用领域既包括公权力领域，也包括私权利领域，并且对二者的适用不做区别。受法律约束的对象的具体认定采用了属地主义，其中一类是定居或设立于英国，并在此期间进行数据处理的；另一类是虽然不设立于英国，但在英国设有开展业务的办事处、分支机构或代理机构，或者在英国定期进行经常性活动的；还有一类是既不设立于英国，也没设立于其他欧洲经济区国家，但是使用了位于英国的设备进行数据处理的。不过，如果使用位于英国的设备只是以传输数据为目的，则不在法律约束的适用范围之内。

14.2 欧盟《通用数据保护条例》

《通用数据保护条例》（General Data Protection Regulation，简称 GDPR）是欧洲联盟的条例，前身是欧盟在 1995 年推出的《个人数据保护指令》，是欧盟法律中对所有欧盟个人关于数据保护和隐私的规范，涉及了欧洲境外的个人数据出口。GDPR 主要目标为取回个人对于个人数据的控制，以及为了国际商务而简化在欧盟内的统一规范。本条例在 2016 年 4 月 27 日通过，两年的缓冲期后，在 2018 年 5 月 25 日强制执行。

（一）《通用数据保护条例》的制定与发展

二战之后人权保护成为一个国际问题，最重要的标志就是联合国发布《人权宣言》，把隐私确定为个人的基本权利。20 世纪 70 年代，出现了数据保护的概念，因为计算机开始应用到公共领域，在个人和政府打交道的时候，个人信息就被永久地保存下来，可以被政府长期重复使用。但是随着网络和信息技术的发展，个人信息数据化现象更加普遍，数据收集和共享的规模也不断扩大。间谍、数据泄露等传统风险不断加大，数据歧视、人格物化等新型问题不断凸显。在此背景下，产生于互联网早期的1995年《个人数据保护指令》已不能为个人数据提供充分保护，欧洲民众对于数字经济的信任逐渐降低。基于个人隐私状况，欧盟亟待通过数据保护改革，提高个人数据保护水平，重建欧洲民众对数字经济的信任。因此欧盟在这个背景下，再次启动统一数据保护条例的制定。这便是2018年5月开始生效的《通用数据保护条例》。

2018年1月24日，欧盟委员会发布了《更有力的保护、新机遇——欧盟委员会关于一般数据保护条例适用指南》（Stronger protection, new opportunities–Commission guidance on the direct application of the General Data Protection Regulation）。该指南旨在欧盟GDPR实施在即之际，总结过去两年过渡期的经验，为之后条例的实施提供有效指引。除了该指南，欧盟还分别针对公民、企业发布了一系列的文件以帮助其理解及准确适用GDPR，将GDPR中的重要部分转化成操作性更强的指引规则，以给予义务主体更好的遵从规范。

（二）《通用数据保护条例》的主要内容与适用范围

GDPR法案有11章99条款，具体内容为：第一章是序言，第二章是GDPR的地域适用范围，第三章是个人敏感数据，第四章是问责机制——从设计着手隐私保护和默认隐私保护，第五章是数据主体的权利（知情权），第六章是数据主体的权利（访问权、更正权和可携权），第七章是数据主体的权利（删除权、限制处理权、反对权和自动化个人决策相关权利），第八章是数据处理者，第九章是数据泄露和通知，第十章是数据保护官，第十一章是GDPR下的数据处理者。主要条款包括：对违法企业的罚金最高可达2000万欧元（约合人民币1.5亿元）或者其全球营业额的4%，以高者为准；网站经营者必须事先向客户说明会自动记录客户的搜索和购物记录，并获得用户的同意，否则按"未告知记录用户行为"作违法处理；企业不能再使用模糊、难以理解的语言，或冗长的隐私政策来从用户处获取数据使用许可；明文规定了用户的"被遗忘权"，即用户个人可以要求责任方删除关于自己的数据记录。

GDPR 管辖的范围涵盖所有处理欧盟居民数据的公司，在欧盟地区注册的企业都要遵循它的规定，欧盟之外的企业只要处理欧盟居民的数据也必须遵守该条例。GDPR 大大扩展了其涵盖范围，因此受到了全球的广泛关注，从以往地域上的限制，转变成为凡是向欧盟人民提供产品、服务或监测欧盟境内公民网络行为的境外企业都受其约束。根据欧洲联盟运作条约第 288 条第 2 项，因为 GDPR 属于欧盟条例，不是指令，所以不需经过欧盟成员国立法转换成各国法律，可直接适用。其保护范围宽广，一个人所能产生出的任何数据，几乎都被重新定义为个人数据并受到保护。这些数据包括：个人身份，如电话号码、地址、车牌等；生物特征，如指纹、脸部辨识、视网膜扫描、相片等；电子记录，如 Cookie、IP 位置、移动设备 ID、社群网站活动记录。

GDPR 基本原则包括 7 项：

（1）合法、公平、透明：与数据主体个人相关的数据信息应当以合法、公平、透明方式处理。

（2）数据收集应当有明确的目的：个人信息收集应当目的特定、明确和合法，任何与上述目的不符合的方式将不能继续处理数据。

（3）数据收集最小化：个人数据收集应当仅限于一切与数据处理目的相关的必要数据。

（4）准确性：个人数据应当准确，如果需要尽可能保持最新的数据。

（5）存储限制：在不超过个人数据处理目的之必要的情形下，允许以数据主体可识别的形式保存。

（6）完整性与机密性：以确保个人数据适度安全的方式处理，包括使用适当的技术或组织措施来对抗未经授权、非法的处理、意外遗失、灭失或损毁的保护措施。

（7）问责制：控制者（企业或组织）应该并且能够证明其企业符合 GDPR 的规定。

14.3　GDPR 关键条款解读

【精选一】

Article 5 Principles relating to processing of personal data

1. Personal data shall be:

(a) processed lawfully, fairly and in a transparent manner in relation to the data subject ('lawfulness, fairness and transparency');

(b) collected for specified, explicit and legitimate purposes and not further processed in a manner that is incompatible with those purposes; further processing for archiving purposes in the public interest, scientific or historical research purposes or statistical purposes shall, in accordance with Article 89 (1), not be considered to be incompatible with the initial purposes ('purpose limitation');

(c) adequate, relevant and limited to what is necessary in relation to the purposes for which they are processed ('data minimisation');

(d) accurate and, where necessary, kept up to date; every reasonable step must be taken to ensure that personal data that are inaccurate, having regard to the purposes for which they are processed, are erased or rectified without delay ('accuracy');

(e) kept in a form which permits identification of data subjects for no longer than is necessary for the purposes for which the personal data are processed; personal data may be stored for longer periods insofar as the personal data will be processed solely for archiving purposes in the public interest, scientific or historical research purposes or statistical purposes in accordance with Article 89 (1) subject to implementation of the appropriate technical and organisational measures required by this Regulation in order to safeguard the rights and freedoms of the data subject ('storage limitation');

(f) processed in a manner that ensures appropriate security of the personal data, including protection against unauthorised or unlawful processing and against accidental loss, destruction or damage, using appropriate technical or organisational measures ('integrity and confidentiality').

2. The controller shall be responsible for, and be able to demonstrate compliance with, paragraph 1 ('accountability').

第五条 个人数据处理原则

1. 对于个人数据,应遵循下列规定:

(a) 对于涉及数据主体的个人数据,应当以合法的、合理的和透明的方式来进行处理("合法性、合理性和透明性");

(b) 个人数据的收集应当具有具体的、清晰的和正当的目的,对个人数据的处理不应当违反初始目的。根据第89(1)条,因为公共利益、科学或历史研究或统计目的而进一步处理数据,不视为违反初始目的("目的限制");

(c) 个人数据的处理应当是为了实现数据处理目的而适当的、相关的和必要的("数据最小化");

(d) 个人数据应当是准确的,如有必要,必须及时更新;必须采取合理措施确保不准确的个人数据,即违反初始目的的个人数据,及时得到擦除或更正("准确性");

(e) 对于能够识别数据主体的个人数据,其储存时间不得超过实现其处理目的所必需的时间,超过此期限的数据处理只有在如下情况下才能被允许:为了实现公共利益、科学或历史研究目的或统计目的,为了保障数据主体的权利和自由,并采取了本条例第89(1)条所规定的合理技术与组织措施("限期储存");

(f) 处理过程中应确保个人数据的安全,采取合理的技术手段、组织措施,避免数据未经授权即被处理或遭到非法处理,避免数据发生意外毁损或灭失("数据的完整性与保密性")。

2. 控制者有责任遵守以上第1段,并且有责任对此提供证明("可问责性")。

【精选二】

Article 7　Conditions for consent

1. Where processing is based on consent, the controller shall be able to demonstrate that the data subject has consented to processing of his or her personal data.

2. If the data subject's consent is given in the context of a written declaration which also concerns other matters, the request for consent shall be presented in a manner which is clearly distinguishable from the other matters, in an intelligible and easily accessible form, using clear and plain language. Any part of such a declaration which constitutes an infringement of this Regulation shall not be binding.

3. The data subject shall have the right to withdraw his or her consent at any time. The withdrawal of consent shall not affect the lawfulness of processing based on consent before its withdrawal. Prior to giving consent, the data subject shall be informed thereof. It shall be as easy to withdraw as to give consent.

4. When assessing whether consent is freely given, utmost account shall be taken of whether, inter alia, the performance of a contract, including the provision of a service, is conditional on consent to the processing of personal data that is not necessary for the performance of that contract.

第七条　同意的条件

1. 当处理是建立在同意基础上的，控制者需要能证明，数据主体已经同意对其个人数据进行处理。

2. 如果数据主体的同意是在涉及其他事项的书面声明的情形下做出的，请求获得同意应当完全区别于其他事项，并且应当以一种容易理解的形式，使用清晰和平白的语言。任何违反本条例的声明都不具有约束力。

3. 数据主体应当有权随时撤回其同意。在撤回之前，对于基于同意的处理，其合法性不受影响。在表达同意之前，数据主体应当被告知这点。撤回同意应当和表达同意一样简单。

4. 分析同意是否是自由做出的，应当最大限度地考虑的一点是：对契约的履行——包括履行条款所规定的服务——是否要求同意履行契约所不必要的个人数据处理。

【精选三】

Article 32 Security of processing

1. Taking into account the state of the art, the costs of implementation and the nature, scope, context and purposes of processing as well as the risk of varying likelihood and severity for the rights and freedoms of natural persons, the controller and the processor shall implement appropriate technical and organisational measures to ensure a level of security appropriate to the risk, including inter alia as appropriate:

(a) the pseudonymisation and encryption of personal data;

(b) the ability to ensure the ongoing confidentiality, integrity, availability and resilience of processing systems and services;

(c) the ability to restore the availability and access to personal data in a timely manner in the event of a physical or technical incident;

(d) a process for regularly testing, assessing and evaluating the effectiveness of technical and organisational measures for ensuring the security of the processing.

2. In assessing the appropriate level of security account shall be taken in particular of the risks that are presented by processing, in particular from accidental or unlawful destruction, loss, alteration, unauthorised disclosure of, or access to personal data transmitted, stored or otherwise processed.

3. Adherence to an approved code of conduct as referred to in Article 40 or an approved certification mechanism as referred to in Article 42 may be used as an element by which to demonstrate compliance with the requirements set out in paragraph 1 of this Article.

4. The controller and processor shall take steps to ensure that any natural person acting under the authority of the controller or the processor who has access to personal

data does not process them except on instructions from the controller, unless he or she is required to do so by Union or Member State law.

第三十二条 处理安全性

1.在考虑了最新水平、实施成本、处理的性质、处理的范围、处理的语境与目的,以及处理给自然人权利与自由带来的伤害可能性与严重性之后,控制者和处理者应当采取包括但不限于如下的适当技术与组织措施,以便保证和风险相称的安全水平:

(a)个人数据的匿名化和加密;

(b)保持处理系统与服务的保密性、公正性、有效性以及重新恢复的能力;

(c)在遭受物理性或技术性事件的情形中,有能力恢复对个人数据的获取与访问;

(d)具有为保证处理安全而常规性地测试、评估与评价技术性与组织性手段有效性的流程。

2.在评估合适的安全级别的时候,应当特别考虑处理所带来的风险,特别是在个人数据传输、储存或处理过程中的意外或非法销毁、丢失、篡改、未经授权的披露或访问。

3.遵守第40条所规定的已生效的行为准则,或者遵守第42条所规定的已生效的验证机制,这可以被作为证据之一,证明已经遵守了本条款第1段的要求。

4.控制者和处理者应当采取措施确保,除非接到控制者的指示,任何有权访问个人数据的处理者或任何代表控制者和处理者的自然人都不会进行处理,除非欧盟或成员国法律要求进行处理。

14.4 案例:脸书侵权案

案例要点:未经用户同意泄露用户隐私数据[①]

英国信息专员办公室(ICO)调查发现,2007—2014年期间,因为脸书(Face-

---

① 案例来源:美国商务部工业和安全局官网。

book）[1]允许应用开发者在用户不知情的情况下获取平台用户的个人信息，造成了全球近 8700 万用户的脸书数据被非法获取。其中一部分数据后来共享给了其他一些公司，包括 SCL Group——剑桥分析的母公司。另外，ICO 表示，脸书在发现了其 API 被误用的情况和信息泄露的严重程度之后，依然未采取补救措施。ICO 发现至少有 100 万英国用户的个人信息包含在被收集的数据中，面临被进一步误用的风险。整个非法数据处理过程中，脸书都没对其用户的隐私采取足够的保护。最终 ICO 发布声明，就剑桥分析事件给脸书开出了 50 万英镑的最高罚款。因事件发生在 GDPR 正式实施之前，因此罚款是遵循《数据保护法》（1998 年）开出的最高额罚款，而非 GDPR 中最高全球营业额 4% 的罚款。

第 15 章　国际运输

　　国际运输指用一种或多种运输工具，把货物从一个国家的某一地点运到另一个国家的某一地点的运输。国际运输的方式很多，有海上运输、铁路运输、航空运输等。随着国际贸易活动日益频繁，与运输相关的矛盾屡见不鲜，因此，与国际运输相关的法律规则应运而生。1924 年，有关提单和国际海上货物运输合同领域的第一部国际实体私法条约——《海牙规则》出现。1929 年，对国际航空运输规则进行明确的《华沙公约》面世。1936 年，《国际贸易术语解释通则》首次制定，对国际运输中买卖双方成本及风险做了明确约定。1978 年，对国际海上运输规则进一步完善的《汉堡规则》发布。直至今日，世界各国国内的运输相关法律亦逐步完善，国际运输界的法律保障体系已逐步成熟。

---

[1] 2021 年 10 月，脸书更名为"Meta"。——编者注

15.1 《华沙公约》

《华沙公约》(Warsaw Convention)是《统一国际航空运输某些规则的公约》的简称。它是1929年10月12日在波兰华沙举行的第二次航空私法国际大会上制定的一部关于国际航空运输规则的基本公约，目的是解决飞机失事时，各国因在管辖法院与适用法律的选择上引起的复杂冲突。该公约于1933年2月13日生效。国际民用航空组织网站(http://www.icao.int)2020年10月16日的数据显示，《华沙公约》现有152个缔约方。中国于1958年正式加入。

(一)《华沙公约》的制定与发展

《华沙公约》的制定与产生和航空业的发展及航空事故的发生密切相关。航空业的发展始于20世纪初。1919年8月25日，英国的飞机运输和旅游公司在伦敦和巴黎之间建立了首条国际定期航班服务，飞行事故也开始出现，并且时有发生。而飞行事故的责任赔偿可能导致一家航空公司倒闭。关于事故赔偿责任的争议便成为跨国飞行企业面临的一个巨大问题，迫切需要一部处理国际航空运输中的赔偿责任问题界定的法律。

1923年，法国政府认识到航空运输的法律规则应在国际上统一，以防止不可预见的国际法律冲突和管辖权冲突。于是，法国政府于1925年10月在巴黎召开了第一次航空私法国际大会，22国代表团在巴黎参会开展讨论，他们想制定一部航空法来明确航空公司的赔偿责任。此次会议决定设立"国际法律专家委员会"，这是一个由不同政府任命但以个人身份行事的法律专家组成的机构。该委员会在几届会议上编写了一份公约草案，随后提交1929年10月4日至12日在波兰华沙举行的第二次航空私法国际大会审议。会议审议通过后公约被命名为《统一国际航空运输某些规则的公约》，也就是今天俗称的《华沙公约》。

(二)《华沙公约》的主要内容与适用范围

《华沙公约》共5章41条和一项附加议定书，具体内容为：第一章是公约的范围和定义，第二章为运输凭证，第三章描述了承运人的责任，第四章是关于联合运输的规定，第五章是一般和最后条款。《华沙公约》规定了以航空运输承运人为一方和以旅客、货物托运人与收货人为另一方的法律义务和相互关系。它对航空运输承运人应负的责任确立了三个原则：（1）负过失责任；（2）限定赔偿责任的最高限额；（3）加重空中承运人的责任，禁止滥用免责条款。它是乘客、行李和货物运输法律框架的国际民用航空协定。该协定涵盖了运输条件，界定了承运人在国际航班事故造成灭失、损坏、受伤或死亡时的责任，阐明了索赔和归还程序；规定了航空运输文件（客票、行李票、空运寄售单等）的格式和内容要求。

《华沙公约》是一个私法性条约，适用于调整国际航空运输中的合同法律关系。公约第1章第1条规定的适用范围如下：第一，本公约适用于所有以航空器运送旅客、行李或货物而收取报酬的国际运输。本公约同样适用于航空运输企业以航空器办理的免费运输。第二，本公约所说的"国际运输"一词指：根据当事各方所订的合同，不论在运输中是否有间断或转运，其出发地和目的地是在两个缔约国或非缔约国的主权、宗主权、委任统治权或权力管辖下的领土内有一个约定的经停地点的任何运输。在同一缔约国的主权、宗主权、委任统治权或权力管辖下的领土间的运输，如果没有这种约定的经停地点，对本公约来说不属于国际运输。第三，由若干连续的航空承运人所办理的运输，如经合同各方视为单一的业务活动，则无论是以一个合同还是以一系列合同的形式订立，就本公约的适用来说，应视为一个单一的运输，并不因其中一项合同或一系列合同完全在同一缔约国的主权、宗主权、委任统治权或权力管辖下的领土内履行而丧失其国际性质。

15.2 《2020年国际贸易术语解释通则》

（一）《国际贸易术语解释通则》的制定与发展

在国际贸易中，合同双方当事人之间互不了解对方国家的贸易习惯，会引起合同双方之间的误解、争议和诉讼。为解决此类问题，国际商会（ICC）统一各种贸易术语的不同解释，于1936年首次制定《国际贸易术语解释通则》（International Rules for the Interpretation of Trade Terms），并将其命名为《1936年国际贸易术语解释通则》（缩写为INCOTERMS 1936）。后续为适应国际贸易实践发展的需要，国际商会先后于1953年、1967年、1976年、1980年、1990年、2000年和2010年对其进行过多次修订和补充。现行最新版的通则为《2020年国际贸易术语解释通则》（缩写为INCOTERMS® 2020）。因国际贸易惯例在适用的时间效力上并不存在"新法取代旧法"的说法，故2020年的通则实施之后，并非之前的通则就自动废止，当前新版本通则的公布并不影响此前版本的适用，所以在订立、阅读合同的时候，要明确规定在合同中使用的是哪个版本的通则。

（二）《2020年国际贸易术语解释通则》贸易术语一览

《2020年国际贸易术语解释通则》，是国际商会根据国际货物贸易的发展于2019年9月10日发布，从2020年1月1日起在全球范围内正式生效的通则，是具有高度的现实意义和实践导向的国际贸易术语解释通则的新版本。其贸易术语数量为11种，分别为：EXW、FCA、CPT、CIP、DAP、DPU、DDP、FAS、FOB、CFR与CIF，总结如下：

（1）适用于所有运输方式的术语有7种：EXW、FCA、CPT、CIP、DAP、DPU、DDP。

EXW，英文为Ex Works（insert named place of delivery）INCOTERMS® 2020，指在商品的产地或所在地交货（插入指定交货地点）。它指卖方应在合同约定的期限内，在其所在地（车间、工厂、仓库等）或其他指定地点交付约定的货物，并提交商业发票及合同要求的其他单证。当卖方完成其交货义务后通知买方，买方必须提取货物。从买方在交货地点控制货物开始，卖方的风险转移至买方。买方须自费取得出口和进口许可，并办理货物进出口的一切海关手续。

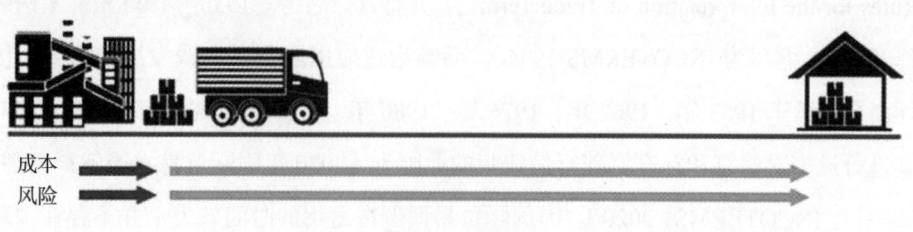

图 15-1 EXW

FCA，英文为 Free Carrier（insert named place of delivery）INCOTERMS® 2020，指货交承运人（插入指定交货地点）。它指卖方在合同中约定的期限内，将指定的货物在其所在地或其他指定地点交给买方指定的承运人，即完成交货义务。另外卖方须提交商业发票及合同要求的其他单证。当卖方完成其交货义务后通知买方，买方必须提取货物。从卖方将货物交给承运人之后，卖方的风险转移至买方。卖方自负出口的一切费用，买方自负进口的一切费用。

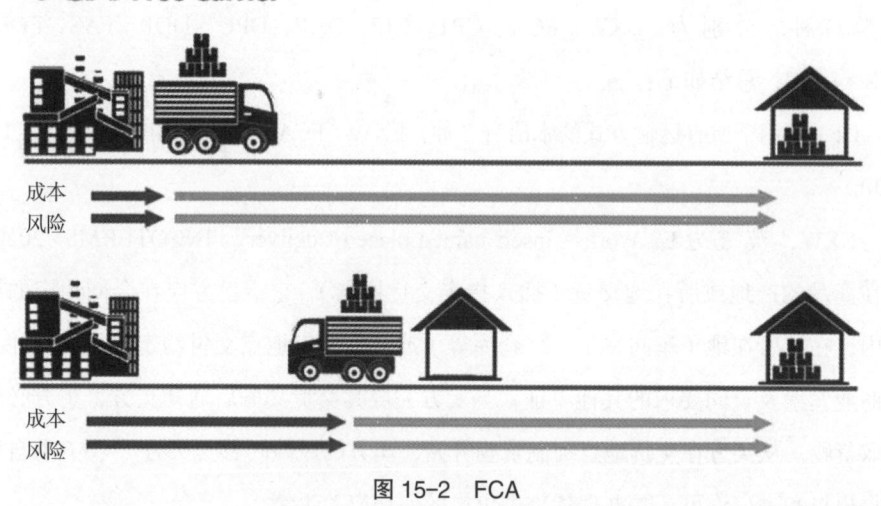

图 15-2 FCA

CPT，英文为 Carriage Paid To（insert named place of destination）INCOTERMS® 2020，指运费付至（插入指定目的地）。它指卖方在合同中约定的期限内，将指定

的货物交给卖方指定的承运人或第一承运人，即完成交货义务。另外卖方须提交商业发票及合同要求的其他单证。从卖方将货物交给承运人之后，卖方的风险转移至买方。卖方自负出口的一切费用，买方自负进口的一切费用。

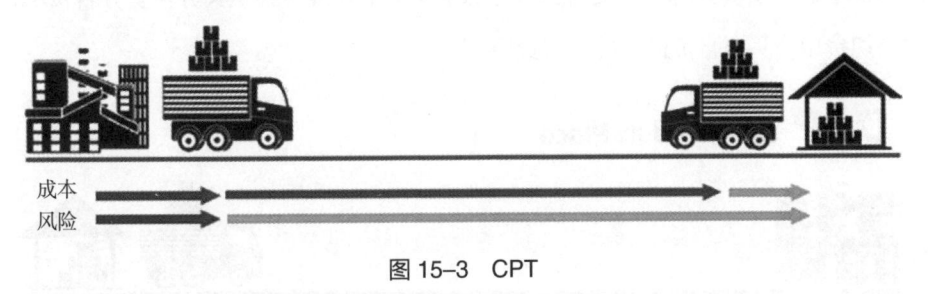

图 15-3　CPT

CIP，英文为 Carriage and Insurance Paid To（insert named place of destination）INCOTERMS® 2020，指运费、保险费付至（插入指定目的地）。它指卖方在合同中约定的期限内，将指定的货物交给卖方指定的承运人或第一承运人，即完成交货义务。另外卖方须订立货物运输的保险合同，并提交商业发票及合同要求的其他单证。从卖方将货物交给承运人之后，卖方的风险转移至买方。卖方自负出口的一切费用，买方自负进口的一切费用。

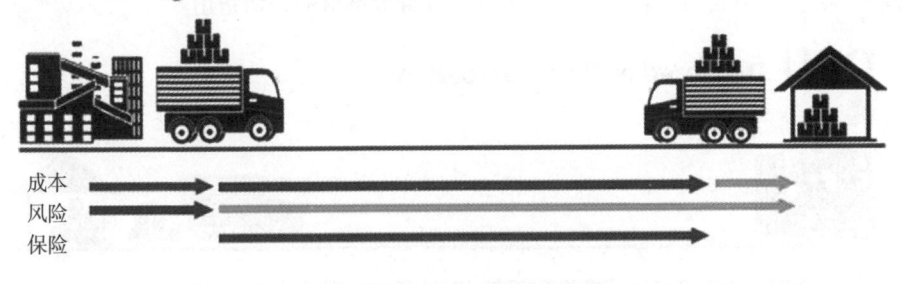

图 15-4　CIP

DAP，英文为 Delivered at Place（insert named place of destination）INCOTERMS® 2020，指在目的地交货（插入指定目的地）。它指卖方在合同中约定的期限内，将指定的货物运至合同规定目的地的约定地点，并将货物置于买方的控制之下，在抵达的运输工具上卸货之前即完成其交货义务。另外卖方须提交商业发票及合同要求的其他单证。从卖方将货物交给买方之后，卖方的风险转移至买方。卖方自负出口的一切费用，买方自负进口的一切费用。

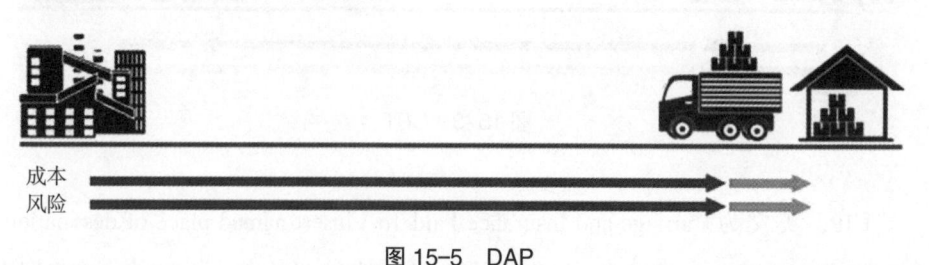

图 15-5　DAP

DPU，英文为 Delivered at Place Unloaded（insert named place of destination）INCOTERMS® 2020，指目的地卸货后交货（插入指定目的地）。它指卖方在合同中约定的期限内，将指定的货物运至合同规定的港口或是目的地的约定地点，并将货物从抵达的运输工具上卸下，交给买方处置，即完成其交货义务。另外卖方须提交商业发票及合同要求的其他单证。从卖方将货物交给买方控制之后，卖方的风险转移至买方。卖方自负出口的一切费用，买方自负进口的一切费用。

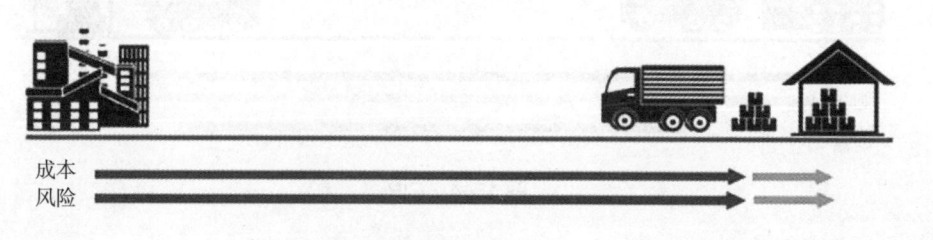

图 15-6　DPU

表 15-1　DPU 买卖双方义务对比

A　卖方义务	B　买方义务
卖方必须提供与销售合同相符的货物和商业发票，以及合同可能要求的任何其他符合性证据。卖方提供的任何单据可以按照约定采用纸面或电子形式，如果没有约定，则按照惯例采用	买方必须按照销售合同的规定支付货物的价格。 买方提供的任何单证，可按约定采用纸面或电子形式，如无约定，则按惯例采用
卖方必须将货物从到达的运输工具卸下，然后交付货物时，必须将货物在指定的目的地（如有的话）交由买方处置，或采购如此交付的货物。在这两种情况下，卖方必须在约定的日期或约定的期限内交付货物	买方必须在货物已按 A2 规定交货时提取货物
卖方承担货物灭失或损坏的一切风险，直至货物按 A2 规定交付为止，但 B3 所述情况下的灭失或损坏除外	买方自按 A2 规定交付货物起，承担货物灭失或损坏的一切风险。 如果： （a）买方未能按照 B7 履行义务，则买方承担由此产生的货物灭失或损坏的风险； （b）买方未按 B10 规定发出通知，自约定日期或约定交货期结束起，货物灭失或损坏的风险由买方承担，但货物已明确确定为合同货物
卖方必须自费订立或安排将货物运至指定的目的地或指定目的地的约定地点（如有的话）。如果某一具体点没有约定或者没有按照惯例确定，卖方可以在指定的目的地选择最适合其目的的点。 卖方必须遵守任何与运输有关的安全要求，以运输到目的地	买方对卖方没有订立运输合同的义务
卖方对买方没有订立保险合同的义务	买方对卖方没有订立保险合同的义务。但是，买方必须根据卖方的要求，向卖方提供卖方购买保险所需的信息
卖方必须向买方提供任何必要的文件，使买方能够接收货物，费用由卖方承担	买方必须接受 A6 项下提供的单据
（a）出口和过境清关 在适用的情况下，卖方必须办理出口国和任何过境国（进口国除外）所要求的所有出口和过境手续并支付费用，例如： • 出口／过境许可证； • 出口／过境安全检查； • 装运前检验； • 任何其他官方授权。 （b）协助进口结关 在适用的情况下，卖方必须根据买方的请求、风险和成本，协助买方获得与进口国所需的所有进口通关手续有关的任何文件和／或信息，包括安全要求和装运前检查	（a）协助出口和过境结关 在适用的情况下，买方必须根据卖方的请求、风险和成本协助卖方获取与所有出口／过境通关手续相关的文件和／或信息，包括安全要求和装运前检查，出口国和任何过境国（进口国除外）需要。 （b）进口清关 如适用，买方必须办理进口国要求的所有手续并支付费用，例如： • 进口许可证； • 进口安全检查； • 装运前检验； • 任何其他官方授权

（续表）

A 卖方义务	B 买方义务
卖方必须支付按照 A2 交货所必需的检验作业费用（如检验质量、测量、称重、计数）。 卖方必须自费包装货物，除非特定行业通常运输未包装的货物。卖方必须以适合运输的方式对货物进行包装和标记，除非当事各方商定了具体的包装或标记要求	买方对卖方没有义务
卖方必须支付： a）与货物及其运输有关的所有费用，直至货物按照 A2 卸载和交付为止，但买方根据 B9 应支付的费用除外； b）提供 A6 项下的交付/运输单证的费用； c）如适用，关税、税款和与 A7（a）项下的出口和任何过境通关有关的任何其他费用； d）买方支付与根据 B5 和 B7（a）项提供协助获取文件和信息有关的所有成本和费用	买方必须支付： a）自根据 A2 交付货物起，与货物有关的所有费用； b）这些卖方支付与根据 A7（b）规定协助取得文件和资料有关的所有成本和费用； c）如适用，与 B7（b）项下的进口清关有关的关税、税款和任何其他费用； d）如果买方未能按照 B7 履行义务，或未能按照 B10 发出通知，导致卖方所产生的额外费用，但前提是货物已明确确定为合同货物
卖方必须向买方发出使买方能够收到货物所需的通知	只要商定买方有权在约定的期限内确定交货时间和/或指定目的地内的提货点，买方必须向卖方发出充分的通知

DDP，英文为 Delivered Duty Paid（insert named place of destination）INCOTERMS® 2020，指完税后交货（插入指定目的地）。它指卖方在合同中约定的期限内，将指定的货物运至合同规定目的地的约定地点，并且完成进口清关手续后，在运输工具上将做好卸货准备的货物置于买方的控制之下，即完成其交货义务。另外卖方须提交商业发票及合同要求的其他单证。从卖方在进口国内的交货地点完成交货后，卖

图 15-7 DDP

方的风险转移至买方。卖方须自费取得出口和进口许可，并办理货物进出口的一切海关手续。

（2）仅适用于水路运输方式的有四种术语：FAS、FOB、CFR、CIF。

FAS，英文为 Free Alongside Ship（insert named port of shipment）INCOTERMS® 2020，指装运港船边交货（插入指定装运港）。它指卖方在合同中约定的期限内，将指定的货物交至合同规定的装运港口买方指定的船只旁边，如码头或驳船上（当船舶不能停靠码头需要过驳时，交到驳船上），即完成交货义务。另外卖方须提交商业发票及合同要求的其他单证。从卖方在装运港将货物交到买方所派船只的旁边时，卖方的风险转移至买方。卖方自负出口的一切费用，买方自负进口的一切费用。

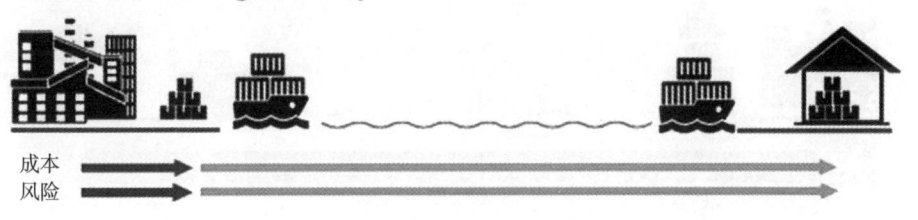

图 15-8　FAS

FOB，英文为 Free On Board（insert named port of shipment）INCOTERMS® 2020，指装运港船上交货（插入指定装运港），亦称"离岸价"。它指卖方在合同中约定的期限内，将指定的货物交至合同规定的装运港口买方指定的船只上，即完成

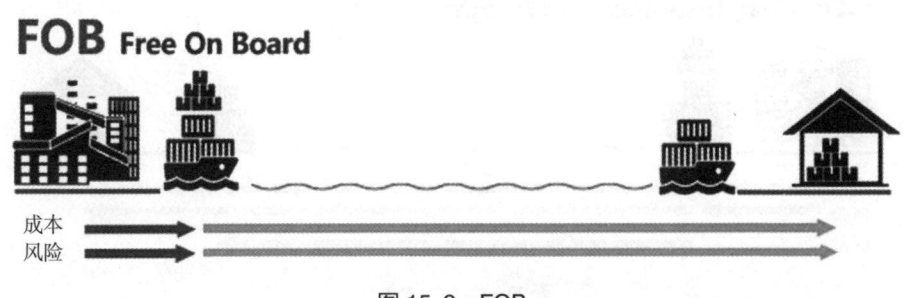

图 15-9　FOB

交货义务。另外卖方须提交商业发票及合同要求的其他单证。从卖方在装运港将货物交到买方所派船只上起，卖方的风险转移至买方。卖方自负出口的一切费用，买方自负进口的一切费用。

CFR，英文为 Cost and Freight（insert named port of destination）INCOTERMS® 2020，指成本加运费（插入指定目的港），又称运费在内价。它指卖方在合同中约定的期限内，将指定的货物交至合同规定的装运港口自己安排的船只上，或以取得货物已装船证明的方式完成其交货义务。另外卖方须提交商业发票及合同要求的其他单证。从卖方在装运港完成交货义务起，卖方的风险转移至买方。卖方自负出口的一切费用，买方自负进口的一切费用。

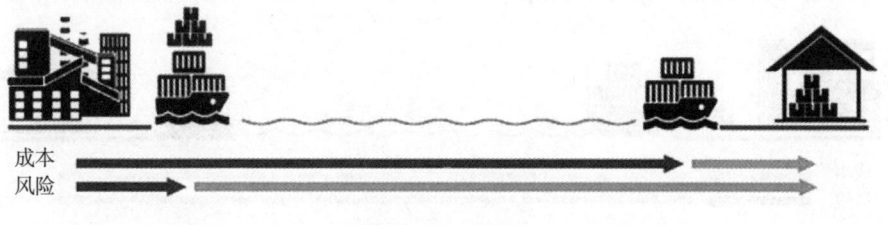

图 15-10　CFR

CIF，英文为 Cost, Insurance and Freight（insert named port of destination）INCOTERMS® 2020，指成本加保险费、运费（插入指定目的港）。它指卖方在合同中约定的期限内，将指定的货物交至合同规定的装运港口自己安排的船只上，或以

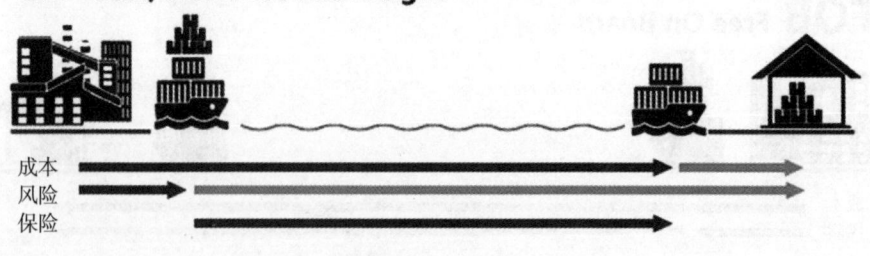

图 15-11　CIF

取得货物已装船证明的方式完成其交货义务。另外卖方须提交商业发票及合同要求的其他单证，以及为买方办理海运货物保险。从卖方在装运港完成交货义务起，卖方的风险转移至买方。卖方自负出口的一切费用，买方自负进口的一切费用。

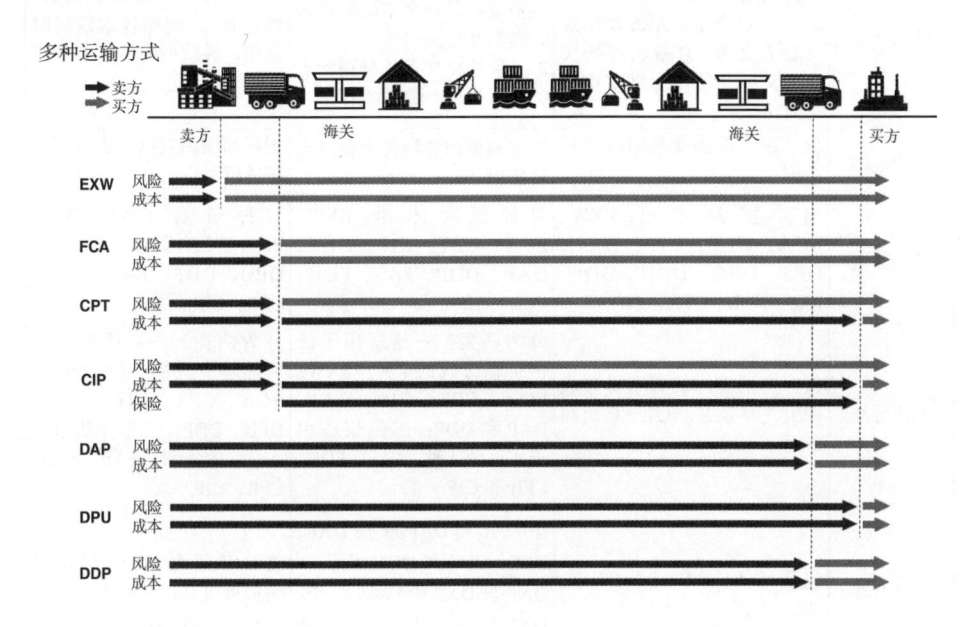

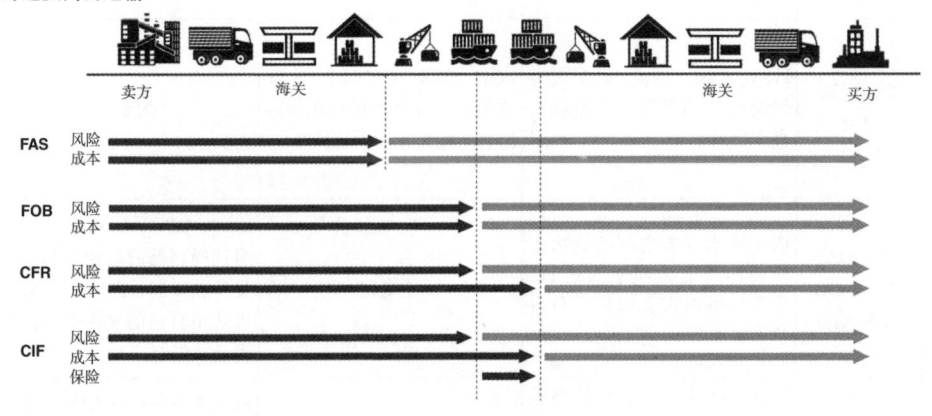

图 15-12 《2020 年国际贸易术语解释通则》11 种术语总结

表 15-2 《国际贸易术语解释通则》2000 版、2010 版、2020 版的主要差异对比

差异点	INCOTERMS 2000	INCOTERMS® 2010	INCOTERMS® 2020
结构变动	1.引言部分内容繁多，共 22 部分； 2.每个术语下，A 条款反映卖方义务，B 条款反映买方义务，整体为纵向排列对比	1.缩减了引言内容，使用指南放在每一个术语解释通则的开头； 2.A 条款和 B 条款分别置于左右两侧，横向对比	各术语开头增加"用户解释性注释"，阐明各术语何时适用、风险何时转移及费用如何划分
适用范围	仅适用于跨国交易国际贸易合同	国际和国内货物买卖合同均可适用	国际和国内货物买卖合同均可适用
术语数量	13 种贸易术语：EXW、FCA、CPT、CIP、DAF、DES、DEQ、DDU、DDP、FAS、FOB、CFR、CIF	11 种贸易术语：EXW、FCA、CPT、CIP、DAT、DAP、DDP、FAS、FOB、CFR、CIF	11 种贸易术语：EXW、FCA、CPT、CIP、DAP、DPU、DDP、FAS、FOB、CFR、CIF
术语分类	按照术语缩写的首字母分成四组，即 E 组、F 组、C 组和 D 组	分为两类。一是适用于任何运输方式的 7 种：EXW、FCA、CPT、CIP、DAT、DAP 和 DDP；二是仅适用于水运的 4 种：FAS、FOB、CFR 和 CIF	分为两类。一是适用于任何运输方式的 7 种：EXW、FCA、CPT、CIP、DAP、DPU、DDP；二是仅适用于水运的 4 种：FAS、FOB、CFR、CIF
术语改变	包括 DAF、DES、DEQ、DDU 术语	用 DAT 和 DAP 取代 DAF、DES、DEQ 和 DDU 术语。DAT 与 DAP 的区别在于：DAT 卖方负责卸货，DAP 则不负责	将 DAT 改为 DPU，强调目的地可以是任何地方而不仅仅是"运输终端"
货物风险转移	FOB、CFR、CIF，买卖双方风险划分的界限为"船舷"，存在争议	FOB、CFR、CIF 风险转移改为：卖方承担货物在装运港装上船为止的一切风险	无变化
FCA、DAP、DPU 及 DDP 中的运输方	假定买卖双方之间的货物运输将由第三方承运人进行，未考虑到由卖方或买方自行负责运输的情况	无变化	DAP、DPU、DDP 下，卖方可选择自己的运输工具，不受条款限制；FCA 下，买方可选用自己的交通工具，不受条款限制
FCA 提单相关内容	FCA 术语下，卖方在货物装船前货交承运人时则完成交货义务，但仅当货物实际装船后承运人才会给卖方签发提单。而信用证付款时，通常需要出示装船提单。故产生矛盾	无变化	FCA 术语 A6/B6 中增加了一个附加选项，即买卖双方可以约定，买方指示其承运人在货物装运后向卖方签发装船提单，卖方随后方才有义务向买方提交提单

（续表）

差异点	INCOTERMS 2000	INCOTERMS® 2010	INCOTERMS® 2020
保险义务	术语下涉及运输与保险合同规定，但对于保险义务规定不完全	CIF 和 CIP 规定了卖方须自费购买货物保险，该保险至少应当符合《协会货物保险条款》中的"条款（C）"或类似条款的最低险别	CIF 规则维持现状，即默认条款（C）；CIP 规则，卖方须取得符合《协会货物保险条款》条款（A）承保范围的保险，但当事人可协商选择更低级别的承保范围
交单方式	对需要的单据做出了规定，未约定单证是电子记录还是纸质单证等。CIF、CIP 中与保险有关的条款	只要双方达成一致或在使用地是惯例，可用电子记录或程序等提交单证，非必须为纸质单证	无变化

15.3 《汉堡规则》

《汉堡规则》是《1978年联合国海上货物运输公约》（United Nations Convention on the Carriage of Goods by Sea, 1978）的简称，是一份由联合国国际贸易法委员会负责起草的、在国际货物运输中具有重要影响的司法文件。该规则于1978年3月6日至31日在德国汉堡举行的由联合国主持、78国代表参加的海上货物运输大会上讨论通过，于1978年3月31日在汉堡开放供签署，并于1979年4月30日在纽约联合国总部开放供所有国家签署，于1992年11月1日生效。截至2020年，已有34个国家批准加入该公约，中国尚未加入。

（一）《汉堡规则》的制定与发展

《汉堡规则》的制定是海运历史发展的必然结果。它的制定主要受以下两个方面的影响。

第一，政治方面，发展中国家的兴起以及其对《海牙规则》不公平条款的不满推动了它的出现。第二次世界大战之后，发展中国家的反霸权主义情绪高涨，认为1924年制定的《海牙规则》是主要由"殖民地海洋国家"起草的，其目的是维护和宣传这些国家的利益。它们联合起来，尽力争取改革一切不合理的经济制度，建立平等互利的国际贸易新秩序。同时，《海牙规则》亦存在明显漏洞，导致当时船主

（承运人）和货主（托运人）之间为确定和承担海运过失和风险责任而产生的各种矛盾日趋尖锐。而因发展中国家普遍的经济发展无法与发达国家匹敌，其大多处于无船或少船的状态，故发展中国家在《海牙规则》的使用上处于劣势地位。

第二，经济方面，科学技术的发展导致落后的《海牙规则》无法满足世界航运的需要。二战后，造船技术、船员的航运技术大幅提高。海上航行发生货损的情况变少，海上风险与以往相比有所降低。与此同时，全球进出口商品的种类日益增多，对运输的要求也越来越严格，运输方式发生了部分变化。《海牙规则》已经不能适应发生了巨大变化的现代海运事业的需要，其规定不完全，无法有效解决当期出现的许多海运问题。

正是在上述政治经济形势下，《汉堡规则》的起草被推上日程。当时的海运大国英国和北欧等地的传统海运国家，由国际海事协会出面，于1968年2月23日在布鲁塞尔签署了修正《海牙规则》议定书，该议定书又称《维斯比规则》。签署这个规则的目的，是平息或缓和发展中国家的强烈不满。《维斯比规则》对于《海牙规则》的适用范围、赔偿限额、集装箱运输的计算单位等做了某些合理的修改，但对《海牙规则》中的17条免责事项丝毫没有改变。1968年在新德里召开的联合国贸易发展会议上，发展中国家提出修改现行的国际海上运输法规。于是，联合国贸易和发展会议的委员会在1971年2月召开的第二次会议上做出两项决议：第一，对《海牙规则》和《维斯比规则》进行修改，必要时制定新的国际公约；第二，在审议修订上述规则时，应清除规则含义不明确之处，建立船货双方平等分担海运货物风险的制度。后来，此项工作移交给联合国国际贸易法委员会。该委员会下设的国际航运立法工作组于1976年5月完成规则的起草工作，拟定了《海上货物运输公约草案》，此草案经修正后由1978年的海上货物运输大会讨论通过，正式定名为《1978年联合国海上货物运输公约》。

（二）《汉堡规则》的主要内容和适用范围

《汉堡规则》共七个部分34条和一个共同谅解条款。第一部分为总则，约定了定义、适用范围和对本公约的解释等。第二部分描述承运人的责任，确定责任期间、责任基础、责任限额、对非合同索赔的适用、责任限额权利的丧失、舱面货、承运人和实际承运人的赔偿责任、联运相关的条款。第三部分为托运人的责任，阐述了一般规则、关于危险货物的特殊规则。第四部分是运输单证条款，包括提单的签发、内容、保留和证据效力、托运人的保证、提单以外的单证相关的内容。第五部分是索赔和诉讼条款，包括灭失、损坏和延迟交付的通知、诉讼时效、管辖权、仲裁的内容。第六部分为补充规定，有合同条款、共同海损、其他公约、记账单位的描述。第七部分是最后条款，定义了保管人、签字、批准、接受、认可、加入、保留、生效、退出其他公约、修订和修改、对限额和记账单位或货币单位的修订、退出的相关内容。最后是联合国海上货物运输会议通过的共同谅解条款。

《汉堡规则》的适用范围十分广泛，规则第 2 条规定的适用范围主要有以下几项。第一，本公约的各项规定适用于两个不同国家之间的所有海上运输合同，如果海上运输合同规定的装货港位于一个缔约方，或海上运输合同规定的卸货港位于一个缔约方，或海上运输合同规定的任择卸货港之一为实际卸货港，且该港口位于一个缔约方内，或提单或证明海上运输合同的其他单证是在一个缔约方内签发的，或提单或证明海上运输合同的其他单证规定，本公约的各项规定或实行本公约的任何国家的立法适用于该合同。第二，本公约各项规定对船舶、承运人、实际承运人、托运人、收货人或任何其他有关人员，不论其国籍，一律适用。第三，本公约各项规定不适用于租船合同。但是，如果提单是根据租船合同签发的，并对承运人和非属承租人的提单持有人之间的关系加以制约，则本公约的各项规定适用于该提单。第四，如果合同规定，货物将在一个议定的期限内分批运输，则本公约的规定适用于每次装运。但是，如果根据租船合同装运货物，则适用本条第 3 款的规定。

15.4 《汉堡规则》关键条款解读

【精选一】

Article 4 Period of responsibility

1. The responsibility of the carrier for the goods under this Convention covers the period during which the carrier is in charge of the goods at the port of loading, during the carriage and at the port of discharge.

2. For the purpose of paragraph 1 of this article, the carrier is deemed to be in charge of the goods

(a) from the time he has taken over the goods from:

(i) the shipper, or a person acting on his behalf; or

(ii) an authority or other third party to whom, pursuant to law or regulations applicable at the port of loading, the goods must be handed over for shipment;

(b) until the time he has delivered the goods:

(i) by handing over the goods to the consignee; or

(ii) in cases where the consignee does not receive the goods from the carrier, by placing them at the disposal of the consignee in accordance with the contract or with the law or with the usage of the particular trade, applicable at the port of discharge; or

(iii) by handing over the goods to an authority or other third party to whom, pursuant to law or regulations applicable at the port of discharge, the goods must be handed over.

3. In paragraphs 1 and 2 of this article, reference to the carrier or to the consignee means, in addition to the carrier or the consignee, the servants or agents, respectively of the carrier or the consignee.

第四条 责任期间

1. 按照本公约，承运人对货物的责任期间包括在装货港、在运输途中以及在卸货港，货物在承运人掌管的全部期间。

2. 就本条第 1 款而言，在下述起讫期间，承运人应视为已掌管货物：

（a）自承运人从以下各方接管货物时起：

（i）托运人或代其行事的人；或

（ii）根据装货港适用的法律或规章，货物必须交其装运的当局或其他第三方；

（b）至承运人将货物交付以下各方时止：

（i）将货物交付收货人；或

（ii）遇有收货人不向承运人提货时，则依照合同或卸货港适用的法律或特定的贸易惯例，将货物置于收货人支配之下；或

（iii）根据在卸货港适用的法律或规章将货物交给必须交付的当局或其他第三方。

3. 在本条第 1 款和第 2 款内提到的承运人或收货人，除指承运人和收货人外，还分别指承运人或收货人的受雇人或代理人。

【精选二】

Article 5　Basis of liability

1. The carrier is liable for loss resulting from loss of or damage to the goods, as well as from delay in delivery, if the occurrence which caused the loss, damage or delay took place while the goods were in his charge as defined in article 4, unless the carrier proves that he, his servants or agents took all measures that could reasonably be required to avoid the occurrence and its consequences.

2. Delay in delivery occurs when the goods have not been delivered at the port of discharge provided for in the contract of carriage by sea within the time expressly agreed upon or, in the absence of such agreement, within the time which it would be reasonable to require of a diligent carrier, having regard to the circumstances of the case.

3. The person entitled to make a claim for the loss of goods may treat the goods as lost if they have not been delivered as required by article 4 within 60 consecutive days following the expiry of the time for delivery according to paragraph 2 of this article.

4.(a)The carrier is liable

(ⅰ) for loss of or damage to the goods or delay in delivery caused by fire, if the claimant proves that the fire arose from fault or neglect on the part of the carrier, his servants or agents;

(ⅱ) for such loss, damage or delay in delivery which is proved by the claimant to have resulted from the fault or neglect of the carrier, his servants or agents in taking all measures that could reasonably be required to put out the fire and avoid or mitigate its consequences.

(b)In case of fire on board the ship affecting the goods, if the claimant or the carrier so desires, a survey in accordance with shipping practices must be held into the cause and circumstances of the fire, and a copy of the surveyor's report shall be made available on demand to the carrier and the claimant.

5. With respect to live animals, the carrier is not liable for loss, damage or delay in delivery resulting from any special risks inherent in that kind of carriage. If the carrier proves that he has complied with any special instructions given to him by the shipper respecting the animals and that, in the circumstances of the case, the loss, damage or delay in delivery could be attributed to such risks, it is presumed that the loss, damage or delay in delivery was so caused, unless there is proof that all or a part of the loss, damage or delay in delivery resulted from fault or neglect on the part of the carrier, his servants or agents.

6. The carrier is not liable, except in general average, where loss, damage or delay in delivery resulted from measures to save life or from reasonable measures to save property at sea.

7. Where fault or neglect on the part of the carrier, his servants or agents combines with another cause to produce loss, damage or delay in delivery, the carrier is liable only to the extent that the loss, damage or delay in delivery is attributable to such fault

or neglect, provided that the carrier proves the amount of the loss, damage or delay in delivery not attributable thereto.

第五条　责任基础

1. 除非承运人证明他本人、其受雇人或代理人为避免该事故发生及其后果已采取了一切所能合理要求的措施，否则承运人应对因货物灭失或损坏或延迟交货所造成的损失负赔偿责任，如果引起该项灭失、损坏或延迟交付的事故，如同第四条所述，是在承运人掌管期间发生的。

2. 如果货物未能在明确议定的时间内，或虽无此项议定，但未能在考虑到实际情况对一个勤勉的承运人所能合理要求的时间内，在海上运输合同所规定的卸货港交货，即为延迟交付。

3. 如果货物在本条第 2 款规定的交货时间期满后连续六十天内未能按第四条的要求交付，有权对货物的灭失提出索赔的人可以视为货物已经灭失。

4. （a）承运人对下列各项负赔偿责任：

（i）火灾所引起的货物的灭失、损坏或延迟交付，如果索赔人证明火灾是由承运人、其受雇人或代理人的过失或疏忽引起的；

（ii）经索赔人证明由于承运人、其受雇人或代理人在采取可以合理要求的扑灭火灾和避免或减轻其后果的一切措施中的过失或疏忽所造成的货物的灭失、损坏或延迟交付。

（b）在船上的火灾影响到货物时，如果索赔人或承运人要求，必须按照海运惯例，对火灾的起因和情况进行调查，并根据要求向承运人和索赔人提供一份调查人的报告。

5. 关于活动物，承运人对此类运输固有的任何特殊风险所造成的灭失、损伤或延迟交付不负赔偿责任。如果承运人证明他是按照托运人给他的关于动物的任何特别指示行事的，并证明根据实际情况，灭失、损伤或延迟交付可以归之于这种风险时，则应推定灭失、损伤或延迟交付就是这样引起的，除非证明灭失、损伤或延迟交付的全部或部分是由承运人、其受雇人或代理人的过失或疏忽所造成的。

6. 除分摊共同海损外，承运人对因在海上采取救助人命的措施或救助财产的合理措施而造成的灭失、损坏或延迟交付不负赔偿责任。

7. 如果货物的灭失、损坏或延迟交付是由承运人、其受雇人或代理人的过失或疏忽连同其他原因所引起的，承运人仅在归于他们的过失或疏忽所引起的灭失、损坏或延迟交付的范围内负赔偿责任，但承运人须证明不属于此种过失或疏忽所造成的灭失、损坏或延迟交付的数额。

【精选三】

Article 14　Issue of bill of lading

1. When the carrier or the actual carrier takes the goods in his charge, the carrier must, on demand of the shipper, issue to the shipper a bill of lading.

2. The bill of lading may be signed by a person having authority from the carrier. A bill of lading signed by the master of the ship carrying the goods is deemed to have been signed on behalf of the carrier.

3. The signature on the bill of lading may be in handwriting, printed in facsimile, perforated, stamped, in symbols, or made by any other mechanical or electronic means, if not inconsistent with the law of the country where the bill of lading is issued.

第十四条　提单的签发

1. 当承运人或实际承运人接管货物时，应托运人要求，承运人必须给托运人签发提单。

2. 提单可以由承运人授权的人签字。提单由载运货物船舶的船长签字应视为代表承运人签字。

3. 提单上的签字可以用手写、印摹、打孔、盖章、符号，或如不违反提单签发地所在国国家的法律，用任何其他机械的或电子的方法。

15.5 案例：SONY 运输货损案

案例要点：不可抗力遭受货损，运输公司免责[①]

2015 年 3 月，案外人 SONY EMCS（MALAYSIA）SDN BHD 公司（以下简称"索尼公司"）委托中远海运集装箱运输有限公司（以下简称"中远海运公司"）运输一批液晶显示面板，先经海运从马来西亚巴生港运至希腊比雷埃夫斯港，再经铁路至斯洛伐克尼特拉。中远海运公司签发了 4 套不可转让已装船清洁联运海运单。货物在位于希腊境内的铁路运输区段因火车脱轨而遭受货损。三井住友海上火灾保险株式会社（以下简称"三井保险公司"）作为涉案货物保险人，在对索尼公司进行理赔取得代位求偿权后，向中远海运公司提出追偿。中远海运公司抗辩称，火车脱轨的原因是事故时段当地持续暴雨，引起地质塌陷，承运人可以免责；即使不能免责，其可依法享受承运人单位赔偿责任限制。

三井保险公司注册成立于日本，运输目的地为斯洛伐克，事故发生地位于希腊，案件争议属于涉外民事法律关系下的纠纷，当事人可以选择解决纠纷适用的法律。庭审中，双方当事人达成一致，对于涉案货物铁路运输区段的责任认定、责任承担方式等选择适用希腊法律，其余争议问题选择适用中华人民共和国法律，法院对此选择予以尊重。

希腊是《国际铁路货物运输公约》的成员国，《国际铁路货物运输合同统一规则》是《国际铁路货物运输公约》的附件 B。希腊在批准加入该公约时未做任何保留声明，公约在希腊优先于其国内法适用。根据《国际铁路货物运输公约》第 23.2 条，若货物的灭失、损坏或迟延交付是由于承运人无法避免并且无法阻止其发生的原因所造成的，承运人无须承担赔偿责任。经调查，本次列车脱轨并非遭受雨水直接冲击所致，而是事故区域常年频繁降雨浸蚀土壤后产生的地质作用引起地层塌陷的结果，是一个由量变到质变的过程，具体何时发生非人力所能预见和控制。对于

[①] 案例来源：上海海事法院（2016）：沪 T2 民初字第 288 号。

铁路养护是否得当或可延缓此种地质变化的进程，无证据表明可以准确预计、控制和绝对避免。因此，中远海运公司可以援引《国际铁路货物运输公约》第23.2条的规定，对货损不负赔偿责任。

第16章 国际结算

国际结算是指以一定的条件实现国际货币收付的方式。结算方式主要包括汇票、托收、信用证、保函等业务。当然在国际资金转移过程中也需要国际结算系统的支持。国际结算可以促进国际贸易交易，加强国际经济文化交流，推动国际金融一体化，进而使整个世界经济繁荣发展；同时还可为本国创收和积累外汇，引进外资，合理使用外汇，输出资金向外投资，起到巩固本国货币汇率，提供本国对外支付能力的作用。在本章节，我们将了解国际结算方面的法律知识，将讨论卖家如何使用电汇、托收、信用证等进行货款支付，资金流动的清算机构及结算路径。

16.1 汇票

票据是一份包含支付固定金额款项的无条件承诺或命令的书面单据。付款对象可以是指示人，也可以是持票人；付款时间可以是见票即付，也可以是指定的某一确定时间。常见的票据包括本票（包含付款承诺的双方票据）以及汇票（包含付款指示的三方票据）。汇票是出票人签署的指示，指示受票人向第三方（收款人）支付一定金额的款项。

（一）汇票的起源与发展

汇票可追溯到14世纪、15世纪的欧洲商人和贸易商。商人来到遥远城市买卖商品时，寻求一种比通过携带黄金或金钱进行货物买卖更安全及便捷的方式进行交易。其运作模式是这样的：假设商人 A 向遥远城市中的商人 B 发货，商人 B 因而欠商人 A 一笔货款。后来，商人 A 想从商人 C 处购买商品。商人 A 可以用书面文书要求商人 B 向商人 C 付款。进一步假设商人 B 很有钱且在贸易上很有威望，即信誉很高。那么，商人 C 可以向商人 B 出示书面指示，令其马上付款；愿意的话，他也可以只是要求商人 B 签署（或承兑）该指示，以便在未来付款。至此，书面的付款指示变成了一份承诺。拥有这份承诺，商人 C 甚至可以从另一个商人处购买新商品并使用这份承诺进行支付。后来，这些商人逐渐转型成为意大利的银行社团或者遍布欧洲的中世纪银行家。他们通过向位于遥远城市的贸易伙伴发出付款指示来远距离转移资金。由于商家意识到可以买卖这些指示，流通的概念因此形成，票据也因此诞生。票据于 1822 年在英国的《汇票法》中得到正式的法律认可。

（二）汇票的基本概念和流通转让

汇票的基本概念

英国《汇票法》规定，汇票是：(1) 无条件的书面指示；(2) 由一人发给另一人；(3) 由发出人签署；(4) 要求其指示的对象支付，支付时间可以是见票即付，也可以是在未来某一固定或可确定的时间；(5) 确定金额的款项；(6) 给特定的人或特定的人所指定的人，或持票人。其他 20 多个国家都由《联合国国际汇票和国际本票公约》规制。尽管它们有共同的历史，但是这些法律在对待票据的开立和转让方面，以及当票据被拒付或拒绝时当事各方的权利方面，都有所不同。

汇票有几种不同类型。在出具或要求时支付的汇票称为即期汇票，因为它是见票即付的。即期汇票由卖方准备，并通过银行渠道与运送单据（例如提单）一起发送给买方，从出口国的卖方银行转移到买方国家和城市的外国代理银行。和即期汇票一样，卖方也可以通过银行渠道向买方发送远期汇票以及装运单据，并指示银行只有在汇票承兑时，才能将装运单据交给买方。比如在货物装运后 60 天到期的汇票，该汇票称为远期汇票。远期汇票是发给买方承兑的。根据《统一商法典》的规定，承兑"可以仅包含受票人的签名"。经买方承兑后的汇票就成为商业承兑汇票。

汇票的流通转让

汇票或其他票据的商业用途来源于其可流通性，即允许其作为货币替代品的特点。流通是指将票据从一方转让给另一方，使受让人（亦称为持票人）取得票据的法律权利。国际贸易中使用的大多数汇票都是指示票据，因为它们是支付给指定的收款人的。流通指示票据需要背书（通过签名）和交付票据给持票人。

票据流通的方式是票据信用最直观的方式，为方便票据流通，票据信用行为只要在形式上符合票据法的要求，就属有效行为。票据流通对欠缺实质要件的票据信用行为，对不同的持票人有不同的法律后果。我国《票据法》规定，票据流通出票行为欠缺绝对必要记载事项，该票据上所有票据信用行为都无效。

16.2 信用证

在现实交易环节，商业信用保险远不能防止应收账款成为不可收回的坏账的出现。因此，以银行信用来担保的信用证应运而生。有证据表明，早期形式的信用证曾流行于文艺复兴时期的欧洲、古希腊和古埃及。

（一）信用证的法律性质和独立原则

信用证的法律性质

信用证是否为开证行和受益人之间的合同一直存在学术争论。信用证的确像是开证行对受益人的承诺，似乎具备合同同等待遇，并应根据合同法的原则进行讨论。然而，普遍的共识是，它不是一个合同。我们应该都记得合同的要素，但是信用证是无须要约、承诺或合意的，也无须对价，明显与合同的基本要素不符。信用证不是票据,如支票或本票,也不是第三方受益合同,因为受益人的权利不是来自买方与其银行之间的合同。信用证仅存在于法律当中,由法律创造它赋予受益人对发行银行强制执行信用证的法定权利。此外,《统一商法典》和银行、海关都将信用证称为"确定承诺",而不是合同。

信用证的独立原则

该原则规定信用证独立于买卖双方的销售合同。开证行不关心双方根据合同承诺做什么或应该做什么,而是关注买方向银行提交的信用证所要求的某些"单据"(即发票、提单、保险单等)。也就是说,银行为客户购买的是单据,而不是货物。独立原则在《跟单信用证统一惯例》中是这样描述的:"银行处理单据而不是货物……"

(二)审证

卖方收到信用证之后应该做哪些准备工作,以便顺利收到货款呢?主要有以下四点。第一,卖方需要确定信用证是否符合其与买方签订的基础销售合同中的约定。如果信用证所显示的内容与销售合同存在重大出入,卖方会联系买方询问原因。第二,卖方应该检查信用证的其他条件,以确保其满足所有要求。卖方需要关注在信用证的装运期限内或在信用证到期日之前是否可以按时取得材料并进行生产制造。第三,卖家还应该审核信用证的准确性。信用证总额是否足以支付汇票?是否使用了销售合同中要求的货币?保险费和运费的支付条款是否符合销售合同的要求?信用证是否允许部分装运?第四,若卖方因任何原因无法履行信用证,需在装运前联系买方修改信用证。

信用证结算的相关单据

第一,商业发票。商业发票必须由卖方提供,发给买方,并使用与信用证相同的货币。它不需要签名、公证或审核,除非信用证中有此要求。商业发票中的商品描述必须与信用证中的商品描述一致,包括正确拼写和所有内容。在涉及散装物料的情况下,发票应为订货数量,或误差不超过信用证中指定数量的5%。

第二,海运提单。对于信用证要求的"已装船"提单的交易,卖方必须向开证行出示一张提单,显示船舶的实际名称,并包含"已装船"字样,表示货物已实际装载。如果买方和卖方同意,并且在信用证中批准,提单可以显示承运人已收货备运(但尚未装船)。它必须显示收货或装货的日期。卖方必须出示原始提单,如果是以一套多份原件的方式提交,则必须提供所有原件。所有原件都被出具,就称为全套。提单必须在货运信用证规定的时间内提交。它必须显示承运人的名称,并由承运人的代理或船长签署。它必须说明货物已经被运送,或者它们是"已装船"运输的。它必须是一份"清洁"的单据,没有任何措辞或符号表示货物或包装在装载时是明显损坏或可见到损坏的。

第三,保险单。保险单应为信用证所要求的类型和范围,并以信用证中规定的同一种货币和金额为限,如果没有规定,则应为发票金额加10%。它应在提单日期或之前生效,以表明货物在装货期间已投保。应使用保险单本身,也可以使用保险证书,除非信用证不允许。

第四,分析或检验证书。通常,买方会要求卖方提交来自独立检验公司的检验证明文件。卖方可能需要提交检验证书、实验室分析证书或被认可的实验室出具的符合健康、安全或技术标准的证书。几乎任何产品都需要分析或检验证书。卖方应确保单据中的证书满足信用证要求的所有条款。

审核单据中的不符点

《跟单信用证统一惯例》规定,银行有5个工作日的时间来检查卖方的单据以确定后者是否符合信用证的要求或是否包含任何不符点或不规范之处。不符点是指所需单据的条款和信用证要求的条款之间的任何差异。银行的专业单据审核员将卖方的票据和信用证逐个排列,并进行比较。每个单据中的术语都需要符合信用证的要求。发票中货物的数量或描述与信用证中货物的数量或描述不符,提单的日期晚于要求，丢失任何单据，显示出欺诈迹象、伪造、篡改或缺少签名，则存在不符点。

《跟单信用证统一惯例》只允许银行审核"表面上"的单据，看它们是否符合信用证或是否有不符点。银行不得查看任何外部来源或进行任何独立调查，以查看卖方运往买方的货物是否装运良好。

表 16-1 单证中常见的不符点

提单／航空运单	汇票
• 提单／航空运单不全（正本遗失） • 装船说明没有标明日期、没有签名或没有首签 • 超过货物装运期限 • 不清洁提单标明货物受损 • 背书遗失 • 有伪造或篡改的痕迹 • 没有标明运费预付（信用证有此要求） • 货物描述与信用证所载有实质性差异 • 运货船名不符 • 显示信用证禁止的分批装运或转运	• 汇票与发票的金额不一致 • 汇票没有提及信用证 • 有伪造或篡改的痕迹 • 到期日与信用证所载不符 • 币种与信用证所载不符
	保险单
	• 货物描述与发票所载不一致 • 未覆盖信用证所要求的风险 • 保险单的日期在提单日期之后 • 保险单金额不足 • 保险单或保险证明未背书 • 用保险证明替代信用证要求的保险单
商业发票	一般不符点
• 货物描述与信用证所载不一致 • 没有显示转运条款 • 金额与汇票所载不一致 • 金额超过信用证的限额 • 重量、尺寸或者数量与汇票所载不一致	• 信用证过期 • 信用证透支 • 迟于信用证所要求的日期出具汇票和单据 • 单据不全 • 单据中改动未大写 • 不同单据中商品的描述和唛头不一致

16.3 《跟单信用证统一惯例》

影响信用证的最重要的规则不是法律，而是一套基于海关、商人和银行家普遍接受的惯例——由私人制定的准则，该准则被称为《跟单信用证统一惯例》（Uniform Customs and Practice for Documentary Credits，简称 UCP）。它是在国际银行界的协助下，由国际商会起草和出版的关于发行和处理信用证事务的一套标准化规则。

《跟单信用证统一惯例》的制定与发展

19世纪以来，信用证逐步成为一种常用的国际结算方式，由于各国的习惯、法律各不相同，因此对信用证条款的解释也不相同，不断发生争议甚至诉讼。为了改变这种状况，1933年5月，国际商会在维也纳召开会议，总结和吸收各国关于信用证的立法及惯例，制定通过了《商业跟单信用证统一惯例》。1962年11月进行第二次修订，将其易名为《跟单信用证统一惯例》。1983年6月，进行了第四次修订，形成了国际商会第400号出版物，这就是人们所称的UCP400。1993年、2006年分别进行了两次修订并形成UCP500和UCP600，2007年7月1日起启用了UCP600，这次修订全面地反映了近年来国际银行业、运输业、保险业出现的新变化，并体现了一定的前瞻性。

UCP600与UCP500相比，其实质性变化主要表现在以下几个方面。

第一，UCP600在结构上更加简洁和系统化。UCP600在结构上按照业务环节对条款进行了归结，改变了UCP500在次序排列上的不足；把通知、修改、审单、偿付、拒付等环节涉及的条款在原来UCP500的基础上分别集中，使得对某一问题的规定更加明确和系统。此外，UCP600还取消了UCP500中无实际意义的一些条款。如"风帆动力批注"、"货运代理提单"以及UCP500第5条"信用证完整明确要求"和第12条有关"不完整与不清楚指示"的内容都已从UCP600中消失。

第二，UCP600在措辞上更加明确、易懂。UCP600将UCP500中难懂的词语改变为简洁明了的语言。比如：相对UCP500的运输单据条款大量地使用长句以及and/or等表达方式，UCP600对运输单据条款进行了重新编写，新规则全部换用短句。UCP600删除了有关"REASONABLE"条款，删除了合理关注、合理时间等。在各国的银行惯例中，对于何为"合理时间"存在很大分歧，同时对"合理"的长度没有明确的规定，在实务中容易产生纠纷。UCP600不再使用"合理时间"这一概念，而把单据处理时间的标准简化为单纯的天数标准，即"最多为收单翌日起第五个工作日"。

第三，UCP600重新解释和补充了UCP500中未加以明确的定义。如UCP600

引入了"兑付"的概念。"兑付"概括了在即期付款、延期付款和承兑信用证下，开证行、保兑行或指定行除议付以外的一切与支付相关的行为，强调了开证行和保兑行在信用证下确定的无追索的偿付义务。UCP600用"购买"（purchase）一词替代了"支付对价"（giving of value），并且引入了"预付款项"（advancing, advance funds）这一概念，明确了议付是对单据（汇票）的一种买入行为，并且明确是对受益人的融资预付或承诺预付。UCP600中专门规定了"相符交单"（complying presentation）这一条款，强调要与信用证条款、使用的惯例条款及国际银行标准实务相结合，减少实务中对于单据不符点的争议。

第四，UCP600增加了实务操作性条款，方便贸易和操作。信用证是一项独立文件，一经开立就不再受销售合同的牵制。UCP600相比UCP500规定："Data in a document, when read in context with the credit, the document itself and international standard banking practice, need not be identical to, but must not conflict with, data in that document, any other stipulated document or the credit."ICC通过本条款明确并不要求单据内容与信用证的规定或其他单据完全同一，只要不相矛盾即可，体现了审单标准宽松化的趋势。

16.4 国际货币清算

清算（settlement）是指根据清分结果对交易数据进行净额轧差和提交并完成资金划拨的过程。清分（clearing）则是指对交易数据依据机构和交易类型进行分类汇总，并计算结算金额的过程。通俗来讲，清算＝结算＋清分。清算的完成需要借助清算系统（又被称为支付系统）来完成，是由提供支付清算服务的终结机构和实现支付指令传送及资金清算的专业技术手段共同组成，用以实现债权债务清偿及资金转移的一种安排。由于经济活动所产生的债权债务须通过货币所有权转移加以清偿，支付系统的任务即快速、安全地实现货币所有权在经济活动参与者间的转移，支付系统对于一国而言具有特殊的重要意义。

国际性清算系统，处理国际各种交易往来所产生的债权债务清偿和资金转移，比如 CHIPS 和 SWIFT。

（一）纽约清算所银行同业清算系统——CHIPS

CHIPS 的成立与发展

CHIPS（clearing house interbank payment system）是"纽约清算所银行同业清算系统"的简称，于 1970 年建立，由纽约清算所协会经营。纽约清算所创立的目的是解决纽约市银行间混乱的交易情况，建立秩序；代替原有纸质支付清算方式，为企业间和银行间的美元支付提供清算和结算服务。2007 年，CHIPS 成为全球最大的私营支付清算系统之一，主要进行跨国美元交易的清算，处理全球 95% 左右的国际美元交易，每天平均交易量超过 34 万笔，金额约 1.9 万亿美元。

CHIPS 的运行机制

CHIPS 的日常工作运行可分为三步。第一步，预付金余额账户（prefund balance account）。每个 CHIPS 参与者都有一个预先设定的起始资金头寸要求，一旦通过 Fedwire 资金账户向此 CHIPS 账户注入相应的资金，就可以在这一天中利用该账户进行支付指令的结算。第二步，日常运行时间为上午 9:00—下午 5:00。各参与者（银行）向 CHIPS 中心列队发送并接收支付指令，CHIPS 通过优化算法从中心列队选择要处理的支付指令，优化算法将相关的支付指令释放出来，对指令做连续、实时、多边比配轧差结算，根据结果在相关参与者余额账户上用借记/贷记方式完成最终结算，标记 CHIPS 记录反映资金头寸的增减变化。第三步，日常运行到下午 5:00 之后。CHIPS 试图进行撮合、轧差、结算，尽可能多地释放指令，对于未释放的指令进行多边轧差结算，最终头寸为负的银行将所要求的资金转入 CHIPS 账户，CHIPS 释放余下的支付指令，并对其结算。

（二）环球银行金融电信协会——SWIFT

SWIFT 的成立与发展

伴随着资本的跨国流动，世界各国之间的金融机构业务往来日益密切，跨境金融也更加凸显其重要性。于是，在 1973 年 5 月，来自美国、加拿大和欧洲的 15 个国家的 239 家银行宣布正式成立 SWIFT，其总部设在比利时的布鲁塞尔。它是为了解决各国金融通信不能适应国际支付清算业务量的快速增长而设立的非营利性组织，负责设计、建立和管理 SWIFT 国际网络，以便在该组织成员间进行国际金融信息的传输和确定路由。

从 1987 年开始，非银行的金融机构，包括经纪人、投资公司、证券公司和证券交易所等，开始使用 SWIFT。目前，该网络已遍布全球 206 个国家和地区的 8000 多家金融机构。我国的中国银行于 1983 年加入 SWIFT，是 SWIFT 组织的第 1034 家成员行，并于 1985 年 5 月正式开通使用。之后，我国的各国有商业银行及上海和深圳的证券交易所，也先后加入 SWIFT。

SWIFT 的运行机制

SWIFT 制定了金融机构间的通信标准，消息模板（报文）支持的场景主要有 9 大类：客户汇款（customer transfer）、银行头寸调拨（financial institution transfers）、外汇买卖和存放款（foreign exchange）、托收（collections, cash letters）、证券（securities）、贵金属和辛迪加（precious metals and syndication）、跟单信用证和保函（documentary credits and guarantees）、旅行支票（traveler's cheque）、银行账务（bank statement）。

每一大类报文下面又分很多小类，每一类报文都有严格的格式要求、互斥条件等。我们在此列举客户汇款（MT1XX）这一个场景，该场景也是 SWIFT 网络最重要的使用场景。

一个典型的 MT103（客户汇款）报文如下图所示：

```
----------------------------Message Header----------------------------
Swift Input: FIN 103 Single Customer Credt Transfer
Sander: AAALTD
        NATIONAL BANK OF PAKISTAN
        (HEAD OFFICE)
        KARACHI PK
Receiver: BBBLTD
        BANK OF SINGAPORE
        (HEAD OFFICE)
        SINGAPORE SG
MUR: M112535
UETR: 812d0e25-e00c-7fb9-2345-1df1a65412ef
----------------------------Message Header----------------------------
20:  Sender's Reference
     AD1TT35284562145
23B: Bank Operation Code
     CRED
32A: Val Dte/Cur/Interbnk Settld Amt
     Date        : 4 May 2020
     Currency    : SGD SINGAPORE DOLLAR
     Amount      : #15230,00#
50K: Ordering Customer-Name & Address
     175 MARKET ST, Singapore 048942
52D: Ordering Institution-Name & Address
     NO.133, STAMET ST, Singapore 048852
53A: Sander's Correspondent - FI BIC
     /25214-125-252-0
     AAALTD
     NATIONAL BANK OF PAKISTAN
     (HEAD OFFICE)
     KARACHI PK
57A: Account With Institution - FI BIC
     //202215
     BBBLTD
     BANK OF SINGAPORE
     (HEAD OFFICE)
     SINGAPORE SG
59:  Beneficiary Customer-Name & Address
     //202215
     CCC PAYMENTS CORPORATION
     10 TH FLOOR NO.153, NEW BRIDGE Rd,
     Singapore 048942
71A: Details of Charges
     SHA
72:  Sender to Receiver Information
     /BNF/
     //SG L5852012 BON 21 02 1992 ID 000
     //6545678 SIA741852963 MNMSG2521B DS
     //THER PAD
```

图 16-1　MT103 报文

我们可以把每一个 SWIFT 的报文想象成一封邮件，但是邮件的格式是定好的：谁发出的、谁收、中途要中转给谁、交易的类型是什么、交易的明细（金额、币种、清算信息、收付款人信息）、费用等，上面的每一个字段都可以对照 SWIFT 的文档找出其语义。理论上来说，只要是银行间的通信，都可以走 SWIFT 网络，不仅仅是跨境场景（只不过跨境场景下用得最多），同一个国家内的银行间通信也可以走 SWIFT 网络，下面我们就由浅入深，分别看一下 SWIFT 在几种场景中的具体流程。

场景 1

假设 A、B 两家银行是在一个国家（时区相同），转移的是同一种货币，而且两家银行可以通过同一个清算系统进行资金清算，这是最简单的模式，两家银行可以直接通信、直接清算。

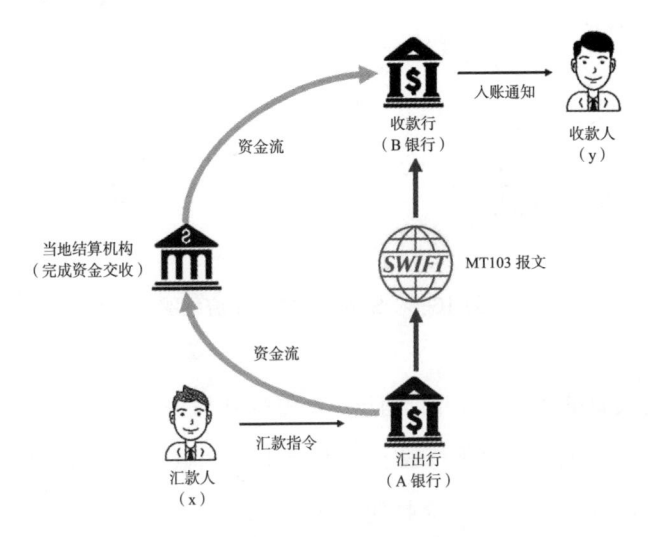

图 16-2　两家银行在同一个国家的场景

场景 2

假设 A、B 两家银行是在不同的国家（时区同不同无所谓），转移的是同一种货币，但是 A、B 两家银行之间并没有直接的合作关系，A 银行的客户 x 要汇款给 B 银行的客户 y。

A、B 银行没有直接的合作就意味着两家之间没办法直接打通资金流，这时候就需要双方借助代理行或者中转行来完成。接下来就是 SWIFT 发送汇款报文了，发送报文涉及两种模式：Serial 模式和 Cover 模式。

Serial 模式字面的意思就是串行消息，在汇路上的银行间一个个传递下去，资金交收处理完了传给下一个，最终到达收款行。

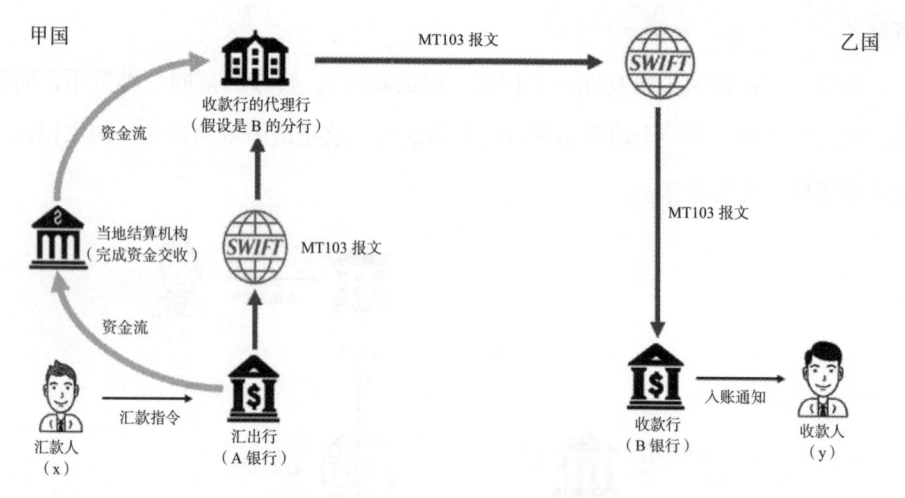

图 16-3　Serial 模式简单流程图

Cover 模式简单理解就是并行消息，A 先给 B 发一个提醒消息（MT103 报文，即客户汇款）说"我已经给你打钱了"，但是 B 这时候还没有真的收到钱，等汇路上的其他银行处理完了，B 又会收到代理行发来的一条消息（MT202 COV 报文，即银行头寸划拨）说"钱我已经给你拨过去了"，这时候 B 才会真正给 y 客户入账。

Cover 模式的简单流程如下图所示（我们简化了模型以方便理解）：

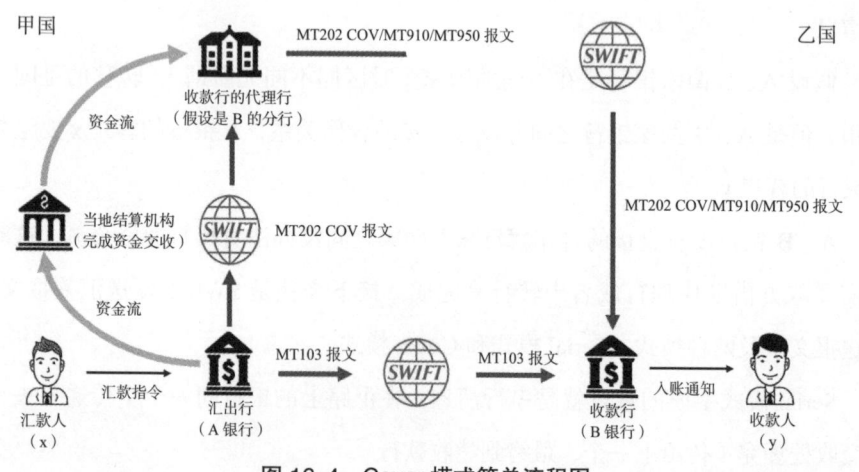

图 16-4　Cover 模式简单流程图

16.5 UCP600 关键条款解读

【精选一】

Article 4　Credits v. Contracts

a. A credit by its nature is a separate transaction from the sale or other contract on which it may be based. Banks are in no way concerned with or bound by such contract, even if any reference whatsoever to it is included in the credit. Consequently, the undertaking of a bank to honour, to negotiate or to fulfil any other obligation under the credit is not subject to claims or defenses by the applicant resulting from its relationships with the issuing bank or the beneficiary. A beneficiary can in no case avail itself of the contractual relationships existing between banks or between the applicant and the issuing bank.

b. An issuing bank should discourage any attempt by the applicant to include, as an integral part of the credit, copies of the underlying contract, proforma invoice and the like.

第四条　信用证与合同

a. 就性质而言，信用证与可能作为其依据的销售合同或其他合同，是相互独立的交易。即使信用证中提及该合同，银行亦与该合同完全无关，且不受其约束。因此，一家银行做出兑付、议付或履行信用证项下其他义务的承诺，并不受申请人与开证行之间或与受益人之间在已有关系下产生的索偿或抗辩的制约。受益人在任何情况下，不得利用银行之间或申请人与开证行之间的契约关系。

b. 开证行应劝阻申请人将基础合同、形式发票或其他类似文件的副本作为信用证整体组成部分的做法。

【精选二】

Article 14　Standard for Examination of Documents

a. A nominated bank acting on its nomination, a confirming bank, if any, and the issuing bank must examine a presentation to determine, on the basis of the documents alone, whether or not the documents appear on their face to constitute a complying presentation.

b. A nominated bank acting on its nomination, a confirming bank, if any, and the issuing bank shall each have a maximum of five banking days following the day of presentation to determine if a presentation is complying. This period is not curtailed or otherwise affected by the occurrence on or after the date of presentation of any expiry date or last day for presentation.

c. A presentation including one or more original transport documents subject to articles 19, 20, 21, 22, 23, 24 or 25 must be made by or on behalf of the beneficiary not later than 21 calendar days after the date of shipment as described in these rules, but in any event not later than the expiry date of the credit.

d. Data in a document, when read in context with the credit, the document itself and international standard banking practice, need not be identical to, but must not conflict with, data in that document, any other stipulated document or the credit.

e. In documents other than the commercial invoice, the description of the goods, services or performance, if stated, may be in general terms not conflicting with their description in the credit.

f. If a credit requires presentation of a document other than a transport document, insurance document or commercial invoice, without stipulating by whom the document is to be issued or its data content, banks will accept the document as presented if its content appears to fulfil the function of the required document and otherwise complies with sub-article 14(d).

g. A document presented but not required by the credit will be disregarded and may be returned to the presenter.

h. If a credit contains a condition without stipulating the document to indicate compliance with the condition, banks will deem such condition as not stated and will disregard it.

i. A document may be dated prior to the issuance date of the credit, but must not be dated later than its date of presentation.

j. When the addresses of the beneficiary and the applicant appear in any stipulated document, they need not be the same as those stated in the credit or in any other stipulated document, but must be within the same country as the respective addresses mentioned in the credit. Contact details (telefax, telephone, email and the like) stated as part of the beneficiary's and the applicant's address will be disregarded. However, when the address and contact details of the applicant appear as part of the consignee or notify party details on a transport document subject to articles 19, 20, 21, 22, 23, 24 or 25, they must be as stated in the credit.

k. The shipper or consignor of the goods indicated on any document need not be the beneficiary of the credit.

l. A transport document may be issued by any party other than a carrier, owner, master or charterer provided that the transport document meets the requirements of articles 19, 20, 21, 22, 23 or 24 of these rules.

第十四条　单据审核标准

a. 按指定行事的被指定银行、保兑行（如果有的话）及开证行须审核交单，并仅基于单据本身确定其是否在表面上构成相符交单。

b. 按指定行事的被指定银行、保兑行（如有的话）及开证行各有从交单次日起至多五个银行工作日用以确定交单是否相符。这一期限不因在交单日当天或之后信用证截止日或最迟交单日截止而受到缩减或影响。

c. 如果单据中包含一份或多份受第十九条、第二十条、第二十一条、第二十二条、第二十三条、第二十四条或第二十五条规制的正本运输单据，则须由受益人或其代表在不迟于本惯例所指的发运日之后的二十一个日历日内交单，但是在任何情况下都不得迟于信用证的截止日。

d. 单据中的数据，在与信用证、单据本身以及国际标准银行实务参照解读时，无须与该单据本身的数据、其他要求的单据或信用证中的数据等同一致，但不得矛盾。

e. 除商业发票外，其他单据中的货物、服务或履约行为的描述，如果有的话，可使用与信用证中的描述不矛盾的概括性用语。

f. 如果信用证要求提交运输单据、保险单据或者商业发票之外的单据，却未规定出单人或其数据内容，则只要提交的单据内容看似满足所要求单据的功能，且其他方面符合第十四条 d 款，银行将接受该单据。

g. 提交的非信用证所要求的单据将不被理会，并可被退还给交单人。

h. 如果信用证含有一项条件，但未规定用以表明该条件得到满足的单据，银行将视为未做规定并不予理会。

i. 单据日期可以早于信用证的开立日期，但不得晚于交单日期。

j. 当受益人和申请人的地址出现在任何规定的单据中时，无须与信用证或其他规定单据中所载相同，但必须与信用证中规定的相应地址同在一国。联络细节（传真、电话、电子邮件及类似细节）作为受益人和申请人地址的一部分时将不被理会。然而，如果申请人的地址和联络细节为第十九条、第二十条、第二十一条、第二十二条、第二十三条、第二十四条或第二十五条规定的运输单据上的收货人或通知方细节的一部分时，应与信用证规定的相同。

k. 在任何单据中注明的托运人或发货人无须为信用证的受益人。

l. 运输单据可以由任何人出具，无须为承运人、船东、船长或租船人，只要其符合第十九条、第二十条、第二十一条、第二十二条、第二十三条或第二十四条的要求。

16.6　案例：星展银行信用证案

案例要点：信用证软条款是否相符引纠纷[①]

2013 年 6 月 10 日，星展银行以湖美公司为受益人，开立了信用证，用以支付

---

① 案例来源：中华人民共和国最高人民法院（2017）最高法民终 327 号。

信用证中所描述货物的货款。信用证 46A 单据要求规定：湖美公司交单时应当提交商业发票、原产地证明等单据，"原产地证明正本一份，副本三份"；40E 规定：适用最新版 UCP；44A 将货物描述为：合同下用于××电站的一套电厂设备，CIF 印度尼西亚杜迈。

2013 年 11 月 29 日，湖美公司向星展银行提示付款。

2013 年 12 月 5 日，星展银行以原产地证明第九栏"毛重或其他数量及价格"（FOB）所列价格与发票显示 CIF 价格相同，构成不符点为由拒付。湖美公司故请求法院判令星展银行支付信用证下全部款项，并支付相应利息。

星展银行认为：原产地证明是信用证所要求的主要单据，其主要功能除了要证实货物的原产地，就是要通过显示详细的货物 FOB 价格来显示和证实该货物及/或服务来源及原产地的认定依据以及作为货物及/或服务通关纳税的计算依据。原产地证明第九栏显示的 FOB 价格仅仅包括在中国的装运港货物越过船舷的货物价格，而信用证要求的以及商业发票、保险单显示的 CIF 价格是货物运送到货港的货物价格。这两个价格后面的数字丝毫不差，均为 890 万美元，明显构成单据之间内容的矛盾，这是商业常识。

湖美公司认为：信用证要求湖美公司提供的由江苏出入境检验检疫局出具的原产地证书能够满足原产地证书的功能，即证明原产地。即使原产地证明第九栏要求的是 FOB 价格且为了确保保险单、发票和原产地证明中显示的金额完全一样，将 CIF 价格填入了原产地证明中，将此完全一样的数据视为不符点有违 UCP 第 14 条 d 款、f 款的规定。

湖美公司向开证行星展银行提交的原产地证明系格式文本，其中第九栏"毛重或其他数量及价格"（FOB）下填写有"USD：890 万"等信息。根据上述 UCP600 第 14 条 f 款和 d 款的规定，只要该原产地证书的内容看似满足其功能，且其中的数据与信用证要求的数据以及信用证要求的其他单据的数据不矛盾，即应当认为构成相符交单。由于上述原产地证书系格式文本，当事人无法就其中的栏目名称进行修订。第九栏中的"（FOB）"是栏目名称自带内容，该"（FOB）"表述不应被理解为国际贸易术语项下货物的 FOB 价格，对该"（FOB）"的合理理解应当是指引性的，即指引当事人在此栏中填入相应的货物价格。本案所涉原产地证明第七栏中已经填写有"合同下用于××电站的一套电厂设备，CIF 印度尼西亚杜迈"等信息，加上第九栏填写的"USD：890 万"，能够与信用证以及信用证要求的其他单据商业发票记载的货物价格相互印证。更重要的是，第八栏"原产地标准"填写有"WO"（指出口国完全生产的产品），足以表达该单据的功能。也就是说，尽管本案所涉原产地证书上第九栏数据与信用证及其单据要求的 CIF 价格数据一致，但单据之间并不矛盾，不会导致对该单据的理解产生歧义。因此，不应以此认定构成不符点。

综上，在受益人湖美公司交单相符的情况下，法院判定星展银行应当向湖美公司付款。

第 17 章 国际税收

国际税收是指两个或两个以上国家政府在对跨国纳税人行使各自的征税权利中形成征纳关系从而发生的国家之间的税收分配关系。其实质是各国政府在对各自政权管辖范围内的跨国纳税人征税的基础上形成的税收权益分配。19 世纪末 20 世纪初，世界大多数国家普遍推行所得税。跨国纳税人的跨国所得，既要在所得发生国缴税，又要在所属国缴税，国际重复征税矛盾突出。第二次世界大战后，跨国公司规模及其跨国所得迅速扩大，跨国纳税人利用各国征收管理漏洞从事国际逃税避税现象亦日益增多。处理国与国之间税收权益分配，必须有一个为各国所共同确认的，约束国家之间税收分配关系的国际规范。2013 年，OECD（经济合作与发展组织）发布了"BEPS 15 项行动计划"，旨在制定措施对抗税基侵蚀和利润转移。2017 年，67 个国家和地区签署了 OECD 发布的《BEPS 多边公约》，加强了国际税收的多边协调。本章首先重点介绍"BEPS 15 项行动计划"与《BEPS 多边公约》。

17.1 BEPS 15 项行动计划

BEPS（base erosion and profit shifting）是指税基侵蚀和利润转移，指跨国企业利用国际税收规则存在的不足，以及各国税制差异和征管漏洞，最大限度地减少其全球总体的税负，甚至达到双重不征税的效果，造成对各国税基的侵蚀。通俗来讲，就是将利润从高税区"转移"到低税区，从而"侵蚀"高税区的"税基"。

"BEPS 15 项行动计划"是 OECD 于 2013 年 7 月发布的文件，载明了用于解决 BEPS 税收策略的 15 项行动计划。它明确了为应对税基侵蚀和利润转移所需采取的行动，以及为落实这些行动所需的资源和方法。目的是解决数字经济中的税务问题，建立公司所得税的国际一致性，恢复国际标准的效力和惠益，确保透明度。从根本上讲，"BEPS 15 项行动计划"旨在全面、协调地修改现行国际税法，防止立法中无意漏洞造成的双重不征税结果，解决 BEPS 问题，确保在产生利润的经济活动和创造价值的地方对利润征税。包括中国在内的不少国家已开始立法落实"BEPS 15 项行动计划"的建议，着手修改本国税收法规。

（一）"BEPS 15 项行动计划"的制订与发展

据不完全估计，BEPS 的做法每年使各国损失 1000 亿~2400 亿美元的收入。这引起了全球政治领袖、媒体和社会公众的高度关注。对于工业化国家、新兴经济体和发展中国家等对企业所得税依赖程度较高的国家来说，解决 BEPS 问题已迫在眉睫。

2012 年 6 月，在 G20（二十国集团）首脑峰会上，G20 财长和央行行长会议同意通过国际合作应对 BEPS 问题。2013 年 2 月 12 日，OECD 发布了题为《应对税基侵蚀和利润转移》的报告（BEPS 报告）以总结其调研结果。研究发现，一些跨国公司通过运用相关税务筹划策略，最终实际缴纳了仅 5% 的公司税，而某些小型企业缴纳的公司税则高达 30%。该报告最后表示，将制订一个全球范围内的行动计划，为此次研究中发现的避税问题提供具体行动方案。而后在莫斯科召开的 G20 财长会议上宣布了该"BEPS 15 项行动计划"，重点是处理税基侵蚀和利润转移问题，并确定了行动的预期成效及时间表。

为了完成这份行动计划，OECD 发起了"税基侵蚀和利润转移项目"，经项目研究与讨论，15 项行动计划成果报告于 2015 年 10 月发布，并在 2015 年 11 月举行的 G20 安塔利亚峰会上得到 G20 领导人批准。各国通过修改本国税收法规，来落实 BEPS 行动计划。目前，100 余个国家和管辖区正在该行动计划下开展工作，在其国内立法和双边税务条约中实施 BEPS 措施，从而解决避税问题，提高国际税务规则的一致性，并确保构建更加透明的税务环境。

（二）"BEPS 15 项行动计划"的主要内容

"BEPS 15 项行动计划"包括三章内容：第一章是引言；第二章是背景；第三章是具体的 15 项行动计划，主要提出问题并针对问题提出解决的建议方法或行动。具体的 15 项行动计划内容如下表。

表 17-1　BEPS 15 项行动计划

Action 1 - Address the tax challenges of the digital economy
行动 1 - 应对数字经济和电子商务带来的税务挑战
Action 2 - Neutralise the effects of hybrid mismatch arrangements
行动 2 - 消除混合型投资工具和法律实体带来的税务影响
Action 3 - Strengthen CFC rules
行动 3 - 强化受控外国企业管理
Action 4 - Limit base erosion via interest deductions and other financial payments
行动 4 - 限制通过利息扣除及其他财务支付产生的税基侵蚀
Action 5 - Counter harmful tax practices more effectively, taking into account transparency and substance
行动 5 - 通过提高税务安排的透明性及关注税务安排的实质性来有效地对抗逃税避税行为
Action 6 - Prevent treaty abuse
行动 6 - 防止滥用协定

（续表）

Action 7 - Prevent the artificial avoidance of PE status
行动 7 - 防止在没有法律依据的情况下规避常设机构
Action 8 - Assure that transfer pricing outcomes are in line with value creation - Intangibles
行动 8 - 确保转让定价安排与价值创造相匹配——无形资产
Action 9 - Assure that transfer pricing outcomes are in line with value creation - Risks and capital
行动 9 - 确保转让定价安排与价值创造相匹配——风险与资本
Action 10 - Assure that transfer pricing outcomes are in line with value creation - Other high-risk transactions
行动 10 - 确保转让定价安排与价值创造相匹配——其他高风险交易
Action 11 - Establish methodologies to collect and analyse data on BEPS and the actions to address it
行动 11 - 建立收集、分析税基侵蚀和利润转移相关数据和制订应对方案的机制
Action 12 - Require taxpayers to disclose their aggressive tax planning arrangements
行动 12 - 要求纳税人披露其激进税务筹划安排
Action 13 - Re-examine transfer pricing documentation
行动 13 - 重审转让定价同期资料
Action 14 - Make dispute resolution mechanisms more effective
行动 14 - 提高争议解决机制的有效性
Action 15 - Develop a multilateral instrument
行动 15 - 建立多边机制

17.2 《BEPS 多边公约》

《实施税收协定相关措施以防止税基侵蚀和利润转移的多边公约》（Multilateral Convention to Implement Tax Treaty Related Measures to Prevent Base Erosion and Profit Shifting），简称《BEPS 多边公约》，是 OECD 于 2016 年 11 月 24 日发布的"BEPS15 项行动计划"成果，旨在解决目前双边税收协定体系不能进行有效同步更新，无法快速采纳"BEPS15 项行动计划"最新成果的问题，进一步加强国际税收的多边协调。2017 年 6 月 7 日，《BEPS 多边公约》的首次联合签字仪式在法国巴黎的 OECD 总部举行，67 个国家和地区的政府代表出席并共同签署了该公约，其中包括全部 G20 国家、33 个 OECD 成员国和 28 个其他国家和地区，含中国、德国、法国、英国、俄罗斯、日本、印度等在内，公约于 2018 年 7 月 1 日生效。截至 2020 年，《BEPS 多边公约》的签署方达到 94 个。

(一)《BEPS 多边公约》的制定与发展

《BEPS 多边公约》是 2013 年 9 月 G20 领导人在圣彼得堡峰会上决定起草的，G20 财长和央行行长在 2015 年 2 月的会议上提出任务，委托 OECD 负责牵头推进，并在随后的历次 G20 峰会中对国际税收合作计划做了调整和再确认。2015 年，中国在起草工作组中担任第一副主席国，积极参与研究制定工作，并与其他 100 多个国家和地区开展了为期一年的集体谈判与磋商，为其制定做出了重要贡献。2016 年 11 月，100 多个管辖区完成了公约的谈判并将其发布。

(二)《BEPS 多边公约》的主要内容与适用范围

《BEPS 多边公约》共设七章 39 条，具体内容如下：第一章是公约范围和术语解释。第二章是混合错配，具体有税收透明体、双重居民实体、消除双重征税方法的适用相关内容。第三章为协定滥用，包括被涵盖税收协定的目的、防止协定滥用、享受股息低档税率的条件、转让其价值主要来自不动产的实体的股权或权益取得的财产收益、针对位于第三方管辖区的常设机构的反滥用规定、税收协定对居民国征税权的限制。第四章是规避常设机构构成，包括通过佣金代理人和类似安排人为规避常设机构构成、通过特定活动豁免人为规避常设机构构成、合同拆分、与企业紧密关联的人的定义。第五章是改进争议解决，内容有相互协商程序、相应调整方法。第六章是仲裁相关内容，含有第六章的选择适用、强制性有约束力的仲裁、仲裁员的任命、仲裁程序的保密、仲裁结束前的案件解决、仲裁程序的类型、同意不同的解决方式、仲裁程序的费用、兼容几个条款。

《BEPS 多边公约》适用于修订所有符合该公约第二条（术语解释）第一款第（一）项定义的"被涵盖税收协定"，具体是指满足下列条件的对所得避免双重征税的协定。第一，该协定在下述双方或多方之间生效：公约缔约方和/或作为该协定缔约方的管辖区或领土，且公约缔约方对其国际关系负责的一方。第二，公约缔约方已通知公约保存人，将该协定及其任何修订文书、随附文书列为拟适用于本公约的协定。"公约缔约方"是指：按照第三十四条（生效），本公约对其生效的国家，或已根据第二十七条（签署和批准、接受或核准）第一款第（二）项或第（三）项签署本公约，且根据第三十四条（生效），本公约对其生效的管辖区。

17.3 《BEPS 多边公约》关键条款解读

【精选一】

Article 4 – Dual Resident Entities

1. Where by reason of the provisions of a Covered Tax Agreement a person other than an individual is a resident of more than one Contracting Jurisdiction, the competent authorities of the Contracting Jurisdictions shall endeavour to determine by mutual agreement the Contracting Jurisdiction of which such person shall be deemed to be a resident for the purposes of the Covered Tax Agreement, having regard to its place of effective management, the place where it is incorporated or otherwise constituted and any other relevant factors. In the absence of such agreement, such person shall not be entitled to any relief or exemption from tax provided by the Covered Tax Agreement except to the extent and in such manner as may be agreed upon by the competent authorities of the Contracting Jurisdictions.

2. Paragraph 1 shall apply in place of or in the absence of provisions of a Covered Tax Agreement that provide rules for determining whether a person other than an individual shall be treated as a resident of one of the Contracting Jurisdictions in cases in which that person would otherwise be treated as a resident of more than one Contracting Jurisdiction. Paragraph 1 shall not apply, however, to provisions of a Covered Tax Agreement specifically addressing the residence of companies participating in dual-listed company arrangements.

3. A Party may reserve the right:

a）for the entirety of this Article not to apply to its Covered Tax Agreements;

b) for the entirety of this Article not to apply to its Covered Tax Agreements that already address cases where a person other than an individual is a resident of more than one Contracting Jurisdiction by requiring the competent authorities of the Contracting Jurisdictions to endeavour to reach mutual agreement on a single Contracting Jurisdiction of residence;

c) for the entirety of this Article not to apply to its Covered Tax Agreements that already address cases where a person other than an individual is a resident of more than one Contracting Jurisdiction by denying treaty benefits without requiring the competent authorities of the Contracting Jurisdictions to endeavour to reach mutual agreement on a single Contracting Jurisdiction of residence;

d) for the entirety of this Article not to apply to its Covered Tax Agreements that already address cases where a person other than an individual is a resident of more than one Contracting Jurisdiction by requiring the competent authorities of the Contracting Jurisdictions to endeavour to reach mutual agreement on a single Contracting Jurisdiction of residence, and that set out the treatment of that person under the Covered Tax Agreement where such an agreement cannot be reached;

e) to replace the last sentence of paragraph 1 with the following text for the purposes of its Covered Tax Agreements: "In the absence of such agreement, such person shall not be entitled to any relief or exemption from tax provided by the Covered Tax Agreement.";

f) for the entirety of this Article not to apply to its Covered Tax Agreements with Parties that have made the reservation described in subparagraph e).

第四条 双重居民实体

1. 若按照被涵盖税收协定的规定，除个人以外的主体成为两个或多个缔约管辖区的居民，缔约管辖区各方主管当局应考虑其实际管理机构所在地、注册地或成立地以及任何其他相关因素，尽力通过相互协商确定其在适用该协定时的居民身份。

如未能达成一致，则该人不能享受该协定规定的任何税收优惠或减免，除非缔约管辖区各方主管当局就享受协定待遇的程度和方式达成一致意见。"

2. 第一款应替代被涵盖税收协定中的下述规定适用，或者在被涵盖税收协定无相关规定的情况下适用。此类规定用于明确，除个人以外的主体在被视为缔约管辖区各方中一方的居民的情况下，是否将其确定为其中一个缔约管辖区的居民。但是，第一款不应适用于被涵盖税收协定中专门确定参与双重上市公司安排的公司居民身份的规定。

3. 公约缔约一方可保留以下权利：

a）本条规定整体不适用于其被涵盖税收协定；

b）如其被涵盖税收协定规定，对于除个人以外的人是缔约管辖区双方或多方居民的，要求缔约管辖区各方主管当局尽力协商确定其为缔约管辖区一方居民，则本条规定整体不适用于此类协定；

c）如其被涵盖税收协定规定，对于除个人以外的人是缔约管辖区双方或多方居民的，拒绝给予协定待遇，不要求缔约管辖区各方主管当局尽力协商确定其为缔约管辖区一方居民，则本条规定整体不适用于此类协定；

d）如其被涵盖税收协定规定，对于除个人以外的人是缔约管辖区双方或多方居民的，要求缔约管辖区各方主管当局尽力协商确定其为缔约管辖区一方居民，且明确在缔约管辖区各方无法就其居民身份达成一致的情况下，其在该税收协定项下的处理方式，则本条规定整体不适用于此类协定；

e）将第一款最后一句替换为以下内容："如未能达成一致，则该人不能享受该协定规定的任何税收优惠或减免。"

f）如被涵盖税收协定的缔约对方已作为公约缔约方做出第（e）项所述保留，则本条规定整体不适用于此类协定。

【精选二】

Article 5 – Application of Methods for Elimination of Double Taxation

1. A Party may choose to apply either paragraphs 2 and 3 (Option A), paragraphs 4 and 5 (Option B), or paragraphs 6 and 7 (Option C), or may choose to apply none of the Options. Where each Contracting Jurisdiction to a Covered Tax Agreement chooses a different Option (or where one Contracting Jurisdiction chooses to apply an Option and the other chooses to apply none of the Options), the Option chosen by each Contracting Jurisdiction shall apply with respect to its own residents.

Option A

2. Provisions of a Covered Tax Agreement that would otherwise exempt income derived or capital owned by a resident of a Contracting Jurisdiction from tax in that Contracting Jurisdiction for the purpose of eliminating double taxation shall not apply where the other Contracting Jurisdiction applies the provisions of the Covered Tax Agreement to exempt such income or capital from tax or to limit the rate at which such income or capital may be taxed. In the latter case, the first-mentioned Contracting Jurisdiction shall allow as a deduction from the tax on the income or capital of that resident an amount equal to the tax paid in that other Contracting Jurisdiction. Such deduction shall not, however, exceed that part of the tax, as computed before the deduction is given, which is attributable to such items of income or capital which may be taxed in that other Contracting Jurisdiction.

3. Paragraph 2 shall apply to a Covered Tax Agreement that would otherwise require a Contracting Jurisdiction to exempt income or capital described in that paragraph.

Option B

4. Provisions of a Covered Tax Agreement that would otherwise exempt income derived by a resident of a Contracting Jurisdiction from tax in that Contracting Jurisdiction for the purpose of eliminating double taxation because such income is treated as a dividend by that Contracting Jurisdiction shall not apply where such income gives rise to a deduction for the purpose of determining the taxable profits of a resident of the other

Contracting Jurisdiction under the laws of that other Contracting Jurisdiction. In such case, the first-mentioned Contracting Jurisdiction shall allow as a deduction from the tax on the income of that resident an amount equal to the income tax paid in that other Contracting Jurisdiction. Such deduction shall not, however, exceed that part of the income tax, as computed before the deduction is given, which is attributable to such income which may be taxed in that other Contracting Jurisdiction.

5. Paragraph 4 shall apply to a Covered Tax Agreement that would otherwise require a Contracting Jurisdiction to exempt income described in that paragraph.

Option C

6. a) Where a resident of a Contracting Jurisdiction derives income or owns capital which may be taxed in the other Contracting Jurisdiction in accordance with the provisions of a Covered Tax Agreement (except to the extent that these provisions allow taxation by that other Contracting Jurisdiction solely because the income is also income derived by a resident of that other Contracting Jurisdiction), the first-mentioned Contracting Jurisdiction shall allow:

i) as a deduction from the tax on the income of that resident, an amount equal to the income tax paid in that other Contracting Jurisdiction;

ii) as a deduction from the tax on the capital of that resident, an amount equal to the capital tax paid in that other Contracting Jurisdiction.

Such deduction shall not, however, exceed that part of the income tax or capital tax, as computed before the deduction is given, which is attributable to the income or the capital which may be taxed in that other Contracting Jurisdiction.

b) Where in accordance with any provision of the Covered Tax Agreement income derived or capital owned by a resident of a Contracting Jurisdiction is exempt from tax in that Contracting Jurisdiction, such Contracting Jurisdiction may nevertheless, in calculating the amount of tax on the remaining income or capital of such resident, take into account the exempted income or capital.

7. Paragraph 6 shall apply in place of provisions of a Covered Tax Agreement that, for purposes of eliminating double taxation, require a Contracting Jurisdiction to exempt from tax in that Contracting Jurisdiction income derived or capital owned by a resident of that Contracting Jurisdiction which, in accordance with the provisions of the Covered Tax Agreement, may be taxed in the other Contracting Jurisdiction.

8. A Party that does not choose to apply an Option under paragraph 1 may reserve the right for the entirety of this Article not to apply with respect to one or more identified Covered Tax Agreements (or with respect to all of its Covered Tax Agreements) .

9. A Party that does not choose to apply Option C may reserve the right, with respect to one or more identified Covered Tax Agreements (or with respect to all of its Covered Tax Agreements), not to permit the other Contracting Jurisdiction(s) to apply Option C.

10. Each Party that chooses to apply an Option under paragraph 1 shall notify the Depositary of its choice of Option. Such notification shall also include:

a) in the case of a Party that chooses to apply Option A, the list of its Covered Tax Agreements which contain a provision described in paragraph 3, as well as the article and paragraph number of each such provision;

b) in the case of a Party that chooses to apply Option B, the list of its Covered Tax Agreements which contain a provision described in paragraph 5, as well as the article and paragraph number of each such provision;

c) in the case of a Party that chooses to apply Option C, the list of its Covered Tax Agreements which contain a provision described in paragraph 7, as well as the article and paragraph number of each such provision.

An Option shall apply with respect to a provision of a Covered Tax Agreement only where the Party that has chosen to apply that Option has made such a notification with respect to that provision.

第五条 消除双重征税方法的适用

1. 公司缔约一方可选择适用 A 选项（第二款和第三款）、B 选项（第四款和第五款）或者 C 选项（第六款和第七款），或者选择都不适用。如果被涵盖税收协定的缔约管辖区双方或各方选择不同（或者缔约管辖区一方选择适用某选项而另一方选择都不适用），缔约管辖区一方选择的选项应适用于其居民。

A 选项

2. 如果被涵盖税收协定规定，为消除双重征税，缔约管辖区一方居民取得的所得或者拥有的财产应在该缔约管辖区一方免税，则在缔约管辖区另一方适用被涵盖税收协定规定，对该所得或财产给予免税或者限制其征税税率的情况下，前述免税规定应不适用。如果缔约管辖区另一方适用限制税率征税，首先提及的缔约管辖区一方对其居民的所得或财产征税时，应允许等额扣除在缔约管辖区另一方缴纳的税款。然而，扣除额不应超过在扣除前计算的归属于缔约管辖区另一方可征税所得或财产的税款。

3. 第二款应适用于要求缔约管辖区一方对该款所述所得或财产免税的被涵盖税收协定。

B 选项

4. 如果被涵盖税收协定规定，为消除双重征税，缔约管辖区一方居民取得的所得，因为在该缔约管辖区一方被视为股息处理而在该缔约管辖区一方给予免税，则在根据缔约管辖区另一方的法律，在确定该缔约管辖区另一方居民的应税利润时扣除该项所得的情况下，前述免税规定应不适用。这种情况下，首先提及的缔约管辖区一方应允许从对该居民所得的征税中扣除在缔约管辖区另一方所缴纳的所得税款。然而，扣除额不应超过在扣除前计算的归属于缔约管辖区另一方可征税所得的所得税款。

5. 第四款应适用于要求缔约管辖区一方对该款所述所得免税的被涵盖税收协定。

C 选项

6. a）如果缔约管辖区一方居民取得的所得或者拥有的财产，根据被涵盖税收协定的规定可以在缔约管辖区另一方征税（上述规定允许缔约管辖区另一方征税，仅是因为该所得也由该缔约管辖区另一方居民取得的情况除外），首先提及的缔约管辖区一方应允许：

ⅰ）从对该居民所得的征税中，扣除与在缔约管辖区另一方缴纳的所得税相等的数额；

ⅱ）从对该居民财产的征税中，扣除与在缔约管辖区另一方缴纳的财产税相等的数额。

然而，该扣除额不应超过在扣除前计算的归属于缔约管辖区另一方可征税所得或财产的所得税款或财产税款。

b）如果根据被涵盖税收协定的任何规定，缔约管辖区一方居民取得的所得或者拥有的财产在该缔约管辖区免税，在计算该居民其余所得或财产的税额时，该缔约管辖区仍可将免税所得或财产考虑在内。

7. 第六款应替代被涵盖税收协定中的下述规定适用。此类规定用于明确，为了避免双重征税，要求缔约管辖区一方对其居民取得的所得或者拥有的财产，在缔约管辖区另一方根据被涵盖税收协定的规定可对该所得或财产征税的情况下，应该给予免税。

8. 根据第一款选择不适用任何选项的公约缔约一方，可保留权利，使本条整体不适用于其一个或多个指定的被涵盖税收协定（或不适用于其所有被涵盖税收协定）。

9. 未选择适用 C 选项的公约缔约一方，可就其一个或多个指定的被涵盖税收协定（或就其所有被涵盖税收协定）保留权利，不允许缔约管辖区另一方或另几方选择适用 C 选项。

10. 根据第一款选择适用某一选项的公约缔约方，应将其选项通知公约保存人。通知内容还应包括：

a）如果公约缔约一方选择适用 A 选项，则为其包含第三款所述规定的被涵盖税收协定清单及各此类规定的条款序号；

b）如果公约缔约一方选择适用 B 选项,则为其包含第五款所述规定的被涵盖税收协定清单及各此类规定的条款序号;

c）如果公约缔约一方选择适用 C 选项,则为其包含第七款所述规定的被涵盖税收协定清单及各此类规定的条款序号。

选项应仅在已选择该选项的公约缔约一方就被涵盖税收协定中的规定作出上述通知的情况下,适用于被涵盖税收协定中的规定。

17.4　案例:跨境税收执法案

案例要点:他国在华境内构成常设机构,应依法在华缴纳个人所得税[①]

中国境内的一家公司通过签署两份单独的合同从一家日本公司进口了几台设备,在合同附件中规定了日本公司提供设备安装和指导等服务。该日本公司在两年内分批次从境外共派遣 15 名员工来到中国。

为避免构成常设机构,这家日本公司的派员每人每年在华时间均未超过 183 天,低于中国签署的大部分税收协定中对服务型常设机构规定的时间门槛,即相关人员在华时间"在任意 12 个月中连续或累计超过 183 天"。然而税务机关认为,由于这些设备安装在同一车间,设备之间需要相互配合才能进行产品生产,因此两份合同具有相关性,不同批次派遣人员的活动也存在商业相关性。因此,需将从事关联项目人员的在华时间进行加总。由于加总的时间超过了 183 天,从而判定这家公司在中国境内构成了常设机构,并应在中国缴纳个人所得税。那么提供设备的咨询劳务是否适用中日税收协定议定书中的例外条款呢?议定书第一条规定,"虽有协定第五条第五款的规定,缔约国一方企业通过雇员或其他人员在缔约国另一方提供与销售或者出租机器设备有关的咨询劳务,应不视为在该缔约国另一方设有常设机构"。但经调查,税务机关发现日本公司派员不仅提供了与销售相关的咨询劳务,

---

[①] 案例来源:中华人民共和国商务部 WTO/FTA 咨询网。

其实际上还对设备的安装承担了监督和管理的工作，因此否定其适用中日税收协定议定书中的例外条款，认定其构成常设机构的事实。最终，税务机关对日本派员的劳务所得追缴了个人所得税。

第 18 章　国际争议

国际争议分为国家主体间的国际争议和国际非国家主体的民商事争议，本章主要讨论国际民商事争议。国际民商事争议是指国际民商事交往中各方当事人之间在权利义务方面所发生的各种纠纷。国际民商事争议的解决方式是多种多样的。根据争议是否裁判解决，国际民商事争议解决方式可分为非裁判性的解决方式（包括和解或协商、调解）和裁判性的解决方式（包括仲裁和司法诉讼）。根据争议的解决是否有第三人介入，国际民商事争议解决方式可分为当事人自行解决争议的方式（如和解或协商）和第三人参与解决争议的方式（包括调解、仲裁和司法诉讼等）。在争议解决方式方面，所谓的"替代争议解决方式"越来越受到重视。替代争议解决方式是指司法诉讼以外的解决争议的各种方式的总称。替代争议解决方式通常基于各方意愿，遵循当事人意思自治的原则。由于替代争议解决方式具有形式多样、程序灵活和效率高、费用低等优点，越来越受到国际商事争议当事人的青睐。

18.1 《国际法院规约》

国际法院为联合国主要司法机关，根据 1945 年 6 月 26 日在旧金山签署的《联合国宪章》设立，以实现联合国的一项主要宗旨："以和平方法且依正义及国际法之原则，调整或解决足以破坏和平之国际争端或情势。"国际法院依照《国际法院规约》及其本身的规则运作。《国际法院规约》是《联合国宪章》的一部分。国际法院作为主权国家政府间的民事司法裁判机构，具有双重作用：依照国际法解决各国向其提交的法律争端，并就正式认可的联合国机关和专门机构提交的法律问题提供咨询意见。国际法院是具有明确权限的民事法院，没有附属机构，对其他国际法庭没有管辖权。国际法院没有刑事管辖权，因此无法审判个人，这种刑事审判由国内管辖或联合国特设刑事法庭或国际刑事法院管辖。国际法院由15名法官组成，任期9年。

（一）《国际法院规约》的制定与发展

1945年6月26日，旧金山会议通过《国际法院规约》，其前身是《常设国际法院规约》。1945年，联合国法学家委员会和联合国国际组织会议第四委员会在旧金山先后承担了重新起草工作。同年，与《国际法院规约》一起签订并生效的《联合国宪章》规定设立国际法院。1946年2月5日，联合国大会和联合国安理会选出第一批国际法院法官，取代了1920年国际联盟主持下设立的常设国际法院。1946年4月18日，国际法院首次公开开庭。第一个案件是1947年5月英国起诉阿尔巴尼亚的科孚海峡事件。

（二）《国际法院规约》的主要内容与适用范围

《国际法院规约》共五章70条，第一章是国际法院的组织介绍，规定了法院由15位不同国籍的法官组成，法官任期九年，可以连选，候选人在大会及在安全理事会得绝对多数票者应认为当选。第二章是国际法院的管辖范围，规定了诉讼主体为国家，非联合国会员也可以诉讼但需支付法院规定的费用，法院对于陈诉各项争端，应依国际法裁判。第三章是国际法院的判决程序，规定了程序分为书面和口述两部分，除当事国特殊要求外，需要公开审讯，所有问题都需法官一半以上票数决定。第四章是咨询意见，规定了法院对于经任何团体由《联合国宪章》授权或依照《联合国宪章》提出的任何法律问题，需要发表咨询意见。第五章是修正说明，规定沿用《联合国宪章》的修正程序。

《国际法院规约》适用于主权国家，因此只有主权国家间的争端才可以提交国际法院裁决。迄今为止，国际法院已经做出74项裁决。虽然这些裁决都是强制性的，但是并不是每一项裁决都得到切实履行。当一方认为另一方没有履行法院裁决时，可以要求联合国安理会采取行动，以在必要时迫使另一方履行裁决中所规定的义务。

18.2 《1965年华盛顿公约》

《关于解决国家和他国国民之间投资争端公约》(Convention on the Settlement of Investment Disputes Between States and Nationals of Other States，也称《1965年华盛顿公约》)，主要目的是为国家与他国国民之间的投资争议提供便利，除了绝大部分发达国家已参加该公约外，还有许多发展中国家也已陆续加入，因此具有较为广泛的国际性。中国于1990年2月9日签署该公约，该公约1993年2月6日对中国正式生效。

（一）《1965年华盛顿公约》的制定与发展

在19世纪下半叶和20世纪初，一国有权保护在国外受到损害的国民的原则是西欧各国和美国与拉丁美洲国家之间关系的核心特征。前往拉丁美洲开采自然资源及参加工业开发的西欧列强国民经常在个人权利或财产权利方面与拉丁美洲国家政府发生争议。于是，他们便请本国保护，本国有时以仲裁形式处理，有时动用武力。基于此历史原因，从1930年开始国际上出现了保护跨国国民的声音。第二次世界大战后，国际复兴开发银行（世界银行）所创议的《1965年华盛顿公约》草案逐步形成，公约草案经过该银行各成员国政府派员组成的咨询委员会多次分地区进行讨论后，于1966年10月14日生效。其主要宗旨是为参加该公约的各缔约国和其他缔约国的国民之间的投资争端，提供调停和仲裁的便利，以排除政治干预和外交干涉，从而改善投资气氛。

（二）《1965年华盛顿公约》的主要内容与适用范围

《1965年华盛顿公约》包括一个序言和10章75条。序言声明了该公约的目的在于解决参加该公约的各缔约国和其他缔约国的国民之间的投资争端问题。第一章主要约定建立投资争端中心，重点介绍其组织结构及功能。第二章主要介绍中心的管辖范围。第三章是调解，约定了调解委员会的组成及调解程序。第四章是仲裁，约定了仲裁庭的组成、仲裁权利及裁决的承认和执行。第五章到第七章约定了调解及仲裁人员资格、诉讼地、诉讼费用等争端解决的具体信息。第八章是缔约国之间的争端，规定了不能通过该公约解决的争端可提交至国际法院。第九章是修改，规定了修改公约的要求。第十章是最后条款，约定了公约的保管、公约的生效及退出公约的管理办法。该公约约定争议的解决方法有调解与仲裁两种。对于解决案件的法律，公约允许当事人协议选择，如无此协议，则适用争端缔约国的法律以及可以适用的国际法规则。

《1965 年华盛顿公约》限于一缔约国（或缔约国向中心指明的该国任何组成部分或机构）和另一缔约国国民之间直接因投资关系而发生的任何法律争端。分属两个不同国家的一般企业之间的贸易或经济合同所发生的争端以及属于两个国家之间的争端，则属国际商事仲裁及国际仲裁的范围，不适用该公约。

18.3 《承认及执行外国仲裁裁决公约》

《承认及执行外国仲裁裁决公约》(the New York Convention on the Recognition and Enforcement of Foreign Arbitral Awards，亦称 1958 年《纽约公约》)，于 1958 年 6 月 10 日在联合国主持下在纽约缔结，1959 年 6 月 7 日生效。随着国际贸易与经济合作在全球范围的广泛开展，国际商事争议随之增多，世界各国普遍把仲裁作为解决国际商事争议的一种有效方式，纷纷修改或指定仲裁法，专门规定国际商事仲裁的有关问题，设立常设仲裁机构，受理或专门受理国际商事仲裁案件。在所有设有国际商事仲裁机构的国家的法律中均有调整国际商事仲裁的规定，国际商事仲裁机构自身也都有自己的仲裁程序规则，但通常彼此不同。在仲裁协议、仲裁程序以及仲裁裁决的承认与执行方面，各国都有自己的解决方式，不利于国际商事仲裁的健康发展。因此，联合国发布了《承认及执行外国仲裁裁决公约》。该公约 1987 年 4 月 22 日对我国生效。截至 2020 年 7 月，《纽约公约》缔约国已达到了 164 个。

（一）《承认及执行外国仲裁裁决公约》的制定与发展

20世纪20年代后，随着经济的发展和国际交往的频繁开展，仲裁作为争议解决方式开始呈普及趋势，仲裁裁决的承认与执行，特别是在域外的承认与执行问题得到普遍关注。为此，国际私法史上出现了以仲裁为主题的公约文件《1923年日内瓦仲裁条款议定书》，在寻求国际仲裁协议和裁决获得国际承认和执行的征途上迈出了第一步。

由于《1923年日内瓦仲裁条款议定书》只规定了议定书裁决在裁决做出国的内部执行，《1927年日内瓦仲裁条款议定书》随即出台，将裁决的执行扩大至所有缔约国。不过，这部公约对裁决的承认与执行设置了许多限制条件，其中受到抨击最多的便是执行上的双重许可制度，即只有裁决经做出国承认，并取得该国法院颁布的执行许可后，方可在他国执行。

由于《1923年日内瓦仲裁条款议定书》和《1927年日内瓦仲裁条款议定书》在适用范围和执行条件等方面存在诸多限制和局限性，国际间的裁决的承认和执行仍未有效而广泛地开展起来。因此，国际社会试图重新订立一部统一各国有关裁决的承认和执行的多边国际公约。

（二）《承认及执行外国仲裁裁决公约》的主要内容与适用范围

《承认及执行外国仲裁裁决公约》全文共16条。主要内容可概括为五点。第一点，承认在一个国家领土内作成，而在另一个国家请求承认和执行的裁决，或者一国请求承认和执行其不认为是本国裁决的仲裁裁决时，适用该公约。第二点，明确规定了承认和执行的必要条件。如当事人无行为能力或仲裁协议无效的，被申请执行的机关可拒绝执行外国做出的裁决。第三点，如果当事人证明仲裁程序有欠缺的，执行地法院认为按照该国的法律，争议的事项不能通过仲裁解决，或者承认和执行该裁决是违反执行地国家的公共政策的，则可以拒绝承认和执行。第四点，缔约国应相互承认和执行对方国家所做的仲裁裁决，并且在承认和执行对方国家的仲裁裁决时，不应在实质上比承认和执行本国的仲裁裁决提出更为麻烦的条件或征收更高的费用。第五点，申请另一缔约国承认和执行裁决的当事人，应提供经过适当证明的仲裁裁决书的正本或副本，以及仲裁协议的正本或经过适当证明的副本，必要时应附具译本。

前文《1927年日内瓦仲裁条款议定书》改为《1927年日内瓦执行外国仲裁裁决公约》，为执行外国仲裁裁决提供了保证和便利，在世界范围内得到了广泛的接受和实施，适用于由自然人或法人间的争执引起的仲裁裁决。

18.4 《承认及执行外国仲裁裁决公约》关键条款解读

【精选一】

Article I

1. This Convention shall apply to the recognition and enforcement of arbitral awards made in the territory of a State other than the State where the recognition and enforcement of such awards are sought, and arising out of differences between persons, whether physical or legal. It shall also apply to arbitral awards not considered as domestic awards in the State where their recognition and enforcement are sought.

2. The term "arbitral awards" shall include not only awards made by arbitrators appointed for each case but also those made by permanent arbitral bodies to which the parties have submitted.

3. When signing, ratifying or acceding to this Convention, or notifying extension under article X hereof, any State may on the basis of reciprocity declare that it will apply the Convention to the recognition and enforcement of awards made only in the territory of another Contracting State. It may also declare that it will apply the Convention only to differences arising out of legal relationships, whether contractual or not, which are considered as commercial under the national law of the State making such declaration.

第一条

1. 本公约适用以下仲裁裁决，因自然人或法人间之争议而产生且在申请承认及执行地所在国以外之国家领土内作成者,其承认及执行适用本公约。本公约也适用于对于仲裁裁决经申请承认及执行地所在国认为非内国裁决者。

2."仲裁裁决"一词不仅指专案选派之仲裁员所作裁决,亦指当事人提请仲裁之常设仲裁机关所作裁决。

3.任何国家得于签署、批准或加入本公约时,或按照本公约第十条通知适用时,本交互原则声明该国适用本公约,以承认并执行在另一缔约国领土内作成之裁决为限。任何国家亦得声明,该国唯于争议起于法律关系,不论其为契约性质与否,只要提出声明国家的国内法认为属于商事关系的,均适用本公约。

【精选二】

Article III

Each Contracting State shall recognize arbitral awards as binding and enforce them in accordance with the rules of procedure of the territory where the award is relied upon, under the conditions laid down in the following articles. There shall not be imposed substantially more onerous conditions or higher fees or charges on the recognition or enforcement of arbitral awards to which this Convention applies than are imposed on the recognition or enforcement of domestic arbitral awards.

第三条

各缔约国应承认仲裁裁决具有拘束力,并依援引裁决地之程序规则及下列各条所载条件执行之。承认或执行适用本公约之仲裁裁决时,不得较承认或执行内国仲裁裁决附加过苛之条件或征收过多之费用。

【精选三】

Article V

1. Recognition and enforcement of the award may be refused, at the request of the party against whom it is invoked, only if that party furnishes to the competent authority

where the recognition and enforcement is sought, proof that:

(a) The parties to the agreement referred to in article II were, under the law applicable to them, under some incapacity, or the said agreement is not valid under the law to which the parties have subjected it or, failing any indication thereon, under the law of the country where the award was made; or

(b) The party against whom the award is invoked was not given proper notice of the appointment of the arbitrator or of the arbitration proceedings or was otherwise unable to present his case; or

(c) The award deals with a difference not contemplated by or not falling within the terms of the submission to arbitration, or it contains decisions on matters beyond the scope of the submission to arbitration, provided that, if the decisions on matters submitted to arbitration can be separated from those not so submitted, that part of the award which contains decisions on matters submitted to arbitration may be recognized and enforced; or

(d) The composition of the arbitral authority or the arbitral procedure was not in accordance with the agreement of the parties, or, failing such agreement, was not in accordance with the law of the country where the arbitration took place; or

(e) The award has not yet become binding on the parties, or has been set aside or suspended by a competent authority of the country in which, or under the law of which, that award was made.

2. Recognition and enforcement of an arbitral award may also be refused if the competent authority in the country where recognition and enforcement is sought finds that:

(a) The subject matter of the difference is not capable of settlement by arbitration under the law of that country; or

(b) The recognition or enforcement of the award would be contrary to the public policy of that country.

第五条

1. 仲裁的承认及执行可能遭到以下情形的拒绝，一方向有公信力的执行机构提出证据证明有下列情形之一时，拒予承认及执行：

（a）第二条所称协定之当事人依对其适用的法律有某种无行为能力情形，或该项协定依当事人作为协定准据的法律系属无效，或未指明以何法律为准时，依裁决地所在国法律无效；或

（b）关于指派仲裁员或仲裁程序之不适当通知，或因其他原因，致未能申辩；或

（c）裁决所处理的争议非为交付仲裁之标或不在其条款之列，或裁决载有超出交付仲裁范围的事项之决定者，但若交付仲裁事项的决定可与未交付仲裁之事项分离，裁决中关于交付仲裁事项之决定部分应当得予承认及执行；或

（d）仲裁机关的组成或仲裁程序与各方的协议不符，或无协议而与仲裁地所在国法律不符；或

（e）裁决对各造尚无拘束力，或经裁决地所在国或裁决所依据法律、主管机关撤销或停止执行。

2. 承认及执行地所在国之主管机关认定有下列情形之一，可能拒不承认及执行仲裁裁决：

（a）依该国法律，争议事项系不能以仲裁方式解决；或

（b）承认或执行裁决有违该国公共政策。

18.5 案例：国际棉协仲裁案

案例要点：合同争议仲裁案[①]

2011年7月7日与2011年7月12日，新加坡翱兰公司（下称"翱兰公司"）

---

① 案例来源：山东省淄博市中级人民法院（2015）淄民特字第1号。

与淄博银花公司（下称"银花公司"）签订了《棉花销售合同》，约定合同效力应由英国法律判定。合同付款方式为银花公司在翱兰公司装运月 15 天前开具以翱兰公司为受益人的不可撤销即期信用证。根据合同的规定，如双方发生争议，应将争议提交至国际棉花协会有限公司（以下简称"国际棉花协会"）通过仲裁解决。合同签订后，银花公司根据合同的约定向翱兰公司支付了订金。但是，在合同约定的开具信用证的时间到期后，截至 2013 年 6 月 25 日，银花公司仍未根据合同的约定向翱兰公司开具信用证，并且对于翱兰公司向其发出的履约要求不予理睬。根据合同中的仲裁条款的约定，翱兰公司于 2013 年 6 月 25 日向国际棉花协会提出仲裁申请。最终，翱兰公司申请法院裁定承认国际棉花协会有限公司于 2015 年 2 月 27 日作出的有关翱兰公司与银花公司合同纠纷的仲裁裁决及请求银花公司支付拖欠的货款及利息。银花公司抗辩：涉案当事人对仲裁庭的组成及仲裁程序没有协议，同仲裁地英国法律不符。但是，银花公司未能举证该仲裁庭的组成不符合英国法律。

经双方举证质证，最终法院认为：本案系当事人申请承认及执行外国仲裁裁决的案件，所涉仲裁裁决系国际棉花协会在英国作出，中国与英国同属《承认及执行外国仲裁裁决公约》的缔约国，根据《中华人民共和国民事诉讼法》第二百八十三条的规定，对涉案仲裁裁决的承认与执行应依照《承认及执行外国仲裁裁决公约》的相关规定进行审查。裁定如下：对国际棉花协会有限公司于 2015 年 2 月 27 日对申请人翱兰国际有限公司与被申请人淄博银花棉麻有限公司就《棉花销售合同》作出的仲裁裁决予以承认和执行。

下篇

英文合同读写

第四编　合同专业知识

第 19 章　什么是合同（contract）

19.1　我国合同法的由来

1981 年，我国制定了《中华人民共和国经济合同法》；1985 年为适应对外开放，又制定了《中华人民共和国涉外经济合同法》；1986 年制定的《中华人民共和国民法通则》对于合同的基本问题做了规定；1987 年又制定了《中华人民共和国技术合同法》，2020 年颁布的《中华人民共和国民法典》中第三编对合同的定义和相关法律效力做了明确规定。"合同是民事主体之间设立、变更、终止民事法律关系的协议。"体现了合同的自愿、平等、公平、诚实信用等原则，对合同的履行、合同的变更和转让、合同的终止以及违约责任做了较为系统的规定。这样就建成了我国以《民法典》为统帅，以《合同法》为基础，以其他专门法为补充的合同法律制度。

19.2　英美合同法的由来

英美合同法的起源可以追溯到中世纪。中世纪早期法院只承认私人签订的盖印合同具有约束力，除此之外不承认其他人之间的协议。到中世纪后期，普通法院又发展出一种新的诉讼形式，即违约损害之诉受理当事人违背口头协议的诉讼。19 世纪，随着自由主义的盛行，法院的唯一职责就是强制实施这份合同。19 世纪末期，合同自由原则开始衰落，当事人订立合同的自由开始受到限制，范式合同开始广泛应用。尽管英国以判例法为主导，但随着近年商业交易对法律确定性和可预见性的要求，也陆续通过了一系列成文法。英美合同法实际上是关于允诺的法律，它决定哪些允诺具有或不具有法律效力，以及当某人声称允诺者违反了具有约束力的允诺时，可以得到何种救济。

在英美合同法中，对价（consideration）是一般合同成立的必备要素，被称为"理论与规则之王"，而大陆法系国家的合同法不存在对价要求。

第 20 章　违约救济

20.1　违约救济适用范围

《中华人民共和国民法典》第三编第 577 条规定：当事人一方不履行合同义务或者履行合同义务不符合约定的，应当承担继续履行、采取补救措施或者赔偿损失等违约责任。

《联合国国际货物销售合同公约》第 45 条规定了卖方违反合同的违约救济，第 61 条规定了买方违反合同的违约救济。

Article 45

(1) If the seller fails to perform any of his obligations under the contract or this Convention, the buyer may:

(a) exercise the rights provided in articles 46 to 52;

(b) claim damages as provided in articles 74 to 77.

买方可以根据第 46 条要求卖方采取补救措施继续履约，根据第 52 条买方可以对提前到货的货物采取收取或拒绝的选择权，也可以根据第 74 条及第 77 条提出损害赔偿。

在继续履行、采取补救措施方面，两大法系的规定基本上是一致的。但对于赔偿损失的方式以及举证，两大法系却截然不同。

20.2　补救措施

《联合国国际货物销售合同公约》第四十六条规定买方可以要求违约方卖方对于不符货物进行替换或维修，当然这一要求不可以给买方带来额外的成本。

Article 46

（1）The buyer may require performance by the seller of his obligations unless the buyer has resorted to a remedy which is inconsistent with this requirement.

（2）If the goods do not conform to the contract, the buyer may require delivery of substitute goods only if the lack of conformity constitutes a fundamental breach of contract and a request for substitute goods is made either in conjunction with notice given under article 39 or within a reasonable time thereafter.

（3）If the goods do not conform to the contract, the buyer may require the seller to remedy the lack of conformity by repair, unless this is unreasonable having regard to all the circumstances. A request for repair must be made either in conjunction with notice given under article 39 or within a reasonable time thereafter.

第四十六条

（1）买方可以要求卖方履行义务，除非买方已采取与此一要求相抵触的某种补救办法。

（2）如果货物与合同约定不符，买方只有在此种不符合同情形构成根本违反合同时，才可以要求交付替代货物，而且关于替代货物的要求，必须与依照第三十九条发出的通知同时提出，或者在该项通知发出后一段合理时间内提出。

（3）如果货物与合同约定不符，买方可以要求卖方通过修理对不符合同之处做出补救，除非他考虑了所有情况之后，认为这样做是不合理的。修理的要求必须与依照第三十九条发出的通知同时提出，或者在该项通知发出后一段合理时间内提出。

条款设计示例：

Except as otherwise provide herein, if a Party ("breaching party") fails to perform any of its material obligation under this Contract or otherwise is in material breach of this Contract, then the other Party ("aggrieved party") may:

（a）give written notice to the breaching Party describing the nature and scope of the breach and demand that the breaching party cure the breach at its own cost within a reasonable time specified in the notice ("cure period").

参考译文：

除非本合同中另有规定，如果一方（违约方）没有对于其实质义务履约或实质上违反合同，那么另一方（受损方）可以：

（a）给出违约方书面通知，说明违约的范围及情况，并要求违约方自己承担费用，在通知中要求的合理时间（补救期）内完成补救。

从这个例子不难看出，受损方通常都会给出违约方一个合理的整改时间（cure period），无论是延迟到货、延迟付款、延迟交付还是货物质量、SLA 不达标等等。当然，这一整改宽限期的给出不能够给受损方带来额外的费用。

20.3　赔偿损失

我国对损害赔偿的定义

《中华人民共和国民法典》第 583 条规定："当事人一方不履行合同义务或者履行合同义务不符合约定的，在履行义务或者采取补救措施后，对方还有其他损失的，应当赔偿损失。"第 585 条规定："当事人可以约定一方违约时应当根据违约情况向对方支付一定数额的违约金，也可以约定因违约产生的损失赔偿额的计算方法。"违约损害赔偿，主要在于弥补非违约方的损失，从而使受害人获取合同如约履行所能获得的利益。赔偿的损失，包括直接损失和间接损失。损害赔偿具有补偿性质，但同时具有惩罚性质。

英美法系对损害赔偿的定义

英美法系在损害赔偿方面不支持惩罚，并且不支持非违约方的间接损失，只支持对非违约方补偿到违约方在不违约时的状态。而且，卖方延期交货，买方主张索赔，要首先证明自己遭受的损失，而要证明这些损失会耗费大量的人、财、物。因此，为了避免这种情况，双方在合同签订阶段，就会对违约预期损失进行约定，这就是预期违约赔偿金（liquidated damage）。这样，一旦出现违约，就可以按照条款进行赔偿，无须再大费周章地去进行举证。另外，预期违约赔偿金还有一个作用，就是对合同双方就某些不可预知的违约风险设置一个安全上限。

预期违约赔偿金的设计要注意以下几点：

（1）违约赔偿金的计算基数（合同、PO总金额，还是延迟部分）；

（2）违约赔偿金的计算比例（日罚1%，周罚2%，月罚按阶梯）；

（3）违约赔偿金的上限设定（是合同总金额，还是延迟部分总金额的一定百分比）；

（4）违约赔偿金的违约责任界定（非一方原因，不赔偿）；

（5）违约赔偿金不可以重复计算（同样原因造成的延迟，不可以重复赔偿）。

条款设计示例：

• In the event that the Supplier fails to deliver the System as set forth in the Contract or any extension period for reasons solely attributable to the Supplier, the Supplier shall, upon receipt of the Purchaser's written notification of such delay, pay to the Purchaser liquidated damages amounting to the sum of Zero point Zero Five per cent（0.05%）per day of the value of the delayed Equipment or part or Service thereof.

• Such liquidated damages shall be the sole and exclusive remedy of the Supplier. In any event, the aggregate sum of liquidated damages for such delay shall not exceed five per cent（5%）of the total value of the delayed Equipment or any part thereof or Service, respectively.

• For the avoidance of doubt, total liquidated damages paid by the Supplier to the

Purchaser under this Contract shall not exceed five per cent (5%) of the Price received by the Supplier from the Purchaser and/or the value of the relevant Purchase Order placed by the Purchaser under this Contract, whichever is lesser.

参考译文：

如果供应商因其自身原因，不能按照合同约定或在任何的展期后无法交付货物，供应商应在收到买方的书面延迟通知后，每日按照延迟设备、部件或服务价格的 0.05% 向买方支付违约金。

此类违约金应为供应商唯一的救济方式。无论如何，此类延误的违约金总额不得超过延误设备或其任何部分或服务总值的 5%。

为避免分歧，供应商根据本合同向买方支付的违约金总额不得超过供应商收款额的 5% 和／或相关订单价值的 5%，以两者孰低为准。

20.4 间接损失

直接损失是指违约行为造成的直接财产减少，如标的物的灭失、减少、毁损等。间接损失是指可得利益的丧失，即应当得到的利益因受侵权行为的侵害而没有得到，包括人身损害造成的间接损失和财物损害造成的间接损失。

《中华人民共和国民法典》第 584 条规定："不得超过违约一方订立合同时预见到或者应当预见到的因违约可能造成的损失。"这里的可预见损失，指的就是财产的间接损失。而英美法系不支持间接损失。由于两大法系所遵循的法律理念不同，大陆法系强调诚实信用履行合同的义务，如果违约将付出高昂代价，鼓励继续履约。而英美法系在面对违约时，是不鼓励继续履约的，因此也就不主张罚款，要求赔偿到没有违约的状态即可。

条款设计示例：

Notwithstanding any other provision in this Contract, neither Party shall be liable to the other Party for any loss of profit or revenues, loss of opportunity, loss of goodwill or reputation, loss of data or information, loss of interest, downtime loss, cost of interrupted operation, anticipated saving, special damages be it foreseeable or otherwise, and/or any indirect or consequential losses whatsoever.

参考译文：

不管本合同是否有其他规定，合同任何一方都不对间接损失赔偿负责。间接损失包括利润或收入的损失、错失机会、声誉或荣誉损免、数据或信息的丢失、利息损失、停工损失、中断运维的损失、预期解约、可预计的特殊损失，或者任何的间接损失。

20.5 责任上限条款的设计

法官在判断某一合同条款合理性时，会从整体考虑，不会单独把不合理的部分从该条款中剥离出来，而是会判该条款整体无效。因此，在设定免责或者限责条款时，最好分成多个并行条款。

整体设计思路：

（1）设定整体的责任上限为合同的总金额的一定比例，也可以设计成单独 PO 的总金额的比例。

（2）间接损失排除在外。

（3）非 ×× 原因造成的索赔，×× 不承担。

（4）所有的描述需要明示且清晰准确，对于不准确及暗示部分的解释不予认定在责任之列。

条款设计示例：

Limitation of Liability

Notwithstanding any other provision in this Contract, the total liability, (including liquidated damages) of the Supplier for any claim, loss or damage, whether in contract, tort (including gross negligence),or otherwise, arising out of, connected with, or resulting from the manufacture, sale, license, delivery, repair, replacement or use of any Equipment or Software shall not exceed fifty per cent (50%) of the Price received by the Supplier from the Purchaser and/or the value of the Purchase Order placed by the Purchaser under this Contract, whichever is less These limitations shall apply notwithstanding the failure of essential purpose of any limited remedy. If the Supplier is in breach of this Contract, the Purchaser shall take any necessary measures to mitigate its loss and damages.

Notwithstanding any other provision in this Contract, neither Party shall be liable to the other Party for any loss of profit or revenues, loss of opportunity, loss of goodwill or reputation, loss of data or information, loss of interest, downtime loss, cost of interrupted operation, anticipated saving, special damages be it foreseeable or otherwise, and/or any indirect or consequential losses whatsoever.

参考译文：

责任限制

不论本合同是否存在任何其他相反规定，无论索赔是根据合同还是侵权（包括重大过失），也不论索赔是因为任何设备或软件制造、销售、许可、交付、维修、更换或使用所造成或与之相关，供应商对买方所遭受的任何损失、损坏所承担的损害赔偿责任（包括违约金）不超过供应商实际从买方收受货款的50%和/或买方根据本合同下达的相关采购订单价值的50%，以较少者为准。即使任何有限补救办法的基本目的未能达到，这些限制仍应适用。如供应商违约，买方应该采取任何必要的措施减轻其损失和损害。

不论本合同是否存在任何其他相反规定，任何一方均不对另一方的利润或收入损失、机会损失、商誉或声誉损失、数据或信息损失、利息损失、停工损失、中断运营成本、预期节省、特别损害负责，无论是可预见的或是其他，和/或任何间接损失。供应商不对因买方提供的信息不准确或不完整而导致的任何差异和/或涉嫌侵权的任何索赔承担责任。与此类信息变更相关的所有费用应由买方承担。

第 21 章　合同中的"分居"和"离婚"

　　Suspension 和 termination 这一组词的词义非常接近，常常容易混淆。Suspension 可以直译为中止或者暂停，在项目的执行过程中，债务人依法行使抗辩权拒绝债权人的履行请求，合同权利、义务关系暂处于停止状态。在合同中止履行期间，权利、义务关系依然存在，在抗辩权消灭后，合同的权利、义务关系恢复原来的效力。而 termination 可以直译为合同终止，是指合同当事人之间的权利、义务关系归于消灭，在客观上不复存在。合同的终止必须符合法律规定。

　　打个比方，suspension 就好比夫妻吵架，两人争执不下，分居反省。反省明白了，老公哄哄老婆，买个玫瑰花，送个大别墅，这个事情就算过去了，重新搬回来，继续幸福地生活。而 termination 就好比夫妻离婚了，双方过不下去了，到法院离婚，讨论一下离婚后，孩子谁抚养，家产怎么分。商量好了，离婚证一领，各自再去追求各自的新生活了。

21.1　中止或暂停（suspension）

　　实战条款（FIDIC）

　　9.7 Suspension of Work

　　The Employer's representative may at any time instruct the Contractor to suspend the progress of part or all of the Works. During such suspension, the Contractor shall protect, store, secure and maintain such part or the Works against any deterioration, loss or damage.

　　参考译文：

　　9.7　暂时停工

　　业主代表可随时指示承包商暂时停止进行部分或全部工程。暂停期间，承包商应保护、保管以及保障该部分或全部工程免遭任何损蚀、损失或损害。

The Employer's Representative shall also notify the cause for the suspension. If and to the extent that the cause is the responsibility of the Contractor, the following Sub-Clauses 9.8, 9.9 and 9.10 shall not apply.

参考译文：

业主代表还应通知暂停原因。如果且（在一定程度上）已通知了暂停原因并认为暂停是因为承包商的责任所导致，则下列 FIDIC 金皮书 9.8（暂停的后果）、FIDIC 金皮书 9.9（暂停时对生产设备和材料的支付）和 FIDIC 金皮书 9.10（拖长的暂停）均不适用。

9.8 Consequences of Suspension

If, during the Design-Build Period, the Contractor suffers delay and /or incurs cost from complying with the Employer's Representative's instructions under Sub-Clause 9.7[Suspension of Work] and /or from resuming the work, the Contractor shall give Notice to the Employer's Representative and shall be entitled, subject to Sub-Clause 20.1[Contractor's Claims], to:

参考译文：

9.8 暂停的后果

在设计建造期，如果承包商在遵守业主代表根据 FIDIC 金皮书 9.7（暂时停工）所发出的指示以及（或）在复工时遭受了延误和（或）导致了费用，则承包商应通知业主代表并有权根据 FIDIC 金皮书 20.1（承包商索赔）要求：

(a) An extension of time for any such delay, if completion is or will be delayed, under Sub-Clause 9.3[Extension of Time for Completion of Design-Build]; and

(b) Payment of any such Cost, which shall be included in the Contract Price.

After receiving this Notice, the Employer's Representative shall proceed with Sub-Clause 3.5 [Determinations] to agree or determine these matters.

The Contractor shall not be entitled to an extension of time for, or to payment of the Cost incurred in, making good the consequences of the Contractor's faulty design, workmanship or materials, or of the Contractor's failure to protect, store or secure in accordance with Sub-Clause 9.7 [Suspension of Work].

参考译文：

（a）根据 FIDIC 金皮书 9.3（设计建造竣工时间的延长）的规定，获得任何延长的工期，如果竣工已经或将被延误；以及

（b）支付任何有关费用，并将之加入合同价格中。

在收到此通知后，业主代表应根据 FIDIC 金皮书 3.5（确定）的规定对此事宜商定或做出决定。

如果以上后果是由承包商错误的设计、工艺或材料引起的，或由于承包商未能按 FIDIC 金皮书 9.7（暂时停工）的规定采取保护、保管及保障措施引起的，则承包商无权获得为修复上述后果所需的延期和招致的费用。

21.2 终止（termination）

一个比较完备的终止条款，通常要具备三个要素：什么情况下终止合同，终止合同行使权利的限制，终止合同的后果。如果需要终止，非违约方需提前通知违约方，并给予一个宽限期（grace period）来补救；若宽限期结束还是无法履约的，进入合同终止；此时，双方需要考虑终止后的权利和义务。合同的解除分为约定解除和法定解除。《中华人民共和国民法典》第 566 条规定合同解除后，尚未履行的，终止履行；已经履行的，根据履行情况和合同性质，当事人可以请求恢复原状或者采取其他补救措施，并有权请求赔偿损失。第 567 条规定合同的权利义务关系终止，不影响合同中清理和结算条款的效力。

整体设计思路：

（1）给予合理的通知期，进行补救。

（2）在无法补救的情况下，违约终止的条件以及合同终止后的保全。

（3）终止后对于在建工程的估价和付款。

15 Termination by the Employer

15.1 Notice to Correct

If the Contractor fails to carry out any obligations under the Contract, the Employer's Representative shall by Notice require the Contractor to make good the failure and to remedy it within the time specified in the said Notice.

15.2 Termination for Contractor's Default

The Employer shall be entitled to terminate the Contract if the Contractor:

(a) fails to comply with Sub-Clause 4.2[Performance Security] or with a Notice under Sub-Clause 15.1[Notice to Correct];

(b) abandons the Works or otherwise plainly demonstrates the intention not to continue performance of his obligations under the Contract;

(c) without reasonable excuse fails:

(i) to proceed with the Works in accordance with Sub-Clause 9.1[Commencement of Design-Build] or Sub-Clause 10.2[Commencement of Operation Service]; or

(ii) to comply with a Notice issued under Sub-Clause 7.5[Rejection] or Sub-Clause 7.6[Remedial Work], within 28 days after receiving it;

(d) subcontracts the whole of the Works or assigns the Contract without the required agreement or subcontracts the Operation Service or any parts of the Works in breach of Sub-Clause 4.4[Subcontractors];

(e) either gives Notice to the Employer under Sub-Clause 4.25[Changes in the Contractor's Financial Situation] from which the Employer reasonably concludes that the Contractor will be unable to complete or fulfill his obligations under the Contract, or if the Contractor fails to give such a Notice, but the Employer in any event reasonably concludes that the Contractor will be unable to complete or fulfill his obligations under the Contract due to the Contractor's financial situation;

(f) becomes bankrupt or insolvent, goes into liquidation, has a receiving or administration order made against him, compounds with his creditors, or carries on business under a receiver, trustee or manager for the benefit of his creditors, or if any act is done or event occurs which (under applicable Laws) has a similar effect to any of these acts or events;

(g) gives or offers to give (directly or indirectly, either before or during the currency of the Contract) to any person any bribe, gift, gratuity, commission or other thing of value, as an inducement or reward:

(i) for doing or forbearing to do any action in relation to the Contract; or

(ii) for showing or forbearing to show favour or disfavor to any person in relation to the Contract; or if any of the Contractor's Personnel, agents or Subcontractors gives or offers to give (directly or indirectly) to any person any such inducement or reward as is described in this sub-paragraph (g). However, lawful inducements and rewards to Contractor's Personnel shall not give a right to termination;

(h) fails to complete the Design-Build by the Cut-Off Date stated in the Contract Data or, if no such date is given, then a period of 182 days after the Time for Completion of Design-Build.

参考译文：

15 由业主终止

15.1 通知改正

如果承包商未能履行合同义务，业主代表可发出通知要求承包商在通知中规定的时限内更正。

15.2 因承包商违约的终止

如果承包商有下列行为，业主有权终止合同：

（a）未能遵守 FIDIC 金皮书 4.2（履约担保）的规定或未能遵守根据 FIDIC 金皮书 15.1（通知改正）发出的通知。

（b）放弃工程或明确表明不愿继续按照合同履行义务。

（c）无正当理由而未能：

（i）按 FIDIC 金皮书 9.1（设计建造的开工日期）或者 FIDIC 金皮书 10.2（运营服务的开始）实施工程；或

（ii）在收到根据 FIDIC 金皮书 7.5（拒收）或 FIDIC 金皮书 7.6（修补工作）颁发的通知 28 天遵守通知要求。

（d）未按要求经过许可即擅自将整个工程分包出去或转让合同，或者违反 FIDIC 金皮书 4.4（分包商）的规定分包运营服务或者工程的任何其他部分。

（e）根据 FIDIC 金皮书 4.25（承包商财务状况的改变）规定向业主发出通知，业主据此从中可以合理推断承包商将不能完成或实现其合同义务，或者如果承包商未能发出此通知，但是业主根据承包商的财务状况合理推断承包商不能完成或实现其义务。

（f）破产或无力偿还债务，或停业清理，或已由法院委派其破产案财产管理人或遗产管理人，或为其债权人的利益与债权人达成有关协议，或在财产管理人、财产委托人或财务管理人的监督下营业，或承包商所采取的任何行动或发生的任何事件（根据有关适用的法律）具有与前述行动或事件相似的效果，或

（g）给予或提出给予（直接或间接）任何人以任何贿赂、礼品、小费、佣金或其他有价值的物品，作为引诱或报酬：

（i）使该人员采取或不采取与合同有关的任何行动；或

（ii）使该人员对与合同有关的任何人员做出有利或者无利的表示，或者如果任何承包商人员、代理商或分包商如（f）段所述的那样给予或提出给予（直接或间接）任何人以任何此类引诱或报酬。但是，给予承包商人员的合法激励和报酬不应导致合同终止。

（h）未能在合同信息规定的截止日期完成设计建造，或者如果没有约定此日期，则为设计建造竣工时间后的 182 天。

第 22 章　不可抗力

国际上对于不可抗力（force majeure）的定义存在着较大的差别，由于各国的司法体系不同、文化传统不同、司法发展程度不同，对于不可抗力的认定也会存在差异。总体来说，不可抗力就是超出预期、不可控的事件。但具体对这类事件的认定以及与此相关的责任划分，要根据不同国家的法律，尤其是双方在合同中的约定作为对其判断的主要依据。

22.1　force majeure 的由来

这个词是个法语单词，是从法国法引进而来，翻译成英文就是 superior force，特殊高级力量。法国法中对于此的描述主要集中在"上帝的行为"（acts of God）、政府行为、一切其他超出双方控制的事件上。不可抗力是不可预见、不可避免造成合同无法执行的客观事件。

22.2　中国法律的规定

《中华人民共和国民法典》第 180 条规定："因不可抗力不能履行民事义务的，不承担民事责任。法律另有规定的，依照其规定。不可抗力是不能预见、不能避免且不能克服的客观情况。"第 590 条规定："当事人一方因不可抗力不能履行合同的，根据不可抗力的影响，部分或者全部免除责任，但是法律另有规定的除外。因不可抗力不能履行合同的，应当及时通知对方，以减轻可能给对方造成的损失，并应当在合理期限内提供证明。当事人迟延履行后发生不可抗力的，不免除其违约责任。"第 591 条规定："当事人一方违约后，对方应当采取适当措施防止损失的扩大；没有采取适当措施致使损失扩大的，不得就扩大的损失请求赔偿。当事人因防止损失扩大而支出的合理费用，由违约方负担。"

《中华人民共和国民法典》在三方面做出规定：（1）不可抗力是指不能预见、

不能避免并不能克服的客观情况；（2）及时通知；（3）采取必要的措施减轻损失。对于不能预见、不能避免及不可克服的客观情况以列举的形式进行定义是目前国际上较为流行的方式。另外，在不可抗力发生的情况下终止合同的条件也基本上可以归结为，不可抗力持续多长时间可以使合同根本目的落空。比如：一个10年期的合同，不可抗力导致合同终止，可以选择2年；一个1个月的合同，不可抗力导致合同终止可能就只能选择1周了。

22.3 不可抗力条款的设计

整体设计思路：

（1）做好不可抗力的描述，并事先约定好不可预见及不可控的范围。

（2）发生不可抗力后的及时通知。

（3）不可抗力发生后的减损。

（4）不可抗力发生后的合同履行及终止。

条款设计示例：

Force Majeure

Definition of Force Majeure

In this Clause, "Force Majeure" means an exceptional event or circumstance:

（a）which is beyond a Party's control,

（b）which such Party could not reasonably have provided against before entering into the Contract,

（c）which, having arisen, such Party could not reasonably have avoided or overcome, and

（d）which is not substantially attributable to the other Party.

Force Majeure may include, but is not limited to, exceptional events or circumstances of the kind listed below, so long as conditions (a) to (d) above are satisfied:

(ⅰ) war, hostilities (whether war be declared or not), invasion, act of foreign enemies,

(ⅱ) rebellion, terrorism, revolution, insurrection, military or usurped power, or civil war,

(ⅲ) riot, commotion, disorder, strike or lockout by persons other than the Contractor's Personnel and other employees of the Contractor and Subcontractors,

(ⅳ) munitions of war, explosive materials, ionising radiation or contamination by radio-activity, except as may be attributable to the Contractor's use of such munitions, explosives, radiation or radio-activity, and

(ⅴ) natural catastrophes such as earthquake, hurricane, typhoon or volcanic activity.

Notice of Force Majeure

If a Party is or will be prevented from performing any of its obligations under the Contract by Force Majeure, then it shall give notice to the other Party of the event or circumstances constituting the Force Majeure and shall specify the obligations, the performance of which is or will be prevented. The notice shall be given within 14 days after the Party became aware, or should have become aware, of the relevant event or circumstance constituting Force Majeure.

The Party shall, having given notice, be excused performance of such obligations for so long as such Force Majeure prevents it from performing them.

Notwithstanding any other provision of this Clause, Force Majeure shall not apply to obligations of either Party to make payments to the other Party under the Contract.

参考译文：

不可抗力

不可抗力的定义

本条中"不可抗力"系指某种异常的事件或情况：

（a）一方无法控制的；

（b）在签订合同前该方无法合理防范的；

（c）情况发生后，该方无法合理回避或克服的；以及

（d）不能主要归因于该合同他方的。

只要满足上述（a）至（d）项条件，不可抗力可包括但不限于下列各种异常事件或情况：

（i）战争、敌对行动（不论宣战与否）、入侵、外敌行为；

（ii）叛乱、恐怖活动、革命、暴动、军事政变或篡夺政权，或内战；

（iii）暴乱、骚乱、混乱、罢工或停业，完全局限于承包商的人员以及承包商和分包商的其他雇员中的事件除外；

（iv）军火、爆炸性物质、离子辐射或放射性污染，由于承包商使用此类军火、爆炸性物质、辐射或放射性活动的情况除外；以及

（v）自然灾害，如地震、飓风、台风或火山活动。

不可抗力的通知

如果由于不可抗力，一方已经或将要无法依据合同履行其任何义务，则该方应将构成不可抗力的事件或情况通知另一方，并具体说明已经无法或将要无法履行的义务、工作。该方应在意识到，或应开始意识到构成不可抗力的相应事件或情况后14天内，发出通知。

在发出通知后，该方应在此类不可抗力持续期间被免除此类义务的履行。

不论本条中其他款作何规定，不可抗力的规定不适用于任一方依据合同向另一方付款的义务。

第 23 章 合同争议解决（协商、民事诉讼、仲裁）

23.1 协商

协商（consultation）是基于合同双方在合同执行出现争议时，通常采取的争议处理方式。协商会设定一个合理的期限，在该期限内，双方友好协商，尽量达成一致，继续履约。如果实在无法达成一致，将采取其他解决办法。

条款设计示例：

The Parties shall make their reasonable efforts to settle amicably through direct consultation any dispute, claim or controversy arising from or in connection with this Contract.

参考译文：

对因本合同产生或与本合同有关的任何争议、索赔、争论，双方应当努力通过直接友好协商解决。

23.2 民事诉讼

民事诉讼（litigation）是指国家、集体和个人的各种民事权益，因受到侵害或者发生争议而产生纠纷，起诉到人民法院，人民法院按照法定程序，适用民事法律，对当事人争执的问题进行审理和裁判的全过程。

条款设计示例：

Any claim or dispute arising out of or related to this Agreement or its interpretation shall be brought in a court of competent jurisdiction sitting within the state of Delaware.

参考译文：

因本协议或其解释而产生或与之相关的任何索赔或争议应向位于特拉华州境内

有管辖权的法院提起诉讼。

23.3 仲裁

仲裁（arbitration）是指通过"仲裁庭"作为民间实体来解决争端的方式。仲裁庭通常由一个或三个仲裁员组成。仲裁庭的主要作用是适用法律以及通过"仲裁裁决"的形式对争端做出裁定。原则上，仲裁裁决是终局性的并具有约束力的，其只能在特殊的情况下经由国家法院而得以撤销。缔约国应相互承认和执行对方国家所作的仲裁裁决，并且在承认和执行对方国家的仲裁裁决时，不应在实质上比承认和执行本国的仲裁裁决提出更为麻烦的条件或征收更高的费用。法院的判决在境外执行必须有判决地所在国与执行地所在国签有司法协助条约，很多国家是没有类似的司法协助的。但仲裁裁决不一样，《纽约条约》的签字国达到164个，执行起来非常方便。仲裁具有保密性、专业性、强制性，节约时间成本。

首先，仲裁具有经济性。仲裁一裁终局，与需要通过法院几轮审理的诉讼相比，可以降低解决争议的成本。其次，仲裁不得公开，而诉讼是公开审判。对于商人的商业秘密有很好的保护性，而且不会损害商誉。最后，仲裁员处理争议的专业度普遍比法官要高。

23.4 合同争议解决条款设计样例

Arbitration

Unless settled amicably, and subject to Sub-Clause 20.9[Failure to Comply with Dispute Adjudication Board's Decision], any dispute in respect of the DAB's decision (if any) has not become final and binding shall be finally settled by international arbitration. Unless otherwise agreed by both Parties:

(a) The Dispute shall be finally settled under the Rules of Arbitration of the International Chamber of Commerce;

(b) The Dispute shall be settled by three arbitrators appointed in accordance with these Rules; and

(c) The arbitration shall be conducted in the language for communications defined in Sub-Clause 1.4[Law and Language] unless otherwise stated in the Contract Data.

参考译文：

仲裁（FIDIC）

除非通过友好解决，以及基于 FIDIC 金皮书 20.9（未能遵守争端裁决委员会的决定）则当 DAB 有关争端的决定（如有时）未能成为最终决定且有约束力时，此类争端应由国际仲裁机构最终裁决。除非双方当事人另有协议：

（a）争端应根据国际商会的仲裁规则被最终解决；

（b）争端应由按上述规则指定的三位仲裁人裁决；并且

（c）除合同信息另有规定外，仲裁应以 FIDIC 金皮书 1.4（法律和语言）规定的日常交流语言作为仲裁语言。

第 24 章 所有权及风险转移

在国际货物买卖合同中，货物所有权和风险转移（title and risk transfer）是必须要严格明确的条款，一旦就相关问题发生争议，物权和风险的归属将是整个合同诉讼和仲裁的关键。

24.1 所有权转移

货物的买卖本质上是对货物所有权的买卖，且很多国家在立法上将所有权和风险视为不可分割的。但各国对于所有权转移的时点和条件又有不同的规定。在法国，合同订立，货物的所有权即发生转移；在英国，则根据当事人的意图转让所有权；而在中国，认为货物交付后货物的所有权才发生转移。

英国：特定物或以被特定化物之买卖，货物所有权根据合同双方当事人的意图转移。

中国：根据《中华人民共和国民法典》第 641 条："当事人可以在买卖合同中约定买受人未履行支付价款或者其他义务的，标的物的所有权属于出卖人。"

《联合国国际销售合同公约》及 INCOTERMS® 2010 则对于所有权的转移没有任何的约定，类似于英国合同法的约定，主张按双方当事人的意图转移。

24.2　风险转移

讨论风险转移前，首先要搞清楚货物在什么时间、什么地方交付。《中华人民共和国民法典》第 601 条规定："出卖人应当按照约定的时间交付标的物。约定交付期限的，出卖人可以在该交付期限内的任何时间交付。"第 603 条规定："出卖人应当按照约定的地点交付标的物……（一）标的物需要运输的，出卖人应当将标的物交付给第一承运人以运交给买受人；（二）标的物不需要运输，出卖人和买受人订立合同时知道标的物在某一地点的，出卖人应当在该地点交付标的物；不知道标的物在某一地点的，应当在出卖人订立合同时的营业地交付标的物。"第 604 条规定："标的物毁损、灭失的风险，在标的物交付之前由出卖人承担，交付之后由买受人承担，但是法律另有规定或者当事人另有约定的除外。"

FOB（Free on Board）

A5 Transfer of risks

The seller bears all risks of loss of or damage to the goods until they have been delivered in accordance with A4 with the exception of loss or damage in the circumstances described in B5.

参考译文：

船上交货

A5 风险转移

除发生 B5 中所描述之灭失或损坏的情形外，卖方必须承担货物灭失或损坏的一切风险，直至已按照 A4 规定交货为止。

A4 Delivery

The seller must deliver the goods either by placing them on board the vessel nominated by the buyer at the loading point, if any, indicated by the buyer at the named port of shipment or by procuring the goods so delivered. In either case, the seller must deliver the goods on the agreed date or within the agreed period and in the manner customary at the port.

参考译文：

A4 交货

卖方必须在买方指定的装运港，在买方指定的装运地点（如有），在约定日期或期限内，按照该港习惯方式将货物交至买方指定的船上或取得已交运的货物。

INCOTERMS® 2010 中对于 FOB 的风险转移有所调整，在之前的 2000 版本中，风险转移的时点设计在越过船舷。但在本次改版中，对于风险在越过船舷（ship's rail）转移的约定显然非常容易产生争议，把货物装上船（delivers the goods on board）的风险划分更准确地反映了现代商业现实，规避了以往风险围绕船舷这条虚拟垂线来回摇摆。

24.3 条款设计建议

整体设计思路：

（1）所有权及风险转移时点及条件分开列示。

（2）所有权在收到 100% 付款时点转移，风险在货物到达合同中约定的仓库转移。

（3）明确所有权保留。

条款设计示例：

Unless otherwise agreed by the Parties, risk of damage to or loss of the Equipment shall pass to Purchaser upon delivery in the Warehouse. The title to the Equipment, except Software and Documentation which are retained with the Supplier, shall pass to the Purchaser upon receipt of full payment by the Supplier under this Contract. For avoidance of any doubt the Supplier shall, before the passing of the title to the Purchaser, have all rights under the law in regard to title, including repossession of the Equipments.

参考译文：

除非双方另有约定，设备损坏或灭失的风险应在仓库交付时转移给买方。除供应商保留的软件和文件外，设备的所有权应在收到供应商根据本合同支付的全部款项后转移给买方。为避免分歧，在将所有权转移给买方之前，供应商应享有法律规定的与所有权有关的所有权利，包括收回设备。

第 25 章 合同的权利和义务的转让

转让（assignment）的整体原则是，权利可以转让，做到事先通知；但义务通常不可以转让，另有规定的除外。

25.1 合同权利和义务的转让

《中华人民共和国民法典》第 546 条规定："债权人转让债权，未通知债务人的，该转让对债务人不发生效力。债权转让的通知不得撤销，但是经受让人同意的除外。"第 551 条规定："债务人将债务的全部或者部分转移给第三人的，应当经债权人同意。债务人或者第三人可以催告债权人在合理期限内予以同意，债权人未作表示的，视为不同意。"

英美法系国家多数都坚持，如果协议没有明确禁止，则通常情况下，协议一方可以自由转让其合同项下的权利或利益，转让方只需提前通知即可，但法律规定不得转让的除外。

25.2　FIDIC 合同中权益转让条款

Neither Party shall assign the whole or any part of the Contract or any benefit or interest in or under the Contract. However, either Party:

(a) May assign the whole or any part with the prior agreement of the other Party, at the sole discretion of such other Party; and

(b) May, as security in favor of a bank or financial institution, assign its right to any monies due, or to become due, under the Contract.

参考译文：

任何一方均不得转让本合同的全部或任何部分，也不得转让合同项下的任何受益或利益。但，任何一方：

(a) 在另一方事先同意的情况下可转让全部或部分，由另一方自行决定；以及

(b) 可作为以银行或金融机构为受益人的担保，转让本合同项下的到期或将到期的货币权利。

第 26 章　合同的分包与指定分包商

在订立合同时，我们经常会遇到分包及指定分包商的问题。那么，在分包的权利和义务划分以及运营商指定分包商的场景下，我们该如何应对？

26.1　分包与分包商

我们在前面了解到，对于合同项下的义务，非经合同方同意，不得转让。不过，合同义务尽管未经合同方同意不得进行转让，但可以进行分包。因为分包并不

能解除合同权利方的责任，并且对于分包出去的义务也同样承担责任。按照《中华人民共和国建筑法》规定，总包商可以分包部分工程，且分包不可以进行再分包，工程主结构得由总包商完成。对于业主指定建筑分包商从技术角度上存在障碍，而且指定分包商存在着利益非法交换的巨大风险。

国际上对于分包的限制较少，主要是分包商必须是业主认可的，即在招标阶段，总包商会给业主一份分包商名单，业主会把自己认为不合格的分包商从这份名单中剔除，并有时会指定哪个工程由哪个分包商完成。但由业主直接指定分包商的情况较为少见，因为业主直接指定的情况往往在后期的报价及谈判上无法控制，而且有利益输送的嫌疑。因此，FIDIC 中明确规定：承包商没有任何义务接受雇主指定的分包商，只要他快速给出拒绝使用的通知即可。

26.2 分包商条款设计（FIDIC）

条款设计示例：

The Contractor shall not subcontract the whole of Works. Unless otherwise agreed, the Contractor shall not subcontract the provision of the Operation Service.

The Contractor shall be responsible for the acts or defaults of any Subcontractor, his agents or employees, as if they were the acts of defaults of the Contractor. Unless otherwise stated in the Particular Conditions.

参考译文：

承包商不得将全部工程分包出去。除非另行同意，承包商不得分包运营服务。

承包商应将分包商、分包商的代理人或雇员的行为或违约视为承包商自己的行为或违约，并为之负全部责任。除非专用条件中另有说明。

26.3 指定分包商条款设计

条款设计示例:

In this Sub-Clause, "nominated Subcontractor" means a Subcontractor named as such in the Employer's Requirements or whom the Employer's Representative, under Clause 13 [Variations and Adjustments], instructs the Contractor to employ as a Subcontractor. The Contractor shall not be under any obligation to employ a nominated Subcontractor against whom the Contractor raises reasonable objection by Notice to the Employer's Representative as soon as practicable, with supporting particulars.

参考译文:

本款中的"指定分包商",系指"业主要求"中以此命名的指定分包商或业主代表根据 FIDIC 金皮书第 13 条"变更与调整"指示承包商雇用的分包商。承包商没有任何义务雇用指定分包商,如反对雇用某指定分包商时,应尽快通知业主代表并说明具体原因。

第 27 章 排他

排他(exclusivity)约定通常是为了防止竞争对手的进入,通过单独的排他协议或者排他条款,在一定时间、一定地域、特定的执行主体、特定产品上进行排他安排。排他条款的设计策略,尤其需要对于客户行业的竞争有充分的理解,同时对于公司自身的竞争优势要有充分的认识。设计上,要注意排他期、排他地域、排他内容、定金、违约赔偿 5 个方面。此外,排他条款的应用是把双刃剑:使用得当,可以突破并提前锁定市场;但也有在某国被客户套牢的风险,无法向其他客户群销售,甚至出现违反当地国反垄断法等相关法律,被控诉滥用市场地位。

27.1 排他期限及排他地域设计

排他期限,要综合考虑产品特点,给予客户在市场上足够的领跑期,之后即结束排他。其实,客户对于排他的诉求,往往来自同业竞争的领跑诉求。而行业的技术更新较快,领跑的时间通常以 6 个月到 1 年为限。双方大部分也都可以接受该时间限制。这样的期限约定,既可以满足客户的技术短时间领先,也不会过度阻碍我们对某项产品在市场的铺开。

排他地域,要充分考虑统谈项目。在主协议中规定各子公司有独家谈判的裁量权,根据各国实际情况来规定独家的时间、范围、内容等。

27.2 排他定金条款的设计

授予一方排他,本身另一方就要承担一定的时间和机会成本。因此,设计一定的定金或其他的交换条件,可作为对利益受损方的补偿。

条款设计示例:

In consideration of the Exclusivity Period, Party B shall pay two million US dollars (the exclusivity fee). The Exclusivity Fee is non-refundable, except that where the Definitive Documentation is executed and delivered within the Exclusivity Period.

参考译文:

考虑到排他期,买方应支付 200 万美元(排他费)。排他费不可退还,除非最终文件在排他期内执行和送达。

27.3 排他赔偿条款的设计

条款设计示例:

Either Party hereto acknowledges that the other will incur significant costs, fees and expenses by relying on this paragraph and that if it breaches the paragraph it shall (without prejudice to any other remedies the other party may have) indemnify and keep indemnified the other party for all costs, fees and expenses incurred in investigations, negotiations and preparation of documents relating to the proposed cooperation.

参考译文：

本协议各方同意，根据本款将导致重大成本、费用和支出，如果违反本款，则应（在不影响另一方可能拥有的任何其他补救办法的情况下）赔偿另一方在调查、谈判、编写与拟议合作有关的文件中发生的所有成本、费用和支出。

第 28 章　合同中的完整、分割

28.1　完整条款（entire agreement/integration）

所谓完整条款就是用于约定合同生效的前提，买卖双方的权利和义务界定的依据，合同签订前的一切商谈、同意、修改、承诺等的归集问题。换句话说，就是在合同中明确约定才受法律保护。

条款设计示例：

This Agreement constitutes the final agreement between the parties. It is the complete and exclusive expression of the parties' agreement on the matters contained in this Agreement. All prior and contemporaneous negotiations and agreements between the parties on the matters contained in this Agreement are expressly merged into and superseded by this Agreement. The provisions of this Agreement may not be explained, supplemented, or restricted through evidence of trade usage or a prior course of dealings. In entering into this Agreement, neither party has relied upon any statement, representation, warranty, nor agreement of the other party except for those expressly contained in this Agreement. There are no precedent conditions to the effectiveness of this Agreement other than those expressly stated in this Agreement.

参考译文：

本协议即为双方之间的最终协议，是双方就协议中涉及事项的完整及唯一的表述。所有与本协议相关的事项，之前及临时双方对此所进行的谈判及达成的一致，均明示在本协议中并被本协议所替代。本协议中的条款不可根据贸易惯例或之前的交易惯例所解释、补充或限制。订立协议时，除在本协议中明示的部分，双方不可以依赖任何其他的声明、陈述、保证或其他方作出的同意。本协议的生效不依据任何其他先决条件，除非在本协议中明示出来。

28.2　可分割性（severability）

可分割性条款为格式条款，通常用于表述部分条款的无效不应当引起整个合同的无效。这也意味着，权利和义务在合同中的相对独立概念。以防买卖双方在合同执行的过程当中，以部分条款的无效宣布整个合同的无效，从而逃避责任。

第29章　优先

英文合同的执行过程当中，通常会遇到以谁为优先的场景。到底以谁为准，谁的优先级更高，就涉及优先（priority）顺序条款的设计。下面，给大家介绍3种典型的优先级设计案例，供大家在日常行文中参考。

条款设计示例：

In the case of any inconsistency, ambiguity or conflict between this Contract, Document and the Annexes, this Contract Document shall take precedence over the

Annexes and the Annexes shall prevail between themselves according to the order in which they are listed above. This Contract Document and the Annexes shall further take precedence over any document listed under c) above.

参考译文:

如果本合同、文件和附件之间存在任何不一致、歧义或冲突,本合同文件应优先于附件,附件之间的优先排序应按上述列出的顺序为准。本合同文件和附件应进一步优先于上述c)中列出的任何文件。

条款设计示例:

FIDIC

Priority of documents

The documents forming the Contract are to be taken as mutually explanatory of one another. For the purpose of interpretation, the priority of the documents shall be in accordance with the following sequence:

(a) The Contract Agreement (if any)

(b) The Letter of Acceptance

(c) The Letter of Tender

(d) The Particular Conditions Part A-Contract Data

(e) The Particular Conditions Part B-Special Provisions

(f) These General Conditions

(g) The Employer's Requirements

(h) The Schedules, and

(i) The Contractor's Proposal and any other documents forming part of Contract

If an ambiguity or discrepancy is found in the documents, the Employer's Representative shall issue any necessary clarification or instruction.

参考译文：

文件优先次序

合同的组成文件是相互说明的。出于解释的需要，文件的优先次序应按下列顺序排列：

（a）合同协议书（如果有）

（b）中标函

（c）投标函

（d）部分专用条件–合同信息

（e）部分专用条件–特殊规定

（f）本通用条件

（g）业主要求

（h）资料表

（i）承包商建议书及组成合同的任何其他文件

如果发现文件之间有表述模糊或产生歧义之处，业主代表应做出必要的澄清或发布必要的指示。

第五编　合同阅读技巧

第 30 章　here、there、where 前缀词的理解

英语中某些副词如"here""there""where"在法律文件中往往被当作前缀，与另一个词构成法律词汇中的专门用语。在法律文件中用这些词，可以避免重复，避免误解，避免歧义，使行文准确、简洁。以这种方法构成的词主要有：hereafter, hereby, herein, hereof, hereto, hereunder, hereupon, herewith, hereinbefore, hereinafter; thereafter, thereby, therein, thereinafter, thereinbefore, thereon, thereof, thereunder, thereupon, therewith; whereas, whereby, wherein, whereof, whereon; etc.

30.1　herein/hereof/hereunder

大家在看到"here+介词"这个结构的时候，只需将这里的 here 理解为 this contract、this agreement、this MOU 即可。即 herein 相当于 in this contract，而 hereof 就表示 of this agreement。

例 1：

No failure of the Buyer to carry out any inspection herein shall relieve the Seller of any its obligation, responsibilities and liability under the purchase agreement.

参考译文：

买方未进行本协议规定的检验，并不免除卖方根据本协议所承担的义务、职责和责任。

这里的 herein 就相当于 in this agreement。因此，本条款结尾的 under the purchase agreement 也可以简化成 hereunder.

例2：

Any attachments hereto shall be an integral part of this Contract.

参考译文：

本合同所有附件都是本合同不可缺少的组成部分。

30.2　therein/thereof

大家在看到"there+介词"这个结构的时候，there 的指代并不明确，需要根据合同上下文予以推定，但总的来说是指代合同本身以外的文件或事项。换句话说，thereof 相当于 of that matter，therein 相当于 in that subject。

例3：

Temporary Works means all temporary works of every kind (other than the Contractor's Equipment) required in or about the execution and completion of the Works and the remedying of any defects therein.

参考译文：

临时工程是指在工程施工、竣工和修补工程中任何缺陷时需要或与有关的所有各种临时工程（但承包人的设备除外）。

这里的 therein 指代的就是 in the works。

30.3　whereas（鉴于此）

常用于合同、协议书的开头，引出合同双方要订立合同的理由或依据。

例4：

Whereas Party B has the right and agrees to grant Party A the right to use, manufacture and sell the Contract Products of Patented Technology; Whereas Party A desires to use the Patented Technology of Party B to manufacture and sell the Contract

Products; The Representatives authorized by the Parties to this Contract have, through friendly negotiation, agreed to enter into this Contract under the terms, conditions and provisions specified as follows:

参考译文：

鉴于乙方有权并同意将专利技术的合同产品的使用权、制造权和销售权授予甲方；鉴于甲方希望利用乙方的专利技术制造并销售合同的产品；双方授权代表经友好协商，同意就以下条款签订本合同。

第 31 章　shall、should、must、will 的区别

31.1　shall 与 should

shall 在合同中被大量使用，如 FIDIC 红皮书中使用多达 751 次，银皮书中使用多达 690 次。而 shall 作为助动词用在合同中，后面跟实意动词，表示有义务做某事，应做某事。强调法律上的一种义务，违反这种义务就意味着违约。在极少数情况下，也表示有权利做某事，比如 shall have the right to do 以及 shall be entitled to do。在合同行为中也时有使用。shall 和 will 一样，在这里并不表示将来时态，而表示某种意愿。should 较为口语化，很少使用在合同英语行文当中，但 should 在法律文件中往往作"if"解，只表示"如果"之意。

例 1：

Neither party shall assign the whole or any part of the contract or any benefit or interest in or under the contract.

参考译文：

任何一方都没有权利转让全部或部分的合同，也没有权利转让合同中的相关利益。

例 2：

Should any other cause lead to the termination of this Contract, within one (1) month of effective date of termination, the Purchaser shall pay to the Supplier the proportion of Price applicable to the Equipment which have been delivered [whether or not such Equipment is in the process of manufacturing] prior to such termination.

参考译文：

在终止有效期的 1 个月内，无论何种原因导致合同的终止，买方应该支付供应方在该终止之前已经交付相应部分的设备价款（无论该设备是否仍在生产制造中）。

31.2 must

must 也可以表示必须，但其表达远没有 shall 浓厚，只是在特定的环境下，如《联合国国际货物销售合同公约》中，被大量使用，多达 35 次。这是多国博弈的结果，主要是考虑到世界各国对规定分歧较大，无法协调和统一，所以使用必须等字眼来约束。英美律师在起草合同时，表达一方有义务做某事，则大量使用 shall。

例 3：

The seller must deliver the goods, hand over any documents relating to them and transfer the property right of the goods, as required by the contract and this Convention.

参考译文：

卖方必须按照本合同及本公约的约定，交付货物及相关文件，并转移货物的所有权。

第 32 章　subject to, notwithstanding, without prejudice to

刚接触合同英语的小伙伴们，最害怕遇到这种生僻的法律用语，这种用法在合同英文中大量出现。到底以谁为条件？谁为优先？

32.1 subject to

这个词组在英文合同中最常见，常见到 FIDIC 中使用了 25 次，《联合国国际货物销售合同公约》中使用了 11 次，它的基本意思是"视……而定"，"以……为条件"。即必须优先满足 subject to 后面的条件，通常译为"根据……"。

例 1：

The Purchaser agrees that the Software provided to it by the Supplier under this Contract or any renewals, extensions, expansions, modifications, upgrades, enhancements or changes thereof, shall, as between the Parties hereto, be treated as proprietary and Confidential Information of the Supplier or its Subcontractors, and shall be subject to the provisions herein.

参考译文：

买方同意，供应商根据本合同向其提供的软件或其任何续订、扩展、修改、升级、增强或变更，应在本合同双方之间，被视为供应商或其分包商的专有和机密信息，并应遵守本协议的规定。

32.2 notwithstanding

notwithstanding 的使用刚好和 subject to 使用效果相反，表示"尽管……但……"。其后面接的内容应放在次要的位置予以考虑。

例 2：

notwithstanding the foregoing, the buyer's obligation to pay the purchase agreement price, or any other sums due under the Purchase Agreement, is not so suspended.

参考译文：

尽管前述规定，但买方支付本协议规定的价款或任何其他到期款项，都不因此而推迟。

32.3　without prejudice to

without prejudice to 表示"在不影响……的情况下"。比如 without prejudice to the existing rights 的意思就是在不影响现有权利的情况下。

例 3：

If any of Supplier Events of Default exists, AAA may, without prejudice to any other rights or remedies of AAA in the Master Agreement or at law or in equity, terminate the Master Agreement upon written notice to Supplier; provided, however, that AAA will have first provided to Supplier the following periods of notice and opportunity to cure.

参考译文：

如果存在任何供应商违约事件，AAA 有权在不影响其自身基于本协议、法律或公平的任何其他权利或救济的情况下，书面通知供应商后终止协议；但前提是 AAA 将首先向供应商提供以下通知期和救济机会。

32.4　subject to / notwithstanding / without prejudice to 三者的区别

clause 1 subject to clause 2　　　　2 优于 1
clause 1 notwithstanding clause 2　　1 优于 2
clause 1 without prejudice to clause 2　1 和 2 地位相同

第 33 章　合同英语的组句方式——Coode 模式

合同条款以逻辑严谨、表意缜密为主要的语言文体特征。为达成该目的，除了采用上述用词手段，合同中还通过组织严密的句子结构来严格界定各方履行义务、承担责任及享有权益的时效、方式、条件等。下文将分析合同条款的组句原则，以使合同阅读者在了解这样的原则后，能够抓住条款的主干，再结合上述用词特点，很快读懂合同内容。

33.1 Coode 模式

英国律师乔治·库德（George Coode）提出法律文本中的典型句子结构应包含四种成分：

Case + Condition + Legal subject + Legal action

情形 + 条件 + 法律主体 + 法律行为

前两个成分为事实情况（fact situation），后两种成分为法律陈述（statement of law）。在工程合同中，存在大量上述 Coode 模式的句子。

例 1：

In the event Subcontractor is not entitled to an extension of time, if Subcontractor fails to take steps that Company determines are necessary to avoid or recover from the delay or fails to bring its performance into compliance with the requirements of this Subcontract, Company may direct Subcontractor to accelerate its Work by supplying additional labor.

参考译文：

如果"分包商"无权延期，若"分包商"未采取"公司"认为可避免或挽回延迟所必要的措施或令其履约符合本"分包合同"要求的措施，则"公司"可直接指示"分包商"通过增加劳力等方式来赶工。

33.2 一张一弛，紧密有致

阅读工程合同，如同爬泰山：紧十八盘，慢十八盘，不紧不慢又十八盘。合同条款的组织往往是先后搭配宽泛陈述与严密界定，一张一弛，紧密有致。

例 2：

Neither Party shall assign the whole or any part of the Contract or any benefit or interest in or under the Contract. However, either Party:

(a) may assign the whole or any part with the prior agreement of the other Party, at the sole discretion of such other Party, and

(b) may, as security in favor of a bank or financial institution, assign its right to any moneys due, or to become due, under the Contract.

参考译文：

任一方都不应将"合同"的全部或任何部分，或"合同"中或根据"合同"所具有的任何利益或权益转让给他人，但任一方：

（a）在另一方完全自主决定的情况下，事先征得其同意后，可以将全部或部分转让；并且

（b）可以作为以银行或金融机构为受款人的担保，转让其根据"合同"规定的任何到期或将到期应得款项的权利。

上述这种句子编排在工程合同中屡屡可见，往往是先陈述一项权利或义务，然后用如下方式予以转折，详细列明享受该权利或履行该义务的限制条件或例外情况，此类予以转折的表达方式包括：

however, but：然而，但是

unless：除非

unless otherwise stated in the Particular Conditions：除非"专用条件"中另有（如下）规定

Except as otherwise stated in these Conditions：除了"专用条件"中另有（如下）规定

……

需注意的是，在很多情况下，如此编排句子的目的在于，重点说明转折后所列明的限制条件或例外情况，而转折前的内容为习知概念，或对合同当事人系不言而明的规定。

第 34 章 严密的状语结构

在合同条款中，各方履行义务、承担责任及享有权益的时效、方式、条件，往往采用各种状语结构来表达。

34.1 时间状语

显然，时间状语用于规定时效性，也因而是重要信息。英文中时间状语的位置灵活，但易于辨识，如用 within、before、prior to、earlier than、later than 等加上一个时间。

例 1：

The Purchaser shall pay the Supplier EU35, 000 within 30 days after the Bank has received the following documents from the Supplier and found them in order, but not earlier than 12 months after the date the Contract Plant for the first time reached 85% of guaranteed capacity of the whole Contract Plant according to the guaranteed quality indices as per Annex X to the Contract or 90 months after the date of signing the Contract, whichever is earlier.

参考译文：

购方须于银行收到供货方下列文件，并经审核证实无误后的 30 日内向供货方支付 35000 欧元，但此款项的支付不得早于合同设备第一次达到附件 X 所规定之质量保证指标的 85% 以后的 12 个月，或本合同签字后的 90 个月，以早到的日期为准。

34.2 条件状语

工程合同中出现的条件状语通常可细分为表假设条件的状语、表先决条件的状语及表例外情况的状语。

表假设条件的状语

表假设条件的状语用来描述一具体情形，而主句部分用来规定在该情形下，合同当事人应履行的义务或承担的责任。表假设条件的状语的标识为 if、should、in case、in the event of 等，翻译成"如果""倘若"。

例 2：

In the event of a dispute or difference between the Purchaser and the Supplier arising out of or in connection with this Contract, it shall be escalated by notice to the management named or holding the positions (or their equivalents) at the first level stated below in Article.

参考译文：

如果买方和卖方之间因本合同而产生或与本合同相关的争议或分歧，应通过通知指定的管理层或担任以下第 × 条所述第一级职位（或其同等职位）的管理层来升级。

表先决条件的状语

与表假设条件的状语相比，表先决条件的状语所传递的信息更为重要，因为它规定的是合同当事人履行义务或享受条件的必要（先决）条件。表先决条件的状语的语言标识为 provided that…，可位于句首亦可位于句末，位于句首时翻译成"如果""倘若"，位于句末时翻译成"条件是……"或"但必须……"，将其引导的从句转换成并列句置于主句之后。

例 3：

Purchaser will compensate the Supplier for its loss and/or expense relating to that delivery event, provided that the loss and/or expense are substantiated in writing and with reasonable proven documents.

参考译文：

买方将赔偿卖方与该交付事件相关的损失和/或费用，前提是损失和/或费用必须以书面形式证明,并附有合理的证明文件。

表例外情况的状语

在工程合同中,为了表示特殊的、与通常情况不一致的条件,通常采用例外情况状语来对条款进行补充或修正。表例外情况的状语的语言标识为 except、with the exception that、in the absence of、unless otherwise specified(stated / stipulated / agreed upon)、unless 等,翻译时,通常可以把它们作为并列句处理而置于句末,译为"但……除外""另有……者除外""除非……"。例如:

例 4:

No work shall be carried out on the Site on locally recognized days of rest, or outside the normal working hours stated in Appendix to Tender, unless:

(a) otherwise stated in the Contract,

(b) the Engineer gives consent, or...

参考译文:

在当地公认的休息日,或"投标书附录"中规定的正常工作时间之外,不应在"现场"进行工作,但下列情况除外:

(a)"合同"中另有规定;

(b)"工程师"同意,或……

34.3 目的状语

工程合同中的目的状语通常表示为了实现某一目标,合同方须采取的行动或承担的义务,所以是次要信息。目的状语的语言标识为 in order to...、so as to...、as (such)...that... 等,翻译时:将 in order to 译为"为了……",放在句首;将 so as to...、as (such)...that... 译为"以便……",放在句末。

例 5:

Supplier hereby acknowledges that it may be required to cooperate with other appointed suppliers of the Purchaser so as to achieve the System inter-working with external systems or networks not belonging to Supplier's scope of supply.

参考译文：

供应商特此承认，可能需要与买方的其他指定供应商合作，以实现系统与不属于供应商供应范围的外部系统或网络的互通。

第 35 章　except/save/unless otherwise 表除外

在合同文件中大量的"除外"表达方式中，有的是除 A 另有规定外，B 将适用，而有的是除 A 外，B 也适用。这类用语在我们的领域经常碰到，该如何应对呢？

35.1　save/except

见到 save 这个词语，估计大家首先想到的是挽救生命、节约金钱，但在英文合同中它通常用作连词，表示"除……以外"。

例 1：

Save as aforesaid, words or expression contained in this Attachment shall bear the same meanings as in the Agreement.

参考译文：

除上述外，本附件中包含的词语或表达应具有与协议中相同的含义。

例 2：

Except as otherwise provided in this Agreement, Supplier hereby grants AAA a license to use within BBB any Supplier Prior Intellectual Property for AAA's own business purposes within the scope of this Agreement.

参考译文：

除本协议另有规定外，供应商特此授予 AAA 任何供应商前景知识产权的使用许可，该使用许可仅限在 BBB（区域）范围内，于本协议范围内 AAA 自身业务目的而使用。

35.2　unless otherwise

unless otherwise 比 if not 和 otherwise 表达正式。该词由两个同义词 unless 和 otherwise 组成，otherwise 有代词作用，后面一般跟动词的过去分词限定，译为"除非另……"。

例3：

These articles shall apply to documentary credits, including stand by letters of credit, to the extent to which the credits in question shall be applicable, and shall be binding on the Parties to the Contract, unless otherwise expressly agreed by the Parties thereto.

参考译文：

本条款适用于一切跟单信用证，并包括在其适用范围内的备用信用证，对合同各方均具有约束力，除非各方另有约定。

第 36 章　合同英语中的大量被动语态

合同英语中大量使用被动语态，比起主动语态，被动语态使语气显得更加委婉、含蓄以及客观。在汉语中，被动语态一般使用得比较少。所以一般在翻译英语的商务信函与合同的过程中，主动语态通常都被翻译为被动语态，再进行适当的语言修饰，从而保证翻译之后的文章流畅通顺。

例 1：

Failure to notify Party A shall be deemed to be a material breach of this Agreement.

参考译文：

未能按上述要求通知甲方的，则视为构成实质违约。（做谓语）

例 2：

Upon termination or dissolution of the Partnership, the partnership will be promptly liquidated, with all debts being paid first, prior to any distribution of the remaining funds.

参考译文：

合伙企业一经终止或解散，立即清算，在分割剩余财产前，首先偿还所有债务。

第 37 章　小 as 大作用

合同英语中 as 出现的频率极高，而且用法灵活多变。从某种意义上讲，as 使用的熟练程度可以衡量合同英语的造诣。其具体用法和含义见以下实例。

1. as 放在代表规定的 provide、stipulate、set forth、prescribe 等词的过去分词前，含义为"依照……规定"。

例 1：

For purpose of this, Capital Account shall be adjusted hypothetically as provided for in Section 4.6 herein.

参考译文：

基于此，应依照本合同第四条第六款调整资金账户。

2. except as otherwise provided 结构，表示"除非本文某条款另有规定"。

例 2：

Except as otherwise provided herein, all notices or demands sent by registered airmail shall be deemed received 8 days after they have been sent and notices or demands sent by telex shall be deemed received at the time of the dispatch thereof.

参考译文：

除非本合同另有规定，所有通知和请求以航空挂号信寄出则发出后 8 日应视为送达收悉，以电传方式发出则在发送时视为收悉。

3. as 构成 as of the date of ____（date）短语是英语合同中表示"自某年某月某日起"最正式的表达。

例 3：

In witness whereof, the parties have caused this instrument to be duly executed as of the day and year first above written.

参考译文：

合同双方签订本文件，该文件自上述日期即时生效，特此为证。

4. as 还用在 as soon as practical 短语中，意义用法相当于 as soon as possible。

例 4：

During the Employment Period, the Company agrees that it shall recommend to the Board the election of the Employee as a Director of the Company on the Commencement Date or as soon as practical thereafter.

参考译文：

本公司同意在聘用期间，应自本协议开始或其后尽早的时间向董事会推选受聘方为本公司董事。

第 38 章　挑战多层嵌套长句

地道的英文合同的一大特点就是句子结构复杂，而且冗长。各种从句相互嵌套，让初学合同的你感觉到眼花缭乱，不知从何入手。虽然现在的英美律师界提倡合同简化，但由于短句照比长句的先天逻辑性及连贯性较差，不得不让位给长句。设想一下，由多个短句组成的条款，会让你觉得各个主体之间的关系错乱，整体行文和语气被不停地打断，无法勾勒出完整的权利、义务的构架体系。既然合同英语长句的存在是其天性使然，那么如何理解长句，"放大镜"和"手术刀"就是你的工具。

38.1 挑战 50 个词的长句

例 1：

The Parties hereby agree that the liquidated damage amounts set forth in this Section 18 represent fair and reasonable reimbursement for administrative and other related costs and expenses which would be incurred by ×××in connection with any such delay and such amounts do not constitute a penalty.

参考译文：

双方认可在第 18 款中定义的违约金的数量，是包括公平、合理的行政支出以及×××由于此项耽搁而遭至的相关成本及费用。该违约金不在罚款之列。

拿到一个长句，我们首先要做的是划清句子结构和句子成分，找到主谓，再看从句。

这句的结构为 A agree（B+C）结构。句子的主干为 The Parties agree（amounts represent+amounts do）的结构，其中，set forth in this Section 18 做 amounts 的后置定语，而 which would be incurred by ×××in connection with any such delay 是由 which 引导的定语从句修饰 other related costs and expenses，这样这个句子就一目了然了。

38.2 挑战 100 个词的长句

例 2：

Supplier, for itself and on behalf of its affiliates, acknowledges and agrees that when Supplier or any Supplier Affiliate is rendering any Service or Deliverable pursuant to this Master Agreement, any Order or any Annex are always done under instructions of ××× and/or any of its Affiliates and ××× and/or such Affiliate is the sole owner of the Intellectual Property development that arises under such Service or Deliverable and as such will be registered under Mexican Intellectual Property Laws.

参考译文：

供应商自身和代表其关联公司承认并同意，当供应商或任何供应商的关联公司根据本协议提供任何服务或交付物时，任何订单或附件始终在×××和/或其关联公司的指示下完成，×××和/或该关联公司是根据该服务或交付物产生的知识产权的唯一所有者，因此将根据知识产权法注册。

整体结构：Supplier acknowledges and agrees that A+B

第一步，先去掉插入语 for itself and on behalf of its affiliates

第二步，再去掉时间状语从句 when Supplier or any Supplier Affiliate is rendering any Service or Deliverable pursuant to this Master Agreement.

第三步，去掉两个定语从句，修饰 IPR 的：that arises under such Service or Deliverable and as such will be registered under Mexican Intellectual Property Laws.

第四步，句子的主干变为：Supplier acknowledges and agrees that any Order or any Annex are always done under instructions of ××× and/or any of its Affiliates and ××× and/or such Affiliate is the sole owner of the Intellectual Property development.

看看能不能看明白句子的主干？

第五步，以字母代替多重词，减少同义词。

Supplier agrees that B are always done under instructions of A and A is the sole owner of the Intellectual Property development.

通过层层剥离后的句子，是不是感觉那么的熟悉和轻松惬意？

第 39 章　定语从句
（as、that、when、where、which、who、whom）

英文合同要求用词准确、句子结构严密完整，为了避免似是而非、造成误解，通常包含着大量的定语从句、状语从句、名词性从句。而且长句又是由各种简单句、并列句、复合句组成。

一个简单句跟在一名词或代词后（先行词）进行修饰限定，就是定语从句。被修饰的词叫先行词。定语从句由关系词（关系代词、关系副词）引导，关系代词、关系副词位于定语从句句首。常见的关系代词有 which、that、who、whom。常见的关系副词有 when、where、why。as 既可以引导限定性定语从句，也可以引导非限定性定语从句。

39.1　as

法律合同中充满着大量以 such...as 连接的定语从句，as 通常引导 such 之后词语的定语从句，用以解释修饰。这样使得句子的内容更加紧密，理解起来的关联性更强，避免产生歧义。

例 1：

The engineer shall have authority to issue the Contractor, from time to time, such supplementary Drawings and instructions as shall be necessary for the purpose of the proper and adequate execution and completion of the Works and remedying of any defects therein.

参考译文：

工程师有权随时向承包商发出为了合理和恰当地执行和完成及修补本工程所必需的补充图纸及指令。

as 作为关系代词，引导修饰 such 之后的 supplementary Drawings and instructions

的定语从句。

39.2 which/that

which 和 as 既可以引导限定性定语从句，也可以引导非限定性定语从句。引导非限定性定语从句的时候，注意非限定性定语从句起补充说明作用，缺少也不会影响全句的理解。可将整个主句作为先行词，对其进行修饰，这时从句谓语动词要用第三人称单数。

例 2：

Supplier will comply with AAA Specifications for disaster recovery, which will also include a back-out process defining steps necessary to be taken by Supplier and AAA when failure occurs after implementation of the change that would restore the system to its previous operational state.

参考译文：

供应商需要满足 AAA 的容灾设计规格，这要包括一个由供应商和 AAA 共同制定的回滚步骤。该回滚步骤可以确保在执行改变操作时，一旦发生错误，可以确保回滚到操作前的状态。

这里的 which 引导的非限定性定语从句，是对于整个前面主句的补充说明（供应商需要满足 AAA 的容灾设计规格）。同时，根据句意理解，本句中还有一个 that 引导的限定性定语从句，用来修饰 process。

39.3 where/when

where 和 when 都是关系副词，用于修饰地点和时间。这里要区别其也可以引导地点状语从句和时间状语从句，主要的区别在于其先行词。如果是表地点和时间的，则为定语从句，否则为状语从句。这对于整体句子的理解至关重要。

例 3：

In addition to the insurance coverage required above, Supplier is required to obtain all applicable insurance required in the local jurisdictions where the Services are being performed by their employees, such as insurance for high risk activities.

参考译文：

除了之前所要求的保险，供应商还需要提供所有服务履行地，司法管辖范围内要求的保险。例如，对高危活动的保险。

对于这句话，判断 where 引导的是定语从句还是地点状语从句的标准是看先行词。本句中的先行词为 jurisdictions，这个词的意思是司法管辖地。那很显然，后面的 where 引导的为定语从句，用来修饰 jurisdictions。

39.4　who/whom

who 通常在从句中做主语，而 whom 通常在从句中做宾语。

例4：

The decision shall be binding on both parties and the Employer's representative, who shall promptly comply with it notwithstanding that a Party gives a Notice of dissatisfaction with such decision as described below. Unless the Contract has already been abandoned, repudiated or terminated, the Contractor shall continue to proceed with the Works in accordance with the Contract.

参考译文：

该决定对双方和雇主代表均具有约束力，即使一方发出对该决定不满意的通知，仍应迅速遵守该决定。除非合同已被放弃、拒绝或终止，否则承包商应根据合同继续进行工程。

例5：

"Contractor's Personnel" means the Contractor's Representative and all personnel whom the Contractor utilizes on Site, including the staff, labour and other employees of the Contractor and of each Subcontractor, and any other personnel assisting the Contractor in the execution of the Works and the provision of the Operation Service.

参考译文：

"承包商人员"系指承包商代表和承包商在现场聘用的所有人员，包括承包商和每个分包商的职员、工人和其他雇员，以及所有其他帮助承包商实施工程和运营服务的人员。

第 40 章　英文合同中有趣且疯狂的插入语

法律英文合同句子结构严谨、句式较长，为了做到准确、严密、清楚，句子中的插入语有其自己的一套规则，其位置与普通英语中的副词位置大体相同，一般应放在 shall/may/will 等词之后、行为动词之前。这种结构安排是为了明确插入语的修饰关系。在长句中，这种结构尤为重要，可以避免状语所修饰或限定内容的模糊性。

40.1　简单插入语

例 1：

If, as a result of an examination, inspection, measurement or testing, any Plant, Materials, or workmanship is found to be defective or otherwise not in accordance with the Contract, the Employer's Representative may reject the Plant, Materials, design or workmanship by giving Notice to the Contractor, with reasons.

参考译文：

如果从审核、检查、测量或试验的结果看，发现任何生产设备、材料、设计或工艺存在缺陷或不符合合同的规定，业主代表可拒收生产设备、材料、设计或工艺，并通知承包商，同时说明理由。

这句话的难点在于如何判断插入语的位置，尤其是 5 个逗号之间的关系。必须要把它们之间的关系捋顺。这句的插入语重复提到了 plant、material 等，可以明确为 as a result of an examination、inspection、measurement or testing。testing 后面的"，"表示插入结束。

因此插入语确定为 as a result of an examination、inspection、measurement or testing，句子结构如下：

If AAA is found, the Employer's Representative may reject the Plant. 这样插入语和句子之间的关系就一目了然。

40.2 多重插入语

要读懂多重插入语的句子，首先要搞清楚主句结构，以及互相修饰的关系。要像庖丁解牛一样，慢慢地拆解，最终组合成句。下面，让我们看看 FIDIC 中的一句多重插入语长句的理解。

例2：

The Contractor shall, if required by the Engineer, deliver to the Engineer a return in details, in such form and at such intervals as the Engineer may prescribe, showing the staff and the numbers of the several types of labour as from time to time employed by the Contractor on the Site and such information respecting Contractor's Equipment as the Engineer may require.

参考译文：

承包商需要按照工程监理的要求，按照一定的形式，按照一定的间隔，提供一份说明在站点上由承包商雇用的职员以及劳务人员的详细数量的报告。同时，若工程监理需要，承包商还应递交与承包商设备相关方面的报告。

搞清楚这句话的主干，去掉所有插入语及定语从句后为：

The Contractor shall deliver to the Engineer a return and such information.（承包商需要给工程监理提供一份报告以及一些信息。）

找到句子中的修饰成分，分别翻译理解，以便找到彼此之间的关系。

（a）if required by the Engineer, 这句的理解可能会稍难，因为它是法律英语从句简略形式的一个特点，省略了从句中的主谓部分 if (the Contractor is) required by the Engineer，表示条件，为条件状语。

(d) in such form and at such intervals，这里是方式状语，表示以这样的形式、这样的间隔。

(c) such as 结构，请参考之前内容，引导定语从句，as the Engineer may prescribe。

(d) showing the staff and the numbers of the several types of labour，是现在分词短语，做目的状语。

最后，根据句子之间的修饰关系，重新组织语言，按照顺序翻译成句。

第 41 章 "啰唆"的合同同义词

在合同英语中通常会看见很多同义词连用的表达方式，这一表达主要是为了规避英语中一词多义的特点而引发歧义的可能。双方都有可能按照有利于自己的一面来解释某一个词语。基于此，为了确保所用词汇的精准，常常采用大量的同义词连接在一起，虽看起来啰唆，但表达唯一的共意。

例 1：

In addition to specific warranties in an Annex, Supplier represents, warrants and covenants that.

参考译文：

除了在附件中规定的特别保证，供应商陈述、保证和承诺如下。

这句话的翻译，有两处需要注意。第一，represent 这个词本身是个多义词，既有代表的意思，也有陈述的意思。这里应当采用其转义的陈述。此外，warrant 的名词意思为根据，动词意思为保证。而 covenant 的名词意思为公约，动词意思为立约承诺。两词为同义词，可以翻译为保证和承诺。

例2：

If the Contractor shall duly perform and observe all the terms, provisions, conditions and stipulations of the said Contract, this obligation shall be null and void but otherwise shall be and remain in full force and effect.

参考译文：

如果承包商切实履行并且遵守本合同所有条款及规定，该合同的义务应告终止，否则这种义务仍应完全有效。

简单30多个词的一句话，中间充斥着大量的同义词。其中 terms、provisions、conditions 和 stipulations 皆为同义词，译为合同的条款和规定，而 null 和 void 也是同义词，译为无效的。而 be 和 remain 为同义的系动词，译为仍然是。force 和 effect 译为有效。

不难看出，虽然这些同义词有非常细微的差异，但是可以表达和涵盖的范围却非常完备，而且长期使用，已经形成了一整套的习惯搭配。

其他常见的啰唆搭配有：

made and entered

by and between

obligations and responsibilities

amendments to or alterations

fulfill and perform

terms and conditions

maintain and retain

establish and operate

carried out and executed

acknowledges and agrees

第 42 章　合同中该如何表达假设

在英文合同的阅读中，通常会出现大量的条件状语从句，因为很多权利和义务的发生是基于大量假设的。那么我们该如何表达呢？in case of、in the event of、should、provided、unless 这些法律词语该如何理解、使用和区分呢？

42.1　if 引导的条件状语从句

1. if 引导的真实条件状语从句只有一个时态，就是将来时。主句将来时，从句一般现在时。

例 1：

If the internal audit and Supplier certification specified in Section 6.3 is not accepted by AAA due to reasonable information, evidence, or concern, then it shall be subject to dispute resolution per Section 65.6.

参考译文：

如果由于合理的信息、证据或担忧，AAA 不接受第 6.3 节中规定的内部审计和供应商认证要求，则应根据第 65.6 节的规定解决争议。

2. 另外，if 还可以表示不可实现的条件，或不可能存在的条件，是一种虚拟假设，从句多用一般过去时或过去完成时。

例 2：

If I were you, I would invite him to the party.

参考译文：

如果我是你，我会邀请他参加派对。

42.2　in case that/in the event that（接从句）与 in case of/in the event of（接名词）

通常表示采取某种预防措施。使用在正式的合同起草当中。

例3：

In case that any Party has a dispute over an invoice, a written notice shall be sent to the other Party within fifteen (15) days after receipt of the invoice.

参考译文：

如果任何一方对发票有争议，应在收到发票后十五（15）天内向另一方发出书面通知。

例4：

In the event that Supplier does provide AAA a credit settlement that complies with the methodology identified in Table 4.2, then the commitments, terms and conditions in Section 4.1 shall be applicable.

参考译文：

如果供应商确实向 AAA 提供了符合表 4.2 中明确的信用结算方法，则第 4.1 节中的承诺、条款和条件应适用。

例5：

In case of Force Majeure, the affected party shall promptly notify the other party in writing within [insert a number] days from the occurrence of the event of force majeure stipulating the occurrence of the even to force majeure and furnish all relevant information thereto.

参考译文：

如遇不可抗力事件，受影响的一方应在事件发生后【填写数字】天内迅速书面通知另一方，描述不可抗力事件情况，并提供所有相关信息。

例6：

In the event of a conflict between the Master Agreement and an Order, the terms of the Master Agreement will control and govern the respective rights and obligations of the Parties.

参考译文：

如本协议与订单相互冲突，以本协议条款为准。

in the case of 与 in case of 的区别

in the case of 等同于 with regard to/as regards，译为"就……而言"。in case of 的意思是防备、假如，如果发生。

例 7：

In the case of property, the agreement has been executed for a period of 10 years.

参考译文：

就所有权问题，这个协议已经执行了 10 年。

例 8：

In case of rain the wedding ceremony will be held in the lobby.

参考译文：

如果下雨，婚礼将在大厅举行。

in case that/ 与 if 的区别

例 9：

In case that I crash the car, I will wear a seatbelt.

参考译文：

为了防止撞车，我要系上安全带。（事前预防）

例 10：

If I crash the car, I will wear a seatbelt.

参考译文：

如果我撞车了，我将系上安全带。（事后补救）

车都撞了，还系安全带干什么呢？

42.3　should 引导条件状语从句

should 作为情态动词，放在句首，省略从属连词 if，表示语气较强的假设，译为"万一"，注意使用虚拟语气，通常表示不太可能的事情发生。

例 11：

Should it rain tomorrow, I wouldn't go.（If it should rain tomorrow, I wouldn't go.）

参考译文：

如果明天不下雨，我就去。

42.4　unless 译为除非、若不

例 12：

For Purchase Orders for Deliverables delayed in whole or in part more than thirty（30）days, unless the delay is caused by force majeure or act of God, or any other situation not attributable to Supplier（including Supplier's Subcontractors and Affiliates）or any other factor reasonably under Supplier's control, AAA may, in its sole discretion, cancel the delayed Purchase Order, without any liability or penalty on the part of AAA of any kind whatsoever.

参考译文：

对于全部或部分延迟超过三十（30）天的可交付成果采购订单，除非延迟是由不可抗力造成的，或任何其他不可归咎于供应商（含供应商的分包商和关联公司）或在供应商合理控制下的任何其他因素导致延迟的情况，AAA 可自行决定取消延迟的采购订单，且不承担任何责任或处罚。

42.5　provided that 表示一种假设

例 13：

Provided that the recorded deviations have been remedied, the Purchaser shall sign, or the Supplier shall be entitled to sign the document on behalf of the Purchaser within forty-five(45)days upon the completion of test.

参考译文：

如果记录的偏差已得到补救，买方应签署，或卖方有权在测试完成后四十五（45）天内代表买方签署文件。

第43章 英文合同中如何表达"因为，由于"

在合同英语的世界里，我们通常需要表达"由于……，如何"。"由于"的表达多种多样，本章重点介绍一组表示"因为、由于"的短语 attributable to、due to、owing to、by virtue of、in view of、on account of、considering、in consideration of。其中 due to、owing to、because of 较不正式，很少使用，合同起草中尽量避免。

43.1 attributable to（因为，由于）

例1：

In the event that the Supplier fails to deliver the System as set forth in the Contract or any extension period for reasons solely attributable to the Supplier, the Supplier shall, upon receipt of the Purchaser's written notification of such delay, pay to the Purchaser liquidated damages amounting to the sum of Zero point Zero Five per cent（0.05%）per day of the value of the delayed Equipment or part or Service thereof.

参考译文：

如果供应商由于自身原因，不能按照合同中的规定交付货物或在任何展期后无法交付货物，供应商应当在接到买方的书面延迟通知后，每日按照延迟设备或服务价格的0.05%支付预期违约金。

43.2　due to(由于，根据)

例2：

If the certification specified in this Section is not accepted by AAA due to reasonable information, evidence, or concern, then it is subject to an expedited dispute resolution process comprising escalation to one executive each from AAA (at least Senior Vice President level) and Supplier Representative.

参考译文：

如果出于合理的信息、证据或考虑，条款中规定的验收无法被买家通过，那么一个快速争议解决的流程将被立即启用。其中包括立即升级到AAA执行官和供应商代表解决流程。

43.3　by virtue of(由于)

例3：

Licensee hereby agrees that its every use of such name shall inure to the benefit of Licensor and that Licensee shall not at any time acquire any rights in such name by virtue of any use it may make of such name.

参考译文：

被许可方特此同意该名称的使用应有利于许可方利益且不得在任何时候因利用该名称而取得该名称项下任何权利。

43.4　on account of(考虑到)

例4：

In addition, at the end of each month, Supplier will provide in a format mutually agreeable a "BBB", which is a statement of amounts owed to AAA by Supplier or to Supplier by AAA due to errors in billing, invoicing, payment or otherwise (but not on account of any rebate or credit for purchases hereunder).

参考译文：

此外，在每月末，供应商应当按照双方认可的格式提供一个"BBB"，其中包括供应商欠 AAA 或 AAA 由于记账、发票、付款或其他原因欠供应商的款项（未考虑任何采购折扣及抵扣）。

43.5 in consideration of（根据，考虑到）

约因是英美法系的合同有效成立要件之一，没有则合同不能依法强制履行，但是大陆法系的合同则无此规定。因此，英美合同中大量使用 in consideration of 的句型。

例 5：

Now, therefore, in consideration of the mutual premises and covenants herein contained, it is hereby agreed.

参考译文：

兹以上述各点和契约所载条款为约因，订约双方协议如下。

第 44 章　英文合同如何表达编、章、节、条、款、项、目

法律根据内容需要，可以分为编、章、节、条、款、项、目。"编"一般应译为"part"，"章"译为"chapter"，"节"译为"section"，"条"译为"article"，"款"译为"paragraph"，"项"译为"subparagraph"，"目"译为"item"。那么，我们的英文合同中是如何应用的呢？

44.1 CISG（《联合国国际货物销售合同公约》）中的编排

PART I-Sphere of Application and General Provisions（第一部分—适用范围和一般规定）

Chapter I-Sphere of Application（第一章—适用范围）

Article 1（第一条）

（1）This Convention applies to contracts of sale of goods between parties whose places of business are in different States:（第一款，本公约适用于营业地在不同国家的当事人之间的货物销售合同：）

（a）when the States are Contracting States; or（第一项：当此国是缔约国时；或）

（b）when the rules of private international law lead to the application of the law of a Contracting State.（第二项：当国际私法规则导致适用缔约国法律时）

44.2　article 译为"条"

例1：

ARTICLE 11． PROJECT PLAN

11.1.During the term of this Contract，the Parties hereto shall perform their respective obligations strictly in accordance with Annex 1 and Annex 2.

参考译文：

第 11 条　项目计划

11.1. 在本合同有效期内，双方应严格按照附件 1 和附件 2 履行各自的义务。

44.3　paragraph 译为"款"，而 subparagraph 译为"项"

例2：

Subject to Paragraph 3 of this Condition, neither Party shall be liable to the other under the Contract for any indirect or consequential loss or damage.

参考译文：

按照本条中的第 3 款，双方均不对本合同项下的任何间接损害负责。

例3：

Subparagraph 1（b）and 1（c）of Article XXIII of GATT 1994 shall not apply to the settlement of disputes under this Agreement for a period of five years from the date of entry into force of the WTO Agreement.

参考译文：

《关贸总协定》1994 第 23 条第 1 款（b）项和第 1 款（c）项自《世贸组织协定》生效之日起五年内不适用于本协议项下的争议解决。

44.4　clause 泛指条款

应将其译为泛指意义上的"条款"。例如，《新英汉词典》(1985：208）中对"clause"这个词的解释就是"条款""款项"。

后 记

纳于大麓,藏之名山。深秋,银杏微黄的书院沉静典雅。笔者手持即将出版的样书来到书院门前,带着谦恭之心再游这个曾经为本书带来创作灵感的圣地。大门上的楹联映入眼帘:惟楚有材,于斯为盛。这便是享誉中外,延续千年文脉的岳麓书院。

步入书院,一股幽静深远的气息扑面而来。每一块匾额、每一副楹联、每一件碑刻仿佛都在诉说着历史的沧桑变幻和文化的源远流长。笔者怀着朝圣心态再次参观了岳麓书院,时间仿佛回到两年前初访书院的那个春日午后……

循阶而上,旷敏本的对联映入眼帘:是非审之于己,毁誉听之于人,得失安之于数……讲堂南北两壁镶嵌着朱熹手书"忠孝廉节"的镌刻石碑,欧阳正焕提出的"整、齐、严、肃"则被刻在碑上嵌于书院讲堂右壁。讲堂左侧墙上有一块小的刻碑,便是《岳麓书院学规》:时常省问父母……不可闲谈废时……通晓时务物理;参读古文诗赋……夜读仍戒晏起;疑误定要力争。108字贯通古今,至今仍是湖南大学的学规。

子曰"见贤思齐",虽不敢效法古代先贤著书立说,但"虽不能至,然心乡往之"。经过作者及编委孜孜不倦的努力,历经寒暑、数易其稿,即将付梓。值此拙作杀青之际,故地重游,创作之灵感源于书院又回到书院,感谢先贤们给予的创作力量。虽力求严谨,但书中纰漏与不足之处难免,也恳请当代书院学者及业界同人给予指点。

2021 年 11 月

重要参考文献

专著

1. 吴汉东. 法学通论（第七版）. 北京：北京大学出版社，2018.
2. 吴汉东. 知识产权法（第五版）. 北京：北京大学出版社，2019.
3. 王瑞. 商法总论讲义. 北京：法律出版社，2019.
4. 黎孝先，王建. 国际贸易实务（第七版）. 北京：对外经济贸易大学出版社，2020.
5. 丘日庆. 各国法律概况. 北京：知识出版社，1981.
6. 毛健铭. 西方商事法起源研究 [J]. 现代法学，2002.
7. 曾华群. "可持续发展的投资政策框架"与我国的对策 [J]. 厦门大学学报（哲学社会科学版），2013.
8. 陶立峰.《可持续发展投资政策框架》述评及其对我国的借鉴 [J]. 国际贸易法论丛，2014.
9. 顾玲妹，唐新苗. OECD《投资政策框架》评述及启示 [J]. 对外经贸实务，2008.
10. 张龙平. 国际劳工组织与中国百年历史回顾 [J]. 中国社会科学报国家社科基金专刊，2019，06.
11. 刘杰.《世界人权宣言》的产生过程及其意义 [J]. 人权，2018.
12. 隋燕飞. 国际劳工组织关于童工问题的核心公约概要 [J]. 人权，2016.
13. 王宇琛，宾建成. TRIPs 协定实施以来取得的成绩、存在的问题与政策建议 [J]. 经济论坛，2019.
14. 何铁军. TRIPS 协定知识产权国际保护机制研究 [J]. 经济研究导刊，2014.
15. 喻善初.《1978 年联合国海上货物运输公约》产生的历史背景与展望 [J]. 国际贸易，1982.
16. 张学森. 国际商法（第四版）. 上海：上海财经大学出版社，2019.

17. 顾奕锁. 汉堡规则 [J]. 外贸教学与研究，1980.

18. 何杨，孟晓雨，刘曦琳. BEPS 多边公约与我国双边税收协定 [J]. 国际税收，2018.

19. 高旭军. 联合国国际货物销售合同公约评释，2017.

20. 韩健. 现代国际商事仲裁法的理论与实践，1993.

21. 杨良宜. 国际商务仲裁，1997.

论文

外国法制史

1. 沈宗灵. 比较法学的几个基本理论问题. 北京大学学报（哲学社会科学版），1985.

2. 由嵘. 试论罗马法对英国法的影响. 法律史论丛，1981.

3. 易继明. 论日耳曼财产法的团体主义特征. 比较法研究，2001.

4. 朱慈蕴，毛健铭. 商法探源：论中世纪的商人法法制与社会发展，2003.

5. 杨炽. 谈汉穆拉比法典结构的逻辑性. 世界历史，1988.

中国法制史

1. 胡旭晟. 东方宗教法概观——以法律伦理学和历史的理论逻辑为视角. 比较法研究，1997.

2. 王立民. 古代东方的宗教与法律. 法学，1994.

3. 胡旭晟. 东方宗教法概观——以法律伦理学和历史的理论逻辑为视角. 比较法研究，1997.

4. 王云霞. 东方三大文化圈的法律改革初探. 法学家，1996.

两大法系

1. 梁秀如. 大陆法系和英美法系的比较. 法律学习与研究，1987.

2. 麦克威利. 法典法与普通法的比较. 梁慧星，译. 法学译丛，1989.

3. 郑永流. 西方两大法系判例比较. 中外法学，1989.

4. 沈宗灵. 论普通法和衡平法的历史发展和现状. 北京大学学报（哲学社会科学版），

1986.

5. 项焱，张烁. 英国法治的基石：令状制度. 法学评论，2004.

6. 谢怀栻. 大陆法国家民法典研究. 外国法译评，1995.

7. 吴卫国. 德国民法典的变化. 法学杂志，1985.

8. 由嵘. 法国民法典与德国民法典的初步比较. 法律史论丛，1983.

9. 江平. 日本民法典 100 年的启示. 环球法律评论，2001.

商事交易

1. 国际商会（ICC）. 国际贸易术语解释通则 2020. 国际商会中国国家委员会，译. 北京：对外经济贸易大学出版社，2020.

2. 黎孝先，王健. 国际贸易实务. 6 版. 北京：对外经济贸易大学出版社，2016.

3. 国际商会（ICC）. ICC 跟单信用证统一惯例（2007 年修订本）国际商会中国国家委员会，译. 北京：中国民主法制出版社，2006.

4. 国际商会（ICC）. 跟单信用证统一惯例关于电子交单的附则（版本 1.1）. 国际商会：中国国家委员会，译. 北京：中国民主法制出版社，2003.

5. 张晓霞. 国际航空旅客运输公约研究. 1994~2010 中国学术期刊电子出版社，2007.

6. 石玉川，徐进亮，李贞. 国际结算惯例及案例. 北京：对外经济贸易大学出版社，1998.

7. 贾建华，阚宏. 新编国际贸易理论与实务. 3 版. 北京：对外经济贸易大学出版社，2012.

8. 程德钧. 国际贸易争议与仲裁. 北京对外经济贸易大学出版社，2002.

9. 赵玉，沈和江. 现代会展理论与实务. 北京：对外经济贸易大学出版社，2013.

10. 卢建平. 美国《反海外腐败法》对中国治理商业贿赂的启示. 北京师范大学学报：社科版．2007.

11. 高富平. 个人数据保护的中国视角．2019.

12. 庞林立. "工商业与人权"议题下的跨国公司和非政府组织合作机制. 人权，2020

13. 胡岩. 法律视野下的德国环境保护. 法律适用，2014.

14. 李重照、黄璜. 英国政府数据治理的政策与治理结构 电子政务，2019.

15. 王利明.《联合国国际货物销售合同公约》与我国合同法的制定和完善 环球法律评论，2013.

16. 杨梦莎. CISG 优先适用法律模式探析——兼评我国国际商事条约适用立法及司法实践, 2019.

有关法律法规

1. 汉穆拉比法典 //《外国法制史》编写组编. 外国法制史资料选编：上. 北京：北京大学出版社，1982.

2. 英国 1983 年货物买卖法. http://www.lawspirit.com/legalendinglish/select/resoucel/54.htm.

3. 美利坚合众国宪法 //《外国法制史》编写组编外国法制史资料选编：下北京北京大学出版社，1982.

4. 民法大全选译·债·契约之债. 丁玫，译. 北京：中国政法大学出版社，1992.

5. 民法大全选译·债·私犯之债·阿奎利亚法. 米健，译. 北京：中国政法大学出版社，1992.

6. 美国统一商法典. 潘琪，译. 北京：中国对外经济贸易出版社，1990.

7. 德国商法典. 杜景林，卢谌，译. 北京：中国政法大学出版社，2000.

8. 德国刑事诉讼法典. 李昌珂，译. 北京：中国政法大学出版社，1995.

9. 德意志联邦共和国民事诉讼法典. 谢怀，译. 北京：中国法制出版社，2001.

10. 日本民法典. 王书江，译. 北京：中国法制出版社，2000.

11. 日本刑法典. 张明楷，译. 北京：法律出版社，2006.

12. 日本商法典. 王书江，殷建平，译. 北京：中国法制出版社，2001.

重要学术网站

1. 中国人民大学外国法制史精品课网：http://www.foreign-law.cn.

2. 中华法律文化网：http://www.ruclcc.com.

3. 法史网：http://www.fashi.net/Index.asp.

4. 法律史学术网：http://www.legal-history.net.

5. 中国法院网：https://www.chinacourt.org/.